신약의 숲을 걷다

신약의 숲을 걷다

지은이 홍성환
펴낸이 임상진
펴낸곳 (주)넥서스

초판 1쇄 발행 2011년 2월 25일
초판 18쇄 발행 2024년 3월 20일

출판신고 1992년 4월 3일 제311-2002-2호
주소 10880 경기도 파주시 지목로 5
전화 (02)330-5500 팩스 (02)330-5555
ISBN 978-89-5797-432-2 03230

www.nexusbook.com

신약의 숲을 걷다

예수님을 만나는
행복한 시간

홍성환 지음

넥서스CROSS

● 　　　　　　성경은 하나님의 영감(헬라어로 호흡)
으로 된 것입니다. 사람이 호흡하지 않으면 살 수 없듯이 하나님의 호흡으
로 된 성경을 읽지 않으면 그리스도인은 생명을 누릴 수 없습니다. 생명력
넘치는 신앙생활의 비결이 늘 성경말씀을 읽고 따르는 것이라면, 이 책은
우리에게 그 길을 열어주고 있습니다. 저자인 홍성환 목사님은 평신도들이
성경 전체의 흐름을 구속사적인 관점으로 이해할 수 있도록 돕는 사랑의교
회 성경대학 강의를 통해, 성경을 지식으로만 이해하는 것이 아니라 예수
그리스도를 인격적으로 만날 수 있도록 교육하며 개인의 삶에 말씀을 적용
할 수 있도록 훈련해오셨습니다. 그 경험과 말씀에 대한 사랑이 녹아 있는
이 책은 성경을 읽는 안목과 즐거움을 더해주며 성경을 통해 생명력 있는
신앙생활의 풍성함을 누리도록 도와줄 것입니다.

사랑의교회 담임목사

오정현

● 　　　　　　　　　　　어린 나이에 목회자가 되겠다고
헌신한 것은 교회를 진심으로 사랑하시고, 개척교회를 섬기시면서 성도 한
사람 한 사람을 마음을 다해 목회하시는 아버님과 어머님의 모습을 보았기
때문이었습니다. 아버님께 교회를 사랑하는 법을 배웠고, 어머님께는 영혼
을 끌어안고 기도하는 법을 배웠습니다. 8년 전에 소천하신 아버님은 생전
에 목회의 길을 걷는 4형제에게 늘 입버릇처럼 "하나님 앞에서는 진실하고
사람 앞에서는 성실하며 목회는 맑은 영성과 균형 잡힌 인격 목회를 하라"
고 강조하셨습니다. 부족하지만 지금 부목사로서 목회의 걸음마를 힘겹게
배우고 있는 나에게, 맑은 영성과 균형 잡힌 인격의 목회자가 되는 것이 절
대적으로 필요함을 실감하게 되었습니다. 그리하여 나 개인의 인격과 영성
함양에 노력을 경주함으로써 바른 교회를 이루고, 이로써 행복한 교회, 모
든 성도의 행복한 신앙생활을 이루는 것을 나의 목회의 이상이요, 목표로
삼고 살고 있습니다.
　2007년부터 2009년까지 3년 동안 사랑의교회 강단에서 신구약을 강의하
면서 강의 녹취와 강의 자료들을 주섬주섬 모았던 것이 2010년 9월 5일에
출간된 부족하기 짝이 없는《구약의 숲을 걷다》였습니다. 본서 또한《구약

의 숲을 걷다》와 마찬가지로 강의 녹취록을 토대로 만들어졌기에 현장감은 살아 있는 반면, 현장 강의를 활자화하다 보니 문장이나 어휘 사용이 다소 구어체적이고 내용 전개상 치밀하지 못한 부분도 있는 것이 사실입니다. 사실 책을 써내려가면서 수많은 책과 신학자들의 통찰력에 빚진 마음을 떨쳐 버릴 수가 없었습니다. 그들이 있었기에 저 또한 하나님 말씀에 대한 통찰력을 갖게 되었기 때문입니다. 사실 저는 학자가 아닌 목회자입니다. 그러기에 저자라는 표현보다는 편집자라는 표현이 더 잘 어울릴지 모릅니다. 처음 이 책을 작업할 때 많은 신앙의 선배에게 빚진 마음으로 시작하게 되었는데, 그럼에도 불구하고 끝까지 탈고하게 된 것은 누군가 이 책을 통해 신앙에 큰 유익을 얻고 말씀 안에 거하는 은혜를 얻었으면 하는 소박한 마음 때문이었습니다. 또한 그렇게 하는 것이 제가 빚진 신앙의 선배에 대한 보답이라고 생각했습니다.

《구약의 숲을 걷다》가 출간된 후 많은 성도님이 사랑해주시고 읽어주시고 신약을 기다리고 계셔서 감히 용기를 내어 《신약의 숲을 걷다》를 출간하게 되었습니다.

이 책을 통해 얻을 수 있는 것은 세 가지 정도로 말씀드릴 수 있습니다. 첫째, 성경을 일독하는데 도움을 줍니다. 둘째, 성경 전체의 숲을 보는 눈을 열어줌으로써 숲의 부분 부분도 볼 수 있는 용기를 줍니다. 셋째, 성도들의 눈높이에 맞춰 성경에 흥미를 느끼게 해줍니다. 그래서 되도록이면 쉽게 쓰려 했고, 성경의 현장성을 그대로 담으려고 했으며 성경의 내용을 빠짐없이 충실하게 재현하려고 노력했습니다. 그러다 보니 분량이 다소 많은 것도 사실입니다. 또한 신약을 시간의 흐름 위에 또는 역사라는 시점 위에 올려놓고 그 흐름대로 읽도록 했습니다. 아울러 이 책의 이해를 위해 특징을 요약하면 다음과 같습니다.

1. 신약을 시간의 흐름 및 주제별로 5시기로 나눈 후 그 시기에 해당하거나 기록된 책들을 구분하여 나열했습니다. 예를 들면, 예수님의 생애 기간에는 4복음서가 있고 바울의 3차 전도여행 기간에는 〈고린도전후서〉 그리고 〈로마서〉를 함께 나열하였습니다.

2. 5시기를 시작하기 전 짧게 전체 개괄을 하였고, 해당되는 책들마다 서론에 해당하는 내용은 '뿌리내리기'로 정리했습니다. 그리고 본론에 들어가기에 앞서 각 권의 큰 숲을 한눈에 볼 수 있게 '숲 길잡이'라는 이름으로 도표나 지도를 보여주고 있습니다. 이어서 본론에 해당하는 내용은 '신약 숲으로'라는 이름으로 정리하였고, 숲을 거닐다 보면 중간 중간마다 '열매 맺기'라는 항목을 넣어 성경을 이해하기 위한 팁이나 핵심들을 정리해두었습니다. 그리고 마지막으로 숲 산책을 마치면 우리가 묵상해야 할 제목들을 '담아가기'라는 이름으로 짧게 적용점을 주었습니다.

3. 참고로 깊은 내용이나 신학적인 내용은 다루지 않았습니다. 신약의 개관에서 우리가 성경을 읽을 때 꼭 알아야 할 내용들을 정리하고, 성경의 의미들을 만날 때마다 삶에 적용하는 데 주안점을 두었기 때문입니다.

끝으로 이 책이 나오게 된 결정적인 배경은 사모님 한 분이 부족한 제 강의를 손수 녹취하여 건네주신 섬김에서 비롯되었습니다. 출판을 허락해주시고 추천사를 써주신 사랑하고 존경하는 오정현 담임목사님과 강의 때마다 격려를 아끼지 아니하신 강명옥 전도사님, 또한 중간 중간 출판 과정이 너무 힘들어 포기하고 싶을 때마다 위로와 격려를 아끼지 않은 사랑의교회 동역자들께 감사드립니다. 그리고 새벽 4시면 일어나셔서 자녀들을 위해 기도하시면서 신앙의 자세를 알려주신 원로 사모님이신 사랑하는 어머님과 장모님 그리고 누구보다도 뒷자리에서 묵묵히 기도하며 항상 저의 든든한 힘이 되어준 사랑하는 아내, 그리고 11년 만에 우리 가정에 귀한 선물로 안겨주신 쌍둥이 자녀(하늘, 사랑)에게 감사의 마음을 전하고 싶습니다. 이 책이 출간되기까지 글을 정갈하게 갈무리해주신 넥서스크로스 김정일 목사님과 효진 자매에게도 감사를 드립니다.

홍성환

이 책에 대해서

《신약의 숲을 걷다》를 만들다 보니 구약과는 또 다른 어려움을 만나게 되었습니다. 신학적인 견해와 연대가 학자들마다 미묘한 차이로 많이 달랐기 때문입니다. 그러나 아래와 같은 관점에서 《신약의 숲을 걷다》를 정리했습니다.

성경은 예수님의 역사를 전기문 형태로 또는 예수님의 생애를 연대기적으로 기록하지 않았습니다. 우리가 유일하게 예수님의 생애를 자세하게 배울 수 있는 근거는 〈마태복음〉, 〈마가복음〉, 〈누가복음〉, 〈요한복음〉으로 이루어진 4복음서입니다. 물론 4복음서는 분명히 역사적 성격은 띠고 있지만, 예수님의 생애 속에 있던 사건과 장소가 항상 기록되어 있지 않을 뿐더러, 그 사건들이 일어난 순서 그리고 그 사건이 어떤 사역 중에 일어났는지 쉽게 확인할 수도 없습니다. 그러나 놀라운 사실은 4복음서에 기록된 사건들이 연대기적으로 서로 연결되어 조화를 이루고 있다는 점입니다. 예수님의 공생애 기간이 과연 3년이었는가에 대한 의견이 분분합니다. 물론 각 주장에는 수긍할 만한 근거가 있습니다. 그러나 복음서 간의 조화를 염두에 둘 때 공생애 기간이 3년이라는 것은 보편적으로 인정되고 있습니다. 예수님의 행적을 시간과 공간으로 나열할 때 이러한 어려움이 있음에도 불구하고 4복음서를 주의 깊게 읽다 보면 예수님의 생애와 사역이 연결되어 있음을 알 수 있습니다.

네 권의 개별적인 설명을 하나의 흐름으로 배열하다 보면 복음서 저자들이 역점을 둔 것을 놓칠 수도 있습니다. 그러나 무엇보다 이 책은 성도들에게 예수님의 역사적 행적을 연대기 흐름으로 소개하고, 성경을 읽을 수 있도록 돕는 데 목적을 두고 있습니다. 그리하여 각 사건의 중요성을 더욱 인식할 수 있고, 이전과 다른 느낌으로 사건이 보일 수 있을 것이라 믿습니다.

4복음서를 중심으로 예수님의 행적과 사건을 '예수님 3년의 생애'라는 흐름으로 엮었습니다. 그리고 〈사도행전〉과 그 밖의 서신서들을 통해 예수님의 부활 이후 교회가 어떻게 형성되고 확장되어 가는지 그 과정을 성경의 문맥과 흐름 안에서 시간과 역사를 유추하여 가장 보편적인 관점에 따라 최대한 정확하게 표시하고자 했습니다. 그리하여 구약의 〈말라기서〉 이후 신약에 소개된 사건들과 기록들을 시간의 흐름과 주제별로 아래와 같이 5시기로 구분하여 소개하였습니다.

400년 중간기 – 예수님 생애기 – 교회 형성기 – 교회 확장기 – 사도 후반기

《신약의 숲을 걷다》는 성경에 기록된 예수님의 생애와 사역 그리고 복음이 어떻게 역사의 흐름을 타고 전 세계를 향하여 힘차게 진군했는지를 드라마처럼 소개함으로써 신약 전체를 이해하고 일독하는 데 큰 도움이 될 것이라 믿습니다. 예수님의 공생애 연대는 기존에 출판된 연대기 성경을 많은 부분 참조하여 정리하였음을 미리 알려드리고자 합니다.

"신약의 숲을 거닐며 만난 행복"

신약을 잘 공부하기 위한 다섯 가지 조언

첫째, 구약은 신약과 연관해서 이해해야 합니다. 구약의 결말이 신약이고, 신약은 구약 속에 감춰져 있습니다. 구약은 오실 메시아를 예언했고, 신약에서는 오신 메시아와 다시 오실 그리스도를 소개하고 있습니다. 그러므로 신약은 예수 그리스도의 행적과 또 그 복음이 어떻게 땅끝으로 확산됐으며 세상 끝 날은 어떠한지 묘사합니다.

둘째, 신약 시대의 역사·문화·지리적 배경과 용어를 바로 이해해야 합니다. 역사의 한 시대와 공간을 사셨던 예수님이 어디 계셨으며, 누구와 무슨 대화를 했고, 왜 그런 대화를 할 수밖에 없었는지, 또 대화한 사람의 직분이 무엇이고, 당시 문화적 배경 속에서는 어떤 역할을 했는지 알아야 신약이 명쾌하게 읽히며 "아! 그래서 예수님은 그렇게 하셨구나!"라는 말이 나옵니다. 또한 성경이 읽히지 않는 대표적인 이유는, 뜻도 의미도 모르는 용어

때문입니다. 성경에 소개된 용어, 특히 당시 문화와 역사적 배경 속에서 등장하는 용어를 정리할 수 있어야 합니다.

셋째, 예수님의 생애와 복음의 확산 경로를 추적해야 합니다. 4복음서를 통해서 예수님의 생애를 추적하겠습니다. 그리고 〈사도행전〉과 나머지 서신들을 살피며 복음과 교회가 12명의 제자, 나아가 120문도를 통해서 열방 가운데 어떻게 확산되었는지 같이 따라가 보겠습니다.

넷째, 역사서를 중심으로 신약의 시간적 흐름을 잡아야 합니다. 5권의 역사서(마, 막, 눅, 요, 행)는 흐르는 시간 위에서 당시 역사적으로 일어났던 일들에 대한 사실적 기록입니다. 그러므로 역사서는 신약의 맥을 이루는 고속도로와 같고 바울서신과 일반서신은 고속도로 옆에 있는 휴게소와 같습니다. 이 5권의 역사서만 잘 알아도 신약의 흐름을 잡을 수 있습니다.

다섯째, 성경을 되도록 많이 읽어야 합니다. 성경을 읽지 않고 모든 정보를 다 얻을 수는 없습니다. 이 책은 성경을 읽을 수 있는 용기와 자극을 주고 동기부여를 합니다. 그렇기 때문에 이 순간부터 성경을 전투적으로 읽어야 합니다. 하루에 한두 장 감상적으로 읽지 마시고, 하루에 한 권씩 읽으세요. 오늘은 〈마태복음〉을 읽고, 내일은 〈마가복음〉을 읽는 방식으로 말입니다. 스스로 읽고 베레아 성도들처럼 성경을 상고해야 합니다(행 17:11).

신약의 시간적 흐름

신약(New Testament)의 문자적 의미는 '새 언약'입니다. '언약'이란 양자 간에 맺은 약속을 뜻합니다. 구약은 시내 산에서 모세를 통해 주어진 언약에 근거하여, 하나님께서 이스라엘 민족을 다스리시고 섭리하시는 사건을 기록했고, 신약은 하나님께서 그리스도를 통하여 인간과 맺은 새로운 약속에 대하여 기록했습니다. 신약의 메시지는 '인간의 죄를 위해서 인간의 옷을 입고 오신 예수 그리스도와 그분의 사역, 그리고 그분을 영접하고 받아들이는 사람들(교회)'에 대한 것입니다. 따라서 신약의 중심 주제는 구원입니다. 복음서들은 구세주를 소개하며, 〈사도행전〉은 그분의 구원에 관한 복음이 세계 전반에 걸쳐 전파된 경위를 서술합니다. 서신서들은 그 구원의 축복들을 상세히 밝히며, 〈요한계시록〉은 구원의 마지막 장면을 미리 보여줍니다. 신약성경 27권은 적어도 9명의 기자가 예수님이 승천하신 후 약 50년에 걸쳐서 기록한 책입니다.

역사서	마태복음	마가복음	누가복음	요한복음	5권
	사도행전				
바울서신 (총 13권)	갈라디아서	교회서신 (9권)	교회서신 (9권)	야고보서	일반서신
	데살로니가전서			베드로후서	
	데살로니가후서			베드로전서	
	고린도전서			히브리서	
	고린도후서			유다서	
	로마서			요한삼서	
	에베소서			요한이서	
	골로새서			요한일서	
	빌립보서			요한계시록	
목회서신	디모데전서	디모데후서	디도서	빌레몬서	4권

　마태·마가·누가·요한복음을 일반적으로 '4복음서'라고 부르며 '예수 그리스도의 역사'에 대해서 증거합니다. '예수'는 뭐고, '그리스도'는 뭡니까? '예수'는 인명이고, '그리스도'는 직임입니다. 예를 들면 홍성환 목사님이라는 말과 비슷합니다. 이름과 직분을 함께 부르는 것이지요.

　'그리스도'는 '기름부음을 받은 자', '구원자'라는 뜻입니다. 또한 "예수 그리스도"라고 고백하는 것은 "예수님은 구원자이십니다"라고 고백하는 것이며, "예수님은 나의 '구원자', '메시아'이십니다"라고 신앙고백하는 것입니다. 그러므로 삶 가운데서 "예수는 그리스도"라고 고백하는 것은 "예수님은 내 인생의 구세주이시며, 내 인생의 왕 되시며, 주인 되십니다"라고 고백하는 것입니다. 4복음서에서 공통된 기술은 이 땅에서 '예수'라고 불렸던 한 사람이 '그리스도'라는 것입니다. 구약의 하나님이 '예수'라는 사람의 몸을 입고 역사 속에서 자신을 드러내신 것이 '예수 그리스도'라는 것입니다. 그 예수님의 살아계신 역사 행적을 기록한 것이 4복음서입니다. 그래서 4복음서를 장르로 나눈다면 역사서로 구분할 수 있습니다.

역사서 5권은 예수 그리스도의 삶과 사역, 그리고 교회의 역사와 기독교의 확장을 기록한 것입니다. 바울의 교회서신은 9권인데, 교회와 성도들을 격려하고 교훈하기 위해 쓰였습니다. 바울의 목회서신은 4권인데, 목회자들에게 신실함과 부지런함으로 봉사할 것을 권면합니다. 9권의 일반서신은 박해받는 성도들에게 쓴 글로, 그리스도인을 성숙하게 하는 실제적인 도움말이 담겨 있습니다. 일반적으로 바울서신은 수신자의 이름을 따서, 일반서신은 발신자의 이름을 따서 각 권의 이름이 붙여졌습니다.

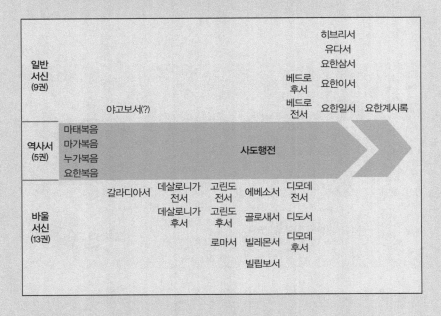

역사서를 따라 흐르는 시간 속에 서신서들이 기록되었습니다. 서신서의 기록 시기는 신학적인 이견(異見)이 있고 정확한 연대를 얻기가 어려운 것도 사실이지만, 보편적으로 교회에서 받아들이는 차원에서 소개했습니다.

5시기로 나눈 신약

신약은 절대 어렵지 않습니다. 신약을 이해하는 역사의 큰 흐름만 잡으면 됩니다. 산수를 잘하려면 구구단을 잘 외워야 하듯, 신약을 잘 이해하려면 5시기를 알아야 합니다.

신약의 5시기		기간	구분	성경 기록	내용
1	400년 중간기	B.C. 430 ~ B.C. 3	바벨론 – 페르시아 – 헬라(그리스) – 유다의 독립 – 로마의 통치	다니엘서(단 2장)의 예언	열강을 통한 메시아 도래 준비
2	예수님 생애기	B.C. 3 ~ A.D. 30	3년간의 예수님 공생애	마태복음 마가복음 누가복음 요한복음	예수가 그리스도시며 그분의 행하신 일과 말씀
3	교회 형성기	A.D. 30 ~ A.D. 48	베드로와 빌립으로 인한 예루살렘을 넘은 복음	사도행전 1~12장	성령강림과 교회의 설립과 복음 전파

4	교회 확장기	A.D. 48 ~ A.D. 62	바울의 1차 전도여행	행 13장 ~ 28장	갈라디아서 야고보서	바울의 전도여행으로 복음이 확장됨
			바울의 2차 전도여행		데살로니가전후서	
			바울의 3차 전도여행		고린도전후서 로마서	
			로마로의 복음 확장		사도행전 에베소서 빌립보서 빌레몬서 골로새서	로마로 향하는 복음 바울의 옥중서신
			바울의 4차 전도여행		디모데전후서 디도서 베드로전서	바울의 그레데와 에베소 지역 전도여행
5	사도 후반기	A.D. 62 ~ A.D. 96	바울보다 더 오래 살았던 사도들의 기록들	요한일, 이, 삼서 유다서 히브리서 요한계시록	이단으로 인한 내부적 갈등과 로마의 핍박

　성경에 기록이 없는 신약과 구약 사이의 400년 공백기를 신약의 첫 번째 시기인 '400년 중간기'로 볼 수 있습니다. 이때는 예수 그리스도의 오심을 준비하는 기간이었습니다. 두 번째 시기는 '예수님 생애기'로 예수 그리스도를 입체적으로 보여줍니다. 세 번째 시기는 예수님의 승천 후 성령강림으로 복음이 예루살렘을 넘어 각 지역에 퍼져 교회를 세우게 됩니다. 이 기간을 '교회 형성기'라 칭합니다. 사도 바울은 안디옥 교회를 통하여 3번에 걸친 전도여행을 했고, 본의는 아니지만 죄수의 신분으로 로마로 가는 여정과 로마 감옥에서 전도를 했던 '로마로의 복음 확장기'도 〈사도행전〉에 기록되어 있습니다. 바울이 로마 감옥에서 잠시 풀려나(4~6년?) 마케도니아 지방으로 전도여행을 했다고 합니다. 이 행적이 성경에는 직접적으로 기록되어 있지 않지만, 어떤 학자들은 이 기간을 4차 전도여행을 했다고 해석하기도 합니다. 이후 성경의 기록들은 바울보다 오래 살았던 사도들로 계속해서 기록됐습니다. 이 시기를 '사도 후반기'라 명하고 있습니다.

첫 번째 시기 : 400년 중간기(B.C. 430~B.C. 4)

구약성경은 페르시아 중간 시대 B.C. 450년경 〈말라기서〉의 기록을 마지막으로 멈춥니다. 페르시아 – 헬라 – 로마 시대로 이어지는 역사의 흐름은 성경에 기록되지 않았습니다. B.C. 4년에 세례 요한이 태어나고 예수님이 탄생함으로 신약성경이 다시 열리기 시작합니다. 이 신구약의 중간 기간을 '400년 중간기'라고 합니다. 예수 그리스도가 이 땅에 오셔서 구원의 역사를 이루며 십자가의 복음이 땅끝까지 전파하기 위한 무대를 준비하던 기간이었습니다.

두 번째 시기 : 예수님 생애기(B.C. 4~A.D. 30)

4복음서는 예수 그리스도에 대한 기록입니다. 서로 다른 저자들이 서로 다른 문화적 배경 속에서 다른 독자들을 상대로 기록한 것입니다. 마치 4명의 화가가 한 정물을 보고 자기의 경험과 환경과 배경을 가지고 누구에게 보여줄 것인가를 염두에 두고 그린 그림과 같습니다. 그렇기 때문에 4복음서는 비슷하면서도 약간 달라 보입니다. 예수 그리스도를 마태는 유대인의 왕으로, 마가는 완전하신 종으로, 누가는 완전한 인간으로, 요한은 완전한 하나님으로 보여주고 있습니다. 마태·마가·누가복음을 공관복음이라 하여 〈요한복음〉과 구별합니다.

- 〈마태복음〉: 주권자로서, 그는 다스리시고 통치하시기 위해 오셨다.
- 〈마가복음〉: 종으로서, 그는 섬기시고 고통을 받으시기 위해 오셨다.
- 〈누가복음〉: 인자로서, 그는 인간과 함께하고 느끼시기 위해 오셨다.
- 〈요한복음〉: 하나님의 아들로서, 그는 인간을 구속하시기 위해 오셨다.

세 번째 시기 : 교회 형성기(A.D. 30~A.D. 48)

오순절에 마가의 다락방에 모였던 120명의 성도에게 임한 성령은 예루살렘 교회를 탄생시킵니다. 처음에는 믿는 사람들이 예루살렘과 유대에 국한됐지만, 유대인들의 박해가 오히려 복음을 사마리아와 다른 지역으로 확대시켰습니다. 교회가 크게 확장되기 시작한 것은 당시 교회 제일의 공적(公敵)이었던 다소 사람 사울을 통해서였습니다. 예수님은 자기를 가장 핍박하던 자를 다메섹 도상에서 부르시고 그에게 이방인에게 복음을 전하는 사명을 주셨습니다(행 1~11장). 교회의 중심은 신자들이 처음으로 '그리스도인(christian)'이라 불렸던 수리아의 안디옥으로 옮겨졌습니다(행 11장).

네 번째 시기 : 교회 확장기(A.D. 48~A.D. 62)

-**바울의 1차 전도여행** : 바울은 안디옥 교회의 파송으로 로마가 만들어 놓은 길을 따라 바나바, 마가와 함께 첫 번째 전도여행을 시작합니다(행 13~15장). 갈라디아 지역을 2년에 걸쳐 돌며 복음을 전하고 교회를 세웠습니다. 안디옥으로 돌아와 예루살렘 공회(행 15장)에 참석하여 할례나 율례가 아닌 믿음으로 구원받는다는 것을 변론하고, 은혜와 믿음으로 구원을 얻는다는 결론을 얻게 됩니다. 그래서 바울이 안디옥으로 돌아오면서 갈라디아 성도들을 생각하며 〈갈라디아서〉를 기록합니다. 학자들은 〈야고보서〉도 신약의 서신 중 가장 먼저 기록된 것들 중 하나라고 생각합니다. 〈갈라디아서〉는 믿음만이 구원의 방법임을 강조합니다. 그러나 〈야고보서〉는 구원을 위해 행하지는 않지만 구원을 받으면 행하게 된다고 강조합니다.

-**바울의 2차 전도여행** : 바울과 실라와 디모데는 두 번째 전도여행을 합니다(행 16~18장). 그들의 계획은 1차 전도여행지였던 갈라디아 지역을 돌아

보려 했었으나 환상을 보고 마케도니아(헬라/그리스)까지 건너가 복음을 전합니다. 그리고 고린도에서 1년 6개월을 머물며 복음을 전합니다. 바울은 고린도에서 데살로니가 교회의 소식을 듣고 두 개의 편지, 〈데살로니가전후서〉를 썼습니다. 〈데살로니가전후서〉는 그리스도의 재림에 초점이 맞춰져 있습니다.

- **바울의 3차 전도여행** : 바울의 세 번째 전도여행은 마케도니아 지역으로 다시 가는 것이었으나, 대부분의 시간을 에베소에서 머물며 제자를 양육하고 교회를 세웠습니다. 세 번째 전도여행(행 19~21장)에서 바울은 〈고린도전후서〉와 〈로마서〉 세 개의 편지를 썼습니다. 〈고린도전후서〉는 교회의 문제와 바울의 사도권에 대한 도전을 다뤘습니다. 〈로마서〉는 구원의 복음을 가장 조리 있게 설명했습니다. 〈로마서〉 끝에서 바울은 31명의 이름을 하나하나 밝히며 문안합니다. 그때까지 바울은 로마에 가지 못했지만, 31명을 로마 제국의 다른 곳에서 만났던 것입니다. 바울의 3차까지의 전도여행은 〈사도행전〉에서 각각 3개의 장을 차지합니다. 또한 전도여행과 관련해서 쓴 편지의 수와 전도여행의 차수가 일치합니다(1차 여행 - 편지 1개, 2차 여행 - 편지 2개, 3차 여행 - 편지 3개, 4차 여행 - 편지 4개).

- **로마로의 복음 확장** : 바울은 자발적이 아닌 죄수의 신분으로 재판을 위해 로마로 호송됩니다. 아시아에서 온 유대인들이 성전 모독죄로 그를 죽이려 하자 바울은 자신의 송사를 가이사(로마 황제)에게 호소했기 때문입니다. 여비 하나 안 들이고 로마로 가게 되었고 지중해에서 유라굴라 태풍을 만나는 등 삶의 소망이 끊어지는 경우도 당합니다. 바울이 로마 감옥에 머물면서 기록한 4개의 편지를 '옥중서신'이라 하며 〈에베소서〉, 〈골로새서〉, 〈빌레몬서〉, 〈빌립보서〉 순서로 기록되었다고 보입니다. 이 4개의 서신서는 다른 어떤 서신들보다 더욱 예수 그리스도에 대한 최고의 찬양을 보여줍니다. 특히 〈빌립보서〉는 감옥에서 쓰였음에도 '기쁨의 서신'이라 불릴

만큼 그리스도인의 기쁨을 강조하고 있습니다.

－**바울의 4차 전도여행** : 바울은 로마에서의 감옥생활 중 약 4년 동안 잠깐 풀려납니다. 로마법에는 고발한 자가 18개월 이내에 나타나지 않으면 죄수를 풀어주도록 되어 있었습니다. 기독교 초기 문서에는 바울이 그 당시 땅 끝으로 알려졌던 서바나(스페인)를 다녀왔다고 전합니다. 그리고 마케도니아와 그레데, 에베소를 중심으로 사역하다가 다시 4년 후에 체포됩니다. 그때 기록한 서신이 〈디모데전후서〉와 〈디도서〉입니다. 일반서신인 〈베드로전후서〉도 바울의 4차 전도여행 기간 중에 기록된 것으로 보며, 5개의 서신서 모두 이 당시에 기록되었습니다. 바울이 칠흑 같은 지하 감옥에서 생을 마감하며 마지막으로 쓴 서신서가 〈디모데후서〉입니다. 〈베드로전후서〉도 같은 시기에 쓰인 것으로 보고 있습니다.

> ### 다섯 번째 시기 : 사도 후반기(A.D. 62~A.D. 96)

바울보다 오래 살았던 사도들의 일반서신은 대부분 거짓 교사와 이단에 대한 심각한 경고와 그들에 대한 대처 방법과 바른 복음을 중심 내용으로 하고 있습니다. A.D. 85~90년경 사도 요한은 3개의 편지를 썼습니다. 이 편지들이 〈요한일서〉, 〈요한이서〉, 〈요한삼서〉입니다. 이 시대에 〈유다서〉와 〈히브리서〉, 〈요한계시록〉도 기록되었습니다. 특별히 〈요한계시록〉은 사도 요한이 1세기 말경 도미티안 황제 치하(A.D. 81~96)에서 박해를 받으며 황제 숭배를 강요당하던 시기에 밧모 섬에서 기록한 책입니다. 예언의 책으로서 세상 역사의 종말과 찬란한 새 예루살렘 성이 성도들을 위해 준비되어 있음을 묘사합니다. 그것은 신약성경을 끝낸 것뿐 아니라, 세상의 마지막에 대한 하나님의 계획도 쓴 것입니다.

신약 시대의 언어

예수님 시대의 일상에서 현저하게 사용된 언어는 4개였습니다(히브리어, 아람어, 헬라어, 라틴어). 예수님의 생애와 가르침이 신약성경에 헬라어로 기록되어 있지만 예수님의 모국어는 아람어였습니다.

히브리어(Hebrew)

히브리어(עברית 이브리트)는 아프리카 아시아어족의 셈어파로 분류되는 언어입니다. 아람어와 같은 언어의 계통입니다. B.C. 3000년경, 갈대아 우르에서 가나안 땅으로 이주했던 아브라함과 그 자손들이 사용했습니다. 이 언어로 구약성경이 기록되었기에 '성서 히브리어'라고도 불리는 유대인의 전통 언어입니다. 아람어와 비슷하게, 문장을 쓸 때 오른쪽에서 왼쪽으로 쓰는 것이 특징입니다. 1세기에 히브리어는 본질적으로 죽은 언어였다고 믿어왔습니다. 그러나 사해 두루마리의 발견으로 당시 어떤 그룹에서 히브리어가 광범위하게 사용되었음을 알 수 있었습니다. 즉 회당에서 히브리 성경이 읽혔다는 것입니다. 또한 예수님은 히브리어를 쓰고 말한 것으로 알려져 있습니다. 복음서에도 '에바다', '아멘' 등 몇 개의 히브리어가 보존되어 있습니다.

아람어(Aramaic)

시리아의 언어이며, 가나안어, 우가리트어와 함께 서(西)셈족에 속한 언어입니다. B.C. 8세기에 아람인이 상업 민족으로서 서아시아 각지에서 활약한 후부터 아람어(תירמא / ܐܪܡܝܐ)는 국제통상용어가 되고, 아시리아나 신바빌로니아에서는 외교용어가 되어, 고대 페르시아에서 아프가니스탄까지 퍼졌습니다. 그러나 알렉산더 대왕의 침입 이후 헬라어의 공용어화로 조금씩 세력을 잃어갔습니다. 성경 본문에 비교적 적은 양의 아람어가 기록되어 있고, 복음서에서는 예수님과 제자들이 아람어로 대화를 합니다. 예수님의 모국어는 아람어였습니다. 복음서에서는 예수님이 사용한 아람어와 단어들이 나옵니다. 예를 들면 '달리다굼', '엘리 엘리 라마 사박다니', '아바', '게바' 등입니다.

헬라어(Hellas)

그리스의 알렉산더가 세계를 장악하면서 언어를 통일시켰습니다. 그는 피정복민들에게 헬라어를 강제적으로 사용하게 했습니다. 그리하여 헬라어는 세계 공용어가 되었고 히브리어 구약성경이 헬라어로 번역되어 70인역(LXX)이 이방인들에게 읽혔습니다. 신약성경의 원본 역시 헬라어로 기록되었습니다. 유대인들은 선택해서 사용한 것이 아니라 어쩔 수 없이 사용한 언어입니다. 일제 시대를 겪은 어르신들은 일본어를 잘 아십니다. 저희 부모님도 비밀 이야기할 때는 일본어로 하셨어요. 우리는 못 알아듣죠. 어르신들은 배우려고 배운 것이 아니라 일본어를 배울 수밖에 없었어요. 유대인들도 같은 상황이었습니다.

라틴어(Latin)

로마가 지중해를 정복하면서 헬라어 사용을 법령으로 금지시키고, 라틴어를 세계 공용어로 지정하였습니다. 로마 가톨릭 교회가 라틴어를 공식 언어로 채택하여 사용하였습니다. 그리하여 라틴어는 유럽에서 과학, 학술, 법 분야의 언어로 널리 쓰였습니다. 이 여파로 유럽의 많은 나라 언어에 지금도 라틴어 어휘들이 있습니다.

> **🍃 열매 맺기**
>
> **헬라어의 세계 공용화**
> 주전 4세기 알렉산더 대왕이 정복사업을 벌인 결과, 예수님 시대의 지중해는 '그리스 해'가 되었다. 3세기에 애굽에 살던 유대인들은 더 이상 히브리어 성경을 읽지 않았기 때문에 성경을 헬라어로 번역하기 시작했다.

신약의 지리적 배경

노루목 이스라엘

성경이 어렵고 읽히지 않는 이유 중의 하나는 성경에서 말하는 지리적 배경을 잘 알지 못하기 때문입니다. 그러나 신약의 지리적 배경을 알고 성경을 읽는 순간, 신약으로 빠져들어 갈 것입니다. 구약과 신약의 배경이 되고 있는 이스라엘 땅은 지금으로 말하면 중동 지역입니다. 팔레스타인 지역에서 3년 동안 예수님이 활동하셨고, 전 세계로 복음이 뻗어나갔습니다.

현재의 지명으로 살펴보면 사우디아라비아가 아래에, 요르단과 이라크

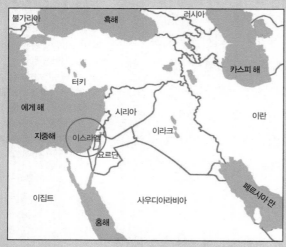

가 동쪽에 있습니다. 이라크에 티그리스 강과 유프라테스 강이 있고, 에덴동산이 있었다고 추정됩니다. 이라크 지역 위쪽에 시리아가 있고 그 위에 터키가 있습니다. 서쪽에는 지중해와 그 아래로 이집트가 있습니다. 지중해를 건너가면 유럽과 이어집니다. 노루목이라고 부를 수 있는 3대륙의 길목에 있는 지리적·전략적 요충지입니다. 그래서 팔레스타인 지역은 열강들의 각축장이었습니다.

신약 시대의 지도는 매우 간단합니다. 그러나 지도를 모르면 신약 지식이 진전할 수 없습니다. 구약 시대에는 이스라엘을 12지파로 나누어 땅을 분배했기 때문에 구약 땅을 12개의 행정구역으로 나누었습니다. 그러나 신약의 팔레스타인은 4개의 행정구역으로 나눕니다. 이스라엘은 지중해,

갈릴리 바다, 요단 강, 사해 4개의 수역(水域)으로 둘러싸여 있습니다. 이를 따라 크게 갈릴리 지역, 사마리아 지역, 유대 지역, 베레아 지역(요단 동편) 4부분으로 구분합니다. 마치 우리나라에 서울, 경기도, 전라도, 경상도에 5대 광역시가 있듯이, 이스라엘도 4개의 행정구역과 5개의 큰 도시가 있었습니다. 5개의 큰 도시는 비교적 지명이 많이 인용되었고, 많은 사람이 살았기에 명명한 것입니다.

먼저, 갈릴리 바다를 중심으로 갈릴리 지역에는 나사렛과 가버나움이라는 큰 도시가 있습니다. 요단 강 서편으로는 사마리아 지역이 있는데 수가라는 큰 도시가 있습니다. 사해 서편은 유대 지역으로, 예루살렘과 베들레헴이라는 큰 도시가 있습니다. 마지막 요단 강 동편은 베레아 지역입니다. 구약 시대에는 그 땅을 요단 동편 땅이라고 불렀습니다. 이러한 행정구역을 기억하고 머릿속에 그릴 줄 알면 신약이 재미있고 쉬워집니다. 예수님이 나사렛에서 예루살렘으로 움직이셨다고 하면 동선이 생각나야 합니다. 나사렛에서 가버나움으로 가셨다면, '멀리 가신 게 아니라 시내에서 움직이셨구나'라고 이해할 수 있습니다. 그렇기 때문에 지도와 지명 익히는 것이 신약 공부의 힘입니다.

갈릴리 지역(북부)

갈릴리 지역에는 두 개의 큰 도시가 있습니다. 가버나움과 나사렛입니다. 가버나움은 예수님의 활동 주 무대입니다. 나사렛은 예수님께서 성장한 곳입니다. 갈릴리 지역은 상부 갈릴리와 하부 갈릴리로 나뉘며, 최북단에 있기 때문에 이방 문화가 급속도로 유입되어 이방인이 굉장히 많이 들어와 산 곳입니다. 그러나 유대 땅보다 갈릴리 지역이 훨씬 시골이에요. 예루살렘은 수도로 성전이 있었고 사두개파와 서기관 등 지식층들이 모여 살았지만, 갈릴리에는 소시민들이 살았습니다.

예수님께서는 갈릴리에 사시다가 1년에 한 번 정도 유월절을 지키기 위해 예루살렘 성전으로 가셨습니다. 이스라엘의 남자들은 유월절을 지키기 위해서 1년에 한 번씩은 꼭 예루살렘으로 가야 했습니다.

사마리아 지역(에브라임 산지)

사마리아 지역은 '싸마르'(세멜)라는 히브리어에 그 어원을 두며 뜻은 '지키다', '경계하다'입니다. 이 지역을 에브라임 산지라고도 부릅니다. 그러나 구약 시대 때 북이스라엘과 남유다의 분열과 멸망, 식민 정책 등으로 피가 섞이고, 성전 재건 과정에서 유대와 갈등을 일으키고 급기야 사마리아 사람들을 '개'처럼 취급하며 감정의 골이 깊어졌습니다. 그래서 갈릴리 지역에서 유대 땅으로 내려올 때 사마리아 땅이 더럽다고 돌아서 내려올 정도로 사마리아 사람들을 싫어하고 경멸했습니다.

유대 지역

대표적인 도시는 예루살렘, 베들레헴, 베다니가 있습니다. 다른 지역보다 해발고도가 1,000m 정도 높아서 능선을 이루고 있습니다. 그래서 외부의 침략을 막기 용이하여 수도가 위치하게 되었습니다.

요단 동편 지역

구약 시대 때부터 이스라엘의 두 지파 반이 살아온 지역으로 얍복 강과 아르논 강으로 나뉩니다. 예수님 당시 이곳을 베레아라고 불렀습니다.

신약 시대의 팔레스타인 지명 익히기

팔레스타인의 지명을 좀 더 구체적으로 알아야 합니다. 다음의 지도에서 지명 찾아보기에 적혀 있는 가나, 엠마오, 베레아, 베들레헴, 가이사랴 빌립보, 갈릴리 바다, 요단 강, 사해, 욥바, 얍복 강, 예루살렘, 여리고 등은 신약 성경에서 많이 나오는 지명이기에 어디쯤인지는 알아야 합니다. 지명과 큰 행정구역을 같이 생각할 수 있어야 합니다. 예를 들어볼까요? 가나가 어디에 있습니까? 그렇지요. 갈릴리 지역에 있습니다. 엠마오가 어디에 있습니까? 유대 지역에 있습니다.

지도 지명: 두로, 베니게, 가데스, 가이샤랴 빌립보, 갈릴리, 고라신, 벳새다, 악고(돌레마이), 게네사렛, 가버나움, 막달라, 디베랴, 갈릴리 바다, 야르묵 강, 가나, 나사렛, 지중해, 도라, 압비아, 다볼 산, 나인, 가다라, 요단 동편, 벳산, 요단 강, 사마리아, 사마리아, 애논, 데가볼리, 에발 산, 수가, 그리심 산, 세겜, 얍복 강, 안디바드리, 베레아, 욥바, 룻다, 라마, 에브라임, 엠마오, 여리고, 예루살렘, 감람 산, 베다니, 메드바, 베들레헴, 헤로디움, 유대, 드고아, 사해(염해), 가사, 헤브론, 엔게디, 디본, 아르논 강, 이두매, 맛사다

지명 찾아보기
가나
엠마오
베레아
베들레헴
가이사랴 빌립보
갈릴리 바다
요단 강
사해
욥바
얍복 강
예루살렘
여리고

성경에 이런 지명들이 나오면 머릿속에 위치가 떠올라야 합니다. 그러면 성경이 훨씬 입체적으로 이해가 되고 재미있습니다. 성경을 읽지 않는 이유가 게을러서일 수도 있지만, 몰라서 못 읽기도 합니다. 그런데 이 지명을 알고 예수님의 사역 동선을 이해하게 되면 성경이 흥미로울 것입니다.

왜 예수님이 갈릴리에 계시다가 예루살렘에 갔을까요? 여기에 대한 의문이 생기다 보면 유월절이라는 단어를 찾게 되고, 유월절에 대해서 공부하다 보면 성경에 재미가 붙어 어느새 성경 지식이 쌓여 있을 것입니다. 자꾸 지명을 외우고, 그려보고, 더듬어보세요. 큰 도움이 됩니다.

"예수님의 인격과 가르침의 장(場)"

신약성경을 5개의 시기로 나눌 수 있다고 했습니다. 첫째는 '400년 중간기'입니다. 우리가 이미 공부했지요. 이 기간 동안 유대인들에게 선지자의 목소리는 없었지만 열강들의 패권 다툼과 식민 통치의 고통으로 인해 영적으로 메시아 대망 사상이 깊어갔고, 헬라를 통해 언어가 통일되었으며, 로마를 통해 도로가 뚫리므로 그리스도의 오심이 준비되었다고 했습니다.

이제 두 번째 시기인 '예수님 생애기'입니다. 4복음서는 예수님의 생애를 보여주며 예수님이야말로 그리스도이시며 구약이 예언한 메시아이심을 증거합니다. 그러나 복음서가 예수님의 전기(傳記)라고 말할 수는 없습니다. 왜냐하면 30년, 즉 공생애 이후 3년간의 사역에만 집중했기 때문입니다. 4복음서의 특징은 다음과 같습니다.

첫째, 4복음서의 전체 내용은 예수님의 인격과 가르침에 관심이 집중되며 예수님의 죽음과 부활에서 정점에 이르는 '그리스도의 생애'에 포커스가 맞춰져 있습니다. 둘째, 복음서가 담고 있는 내용과 특정한 사건의 배열은 서로 차이가 나며 각각의 복음서는 같은 내용을 다루지만 그 강조점이 다른 책입니다. 셋째, 4복음서는 주로 공통된 관점에서 기록된 공관복음(마태, 마가, 누가)과 아주 독특한 관점과 목적에서 기록된 〈요한복음〉으로 다시 나눌 수 있습니다.

〈요한복음〉과 공관복음의 차이점

마태·마가·누가복음 3권을 공관복음이라고 이야기합니다. 공통된 관점에서 예수님의 생애를 본다고 해서 공관(共觀, Synoptic)이라 말합니다. 이 공관복음은 비슷한 시기에 기록되었고, 관점도 80% 비슷해요. 그러나 〈요한복음〉은 훨씬 후대에 마태, 마가, 누가를 보면서 없는 부분을 보충하기 위해 기록된 책입니다.

구전에 의하면 예수님을 목격한 사도들이 다 죽고 요한만 남았다고 합니다. 요한마저 죽으면 예수님을 목격한 사람들이 다 사라지니까 제자들이 이렇게 요구했다고 합니다. "선생님! 마태, 마가, 누가복음에 기록된 말씀 말고 우리가 알아야 할 다른 예수님의 행적은 없습니까?" 그래서 요한이 마태, 마가, 누가복음에 없는 것들을 중심으로 예수님에 대한 행적을 기록한 것이 〈요한복음〉이라는 것입니다.

공관복음(共觀福音, Synoptic Gospels)은 예수님이 갈릴리에서 하신 사역을 중심으로 기록했으나, 〈요한복음〉은 유대 지역에서 행하신 기록들도 많이 소개되어 있습니다. 특별히 예루살렘을 중심으로 더 많은 일화를 소개하고 있습니다.

성경에 비슷한 내용인 공관복음 3권을 포함시킨 이유는 기독교 신앙을 위해 예수님의 생애와 교훈, 활동과 인격을 좀 더 넓고 깊게 전하기 위해, 서로 다른 신앙적 증거와 서로 다른 형태의 설교를 제시하기 위해서입니다.

공관복음과 요한복음 비교표

공관복음	요한복음
예수 그리스도의 탄생과 생애 그리고 죽으심과 부활하심과 승천을 기록함.	예수님의 탄생 기사와 사생애 기록은 없다. 공관복음에 없는 부분들을 보충하기 위하여 후에 기록하였음.
유월절 예루살렘 성에 한 번 오르신 것만 기록	3번 가신 것, 매년 가심을 기록함. (공생애가 3년인 것을 알 수 있는 자료)
갈릴리 사역 중심	예루살렘과 갈릴리 사역을 교대로 서술
비유가 많이 나옴.	비유가 전혀 없고, 예수님과 개인 간의 인터뷰 기사가 27개나 기록되었음.
예수님의 탄생, 생애, 세례, 광야 시험, 귀신 축출 등 예수님의 기적을 많이 소개함.	기적은 단 7개만 소개할 뿐임.

공관복음은 예수 그리스도의 탄생과 생애 그리고 죽으심과 부활하심과 승천을 기록했습니다. 반면에 〈요한복음〉은 예수님의 탄생 기사와 사생애 기록이 없습니다.

사생애가 뭡니까? 예수님께서 30세이실 때부터 3년 동안의 삶을 공생애라고 말하며, 태어나서 30년 동안 극히 개인적인 삶을 사생애라고 말합니다. 〈요한복음〉에는 탄생 기사와 사생애가 없습니다. 공관복음에 있기 때문에 피했습니다. 공관복음에는 유월절 예루살렘에 한 번 오르신 것만 기록됐는데 〈요한복음〉에는 3번 가신 것이 기록됐습니다. 매년 가신 것입니다(요 2:13, 6:4, 13:1). 공생애가 3년이라는 사실은, 〈요한복음〉에서 예수님이 예루살렘에 3번 내려가신 기록을 통해 확인할 수 있습니다.

또 공관복음은 갈릴리 사역 중심입니다. 그러나 〈요한복음〉은 갈릴리와 예루살렘 사역을 교대로 서술했습니다. 공관복음은 비유가 많이 나오지만, 〈요한복음〉은 비유가 전혀 없고 예수님과 개인과의 인터뷰 기사가 27개나 기록됐습니다. 그리고 공관복음은 탄생이나 귀신 축출 등 기적을 많이 소개했습니다. 그러나 〈요한복음〉은 기적이 7개만 소개했으며 특히 귀신 축출 기적은 하나도 나오지 않습니다. 〈요한복음〉은 공관복음보다 훨씬 더 신학적이고 예수 그리스도의 신성에 대해서도 많이 소개했습니다.

4복음서 대조표

복음서	마태복음	마가복음	누가복음	요한복음
지은이	마태	마가(요한)	누가(헬라인)	요한
작업	세리	베드로 제자 통역자	의사	어부
기록	A. D. 70	A. D. 65	A. D. 66	A. D. 90
청중	유대인	로마인	헬라인/ 데오빌로	모든 사람/ 헬라 세계
예수님 묘사	구약의 예언과 기대를 성취한 왕이신 메시아	종으로 오신 예수 그리스도	인간으로 오신 예수 그리스도	하나님의 아들이신 예수 그리스도
강조점	그리스도의 설교	그리스도의 기적	그리스도의 비유	그리스도의 교리
공통비율	58%(42%)	93%(7%)	41%(59%)	8%(92%)
특징	1)마태복음이 신약에 처음 놓여 있다고 가장 먼저 기록된 복음서가 아니다. 2)구약성경을 자주 인용(130번)하면서 예수님은 메시아로서의 자격 요건이 충분하다는 것을 보여주고 있다. 따라서 구약의 약속(예언)을 성취하시는 메시아가 그리스도임을 강조한다. 3)신약의 두 시대(구약, 신약)을 잇는 다리 역할을 한다. 4)마태복음은 5개의 설교가 중심을 이루고 있다. – 산상수훈(5~7장) – 선교 파송 설교(10장) – 천국의 비유(13장) – 제자도(18장) – 종말의 말씀(24장)	1)최초의 복음서 2)이방인들은 이론보다 행동을 더 중요시 여겼기에 끊임없이 다니시며 바쁘게 움직이신 섬김의 종으로 예수님을 기록하고 있다. "인자가 온 것은 섬김을 받으려 함이 아니라 도리어 섬기려 하고 자기 목숨을 많은 사람의 대속물로 주려 함이니라"(막 10:45).	1)당시 헬라 지성인들을 설득하기 위해 기록했다(본문 중에 길고 어려운 헬라어 문장들이 자주 등장한다). 2)처음부터 저자, 경위, 수신자, 글의 목적을 자세하게 밝히고 있다(눅 1:1~3). 3)예수가 온 인류의 구원자이심을 강조한다. 4)마태가 예수님을 소개한 족보와 누가가 소개한 예수님의 족보는 다르다. 5)복음서 중 분량이 제일 많다.	1)공관복음의 집필이 끝난 후에 요한복음이 쓰였기에 공관복음서를 보충하였다. 2)헬레니즘 문화권의 독자들에게 그리스도의 신성과 사역에 대한 적절한 신학적 해석을 제공하기 위해 이 복음서가 쓰였다. 3)공관복음서와 달리 요한은 예수님의 가르침을 긴 신학적인 설교 형태로 소개하고 있다. 4)예수님의 기적을 7가지로 소개하면서 예수 그리스도는 하나님의 아들일 수밖에 없다는 것을 증명한다(그리스도의 신성 강조). 5)"나는 ~이다"라는 의미의 헬라어 "에고, 에이미"라는 표현이 23회 나온다.

〈마태복음〉

마태는 변화받은 세리이며, 기록 연대는 A.D. 70년입니다. 예수님이 돌아가시고 40년 후, 아마 마태도 인생의 노년기였을 것입니다. 본인이 예수님과 경험했던 것을 회상하면서 유대인을 대상으로 글을 썼습니다. 유대인들이 예수 그리스도를 쉽게 이해할 수 있도록 구약의 예언을 성취한 왕으로 오신 예수 그리스도를 소개합니다. 유대인들에게는 메시아 대망 사상이 있었기에, 그들은 다윗 왕의 후손으로 정치적이며 영적인 카리스마가 있는 왕으로서의 메시아를 기다리고 있었어요. 그래서 마태는 '예수님이 너희들이 기다리는 메시아시다'라는 사실을 유대인이 신뢰하는 구약성경을 인용하며 기록하였습니다. 마태복음 1장 1절에 "아브라함과 다윗의 자손 예수 그리스도의 계보라"라며 첫 시작부터 다윗의 자손 예수의 족보를 소개하며 증명한 것입니다.

〈마가복음〉

4복음서 중에서 제일 먼저 기록되었습니다. 청중은 로마인으로, 그들은 생각하는 것보다 행동하는 것을 원하는 사람들이므로 이들에게 호소할 수 있는 예수 그리스도의 행동이 주로 기록에 나타납니다. 마가는 주님의 가르침을 많이 기록하고 있지 않습니다. 예를 들면 마가는 예수님의 기원에 대해서는 아무 언급이 없고, 산상수훈(마 5~7장)도 언급하지 않았으며, 다른 복음서에 나오는 긴 예언이나 비유들을 포함시키지 않았습니다. 말씀보다는 주님의 행동들, 예를 들면 식사할 겨를도 없는 주님, 식사하다가 병을 고치시는 주님, 즉시 필요함을 따라 사람들을 섬기시는 근면함, 휴식의 부족, 그분의 분냄, 괴로움, 애정 등 비천한 노예로 섬기러 오신 예수님이 묘사되어 있습니다.

〈누가복음〉

누가는 헬라인이며 의사로서 의학을 공부한 사람입니다. 청중은 헬라인 자신의 동족입니다. 〈누가복음〉은 인자로 오신 예수 그리스도를 묘사하고 있기에 인간 족보로부터 시작합니다. 마태가 예수님을 소개한 족보와 누가가 소개한 예수님의 족보가 약간 달라요. 어떤 사람은 성경에 오류가 있다고 이야기하는데 몰라서 하는 이야기입니다. 독자가 누구인가 생각하지 못한 차이입니다.

서신의 헌정 대상인 데오빌로는 "각하"라고 표현하는데, 사회적 지위를 가리키는 표현으로, 아마도 귀족 출신의 헬라인이었을 것입니다. 당시 헬라 지성인을 설득하기 위해서 기록하였기에 본문 중에 길고 어려운 헬라 문장들이 자주 등장합니다. 사건의 지루한 연대가 아닌 신학적 해석과 교리가 나타납니다. 특히 성령론이 강조되어 있는데 성령에 대한 구절은 다른 복음서를 합한 것보다 더 많이 기록되어 있습니다. 인류의 구속자로서 사람의 아들로 오신 예수 그리스도를 강조함으로써 기독교 신앙을 확증하고 있습니다. 복음서 중에서 제일 분량이 많습니다.

〈요한복음〉

공관복음보다 나중에 기록되었습니다. 공관복음의 증보판이라 할 수 있습니다. 청중은 모든 사람입니다. 하나님의 아들이신 예수 그리스도에 대해 기록했습니다. 헬레니즘 문화권의 독자에게 예수님의 신성과 인성에 대한 적절한 신학적인 해석을 제공하고 있습니다. 공관복음과 달리 〈요한복음〉은 예수님의 가르침을 긴 신학적인 설교 형태로 소개하고 있고, 예수님의 기적을 7가지로 소개하며 '예수님이 하나님의 아들일 수밖에 없다'라는 것을 기적을 통해 증명해보입니다. 특히 예수님의 자기선언 "나는 …이다"(에고 에이미), 즉 "나는 생명의 떡이다, 나는 생명의 빛이다, 나는 양의 문이다,

나는 생명이다, 나는 길과 진리다"를 통해 예수 그리스도가 누구신지에 대해 뚜렷이 증거함과 아울러 참 생명에 이르는 구원의 길과 원리를 명쾌하게 제시해줍니다.

공관복음에 기록된 예수 그리스도의 기적 비교

	기적	마태	마가	누가
1	나병 환자를 고치심	8:2	1:40	5:12
2	백부장의 하인을 고치심	8:5		7:2
3	베드로의 장모를 고치심	8:14	1:30	4:38
4	저녁에 병든 자들을 고치심	8:16	1:32	4:40
5	풍랑을 잔잔케 하심	8:23	4:35	8:22
6	귀신들을 돼지 떼 안으로 보내심	8:28	5:1	8:26
7	중풍 병자를 고치심	9:2	2:3	5:18
8	회당장의 딸을 살리심	9:18	5:22	8:40
9	혈루증 앓는 여인을 고치심	9:20	5:25	8:43
10	두 소경을 고치심	9:27		
11	귀신 들려 말 못하는 사람을 고치심	9:32		
12	손 마른 자를 고치심	12:9	3:1	6:6
13	귀신 들려 눈멀고 벙어리 된 자를 고치심	12:22		11:4
14	5천 명을 먹이심	14:13	6:30	9:10
15	바다 위를 걸으심	14:25	6:48	
16	이방 여인의 딸을 고치심	15:21	7:24	
17	4천 명을 먹이심	15:32	8:1	
18	간질병 앓는 소년을 고치심	17:14	9:17	9:38
19	고기 입에서 성전세를 얻으심	17:24		
20	두 소경을 고치심	20:30	10:46	18:35
21	무화과나무를 마르게 하심	21:18	11:12	
22	악한 귀신 쫓아내심		1:23	4:33

23	귀먹고 말 더듬는 사람을 고치심	7:31	
24	벳세다의 눈먼 사람을 고치심	8:22	
25	물고기를 잡게 하심		5:1
26	나인성 과부의 아들을 살리심		7:11
27	연약하고 허리 굽은 여자를 고치심		13:11
28	수종증 앓는 사람을 고치심		14:1
29	열 명의 나병 환자를 깨끗케 하심		17:11
30	종의 귀를 회복시키심		22:51
31	물을 포도주로 바꾸심		
32	왕의 신하의 아들을 고치심		
33	베데스다의 쇠약한 사람을 고치심		
34	날 때부터 소경된 사람을 고치심		
35	나사로를 살리심		
36	두 번째로 물고기를 잡게 하심		

사도 후반기

교회 확장기

교회 형성기

예수님 생애기

400년 중간기

준비시키시는 하나님

구약성경의 마지막 책인 〈말라기서〉가 B.C. 450년경에 끝나고 세례 요한이 출현하기까지 약 400년이라는 긴 공백 기간이 존재합니다. 이 시기를 가리켜 '신구약 중간기'라고 말합니다. 이 기간 동안 하나님께서는 직접 선지자들을 통해 말씀하시지 않았기에 '침묵기'라고도 부릅니다. 그러나 이 기간은 예수 그리스도가 이 땅에 오셔서 구원의 역사를 이루시며 십자가의 복음이 땅 끝까지 전파되기 위한 무대를 준비하셨던 기간이기도 합니다. 한편, 이 기간 동안은 이스라엘을 둘러싸고 메소포타미아와 이집트 지역을 중심으로 바벨론, 페르시아, 헬라, 로마 등 열강들의 행진하는 말발굽 소리와 맞부딪히는 칼 소리로 넘쳐났습니다.

그리스도 오심을 준비한 400년

🍃 뿌리내리기 _성경의 전체를 알아봅니다

　남유다는 B.C. 586년에 신흥 바벨론에 멸망하여 많은 유대인이 포로로 끌려갔습니다. 그러던 어느 날 바벨론의 느부갓네살 왕이 신상의 꿈을 꿉니다(단 2장). 머리는 금이고, 두 팔과 가슴은 은이고, 배와 넓적다리는 동이고, 종아리는 철이고, 발은 진흙인 그런 신상이 서 있는데 어디선가 돌이 날아

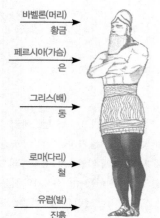

바벨론(머리)
　　황금

페르시아(가슴)
　　은

그리스(배)
　　동

로마(다리)
　　철

유럽(발)
　　진흙

와서 그 신상이 무너지는 꿈을 꿉니다. 왕은 술사들을 동원해 해몽하게 하지만 아무도 그 꿈을 해몽하지 못합니다.

　그때 다니엘이 동일한 환상을 보고 그 꿈을 해석해줍니다. 그 신상의 환상이 세계를 지배할 열강의 변천사입니다. 머리(금)는 바벨론, 가슴(은)은 페르시아, 배(동)는 그리스, 다리(철)는 로마, 발(진흙)은 유럽입니다. 처음에는 바벨론이 세계의 패권을 장악하지만 이어 페르시아가 바벨론을 무너뜨리고 패권을 차지할 것이며, 또 그리스가 페르시아를 멸망시키고 패권을 장악하지만 오래가지 않아 다시 로

마가 세계를 정복할 것이며, 이후에는 유럽이 세상을 정복할 것이라는 내용입니다. 그러다가 뜨인돌 하나가 날아와 신상을 무너뜨립니다. 뜨인돌은 예수 그리스도와 하나님 나라를 의미합니다. 결국 '이 땅의 강국들은 흥망성쇠를 반복하지만 마지막에는 하나님 나라가 설 것이다. 예수 그리스도를 통한 하나님 나라는 영원할 것이다'라는 뜻입니다.

편의상 400년 중간기를 5시기로 구분했습니다. 첫째는 바벨론, 둘째는 페르시아(바사), 셋째는 헬라, 넷째는 유다의 독립 시기, 다섯째는 600년 동안 로마 시대입니다. 그러면 이제부터 5시기의 패권을 살펴보겠습니다.

🍃 숲 길잡이_성경의 전체를 표로 알아봅니다

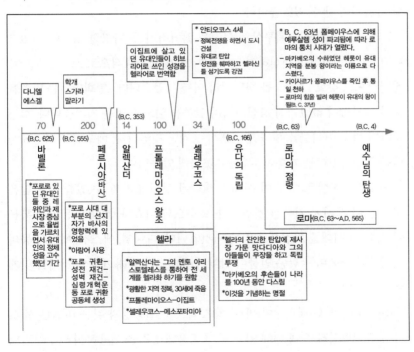

신약 숲으로 _성경의 중심내용을 알아봅니다

중간기의 패권 다툼

1. 바벨론 통치(B.C. 612~536)

바벨론은 유대 포로들의 정체성을 유지시키기 위해 종교와 문화도 인정해주었습니다. 그러므로 70년의 포로 기간을 통해 유대인들은 오히려 정체성을 더욱 확고히 할 수 있었고, 신앙생활도 열심히 할 수 있었습니다.

그러나 그들에게는 예루살렘 성전을 잃어버린 후 마땅한 성전이 없었습니다. 그래서 성전을 대신하여 자신들이 모인 곳을 중심으로 소그룹 모임을 정기적으로 갖고 그 장소를 회당이라 이름 지었습니다. 그 회당에는 말씀을 전할 제사장이 없었기에 평신도끼리 말씀을 읽고 율법을 지켰습니다. 회당문화가 바로 이러한 상황과 형편에서 생겨난 것입니다. 예수님도 회당에서 말씀을 전하셨다는 기록이 4복음서 곳곳에 있습니다.

유대교의 신학은 대개 이 시대에 시작된 것이라고 할 수 있습니다. 많은 성경은 이 시기에 기록된 것입니다. 탈무드와 미슈나, 게메라 등의 기록물이 거의 이 시대를 기점으로 기록된 것입니다. 다니엘, 에스겔, 에스라 등의 선지자와 느헤미야 같은 인물이 있어서 유대교는 일대 개혁의 시기를 맞게 된 것입니다.

70년이 지난 후 페르시아(바사) 왕 고레스가 철옹성과 같은 바벨론 성을, 마침 축제일이라 술에 취해 있을 때 유프라테스 강을 이용하여 멸망시킵니다. 성경에서 바벨론의 멸망을 예언한 선지자는 여럿 있지만 이사야와 예레미야가 가장 상세하게 예언하고 있습니다. 그리고 그 예언들은 일점일획도 어김없이 그대로 실현되었습니다.

> 여호와께서 선지자 예레미야에게 바벨론과 갈대아 사람의 땅에 대하여 하신 말씀이라 너희는 나라들 가운데에 전파하라 공포하라 깃발을 세우라 숨김이 없이 공포하여 이르라 바벨론이 함락되고 벨이 수치를 당하며 므로닥이 부스러지며 그 신상들은 수치를 당하며 우상들은 부스러진다 하라(렘 50:1~2).

2. 페르시아 통치(B.C. 539~331)

페르시아의 첫 번째 왕은 고레스입니다. 페르시아가 바벨론을 점령하고 보니, 그 안에 유대인들이 있었습니다. 이에 고레스는 "너희들은 누구냐?"라고 묻습니다. 그들은 "남유다에서 끌려왔습니다"라고 대답합니다. 그러자 고레스는 "너희들은 너희 나라로 돌아가라"며 돌려보냅니다.[1] 3차에 걸쳐서 성전과 성벽을 재건할 만한 양식도 주면서 돌려보냅니다. 그리하여 에스라, 느헤미야, 스룹바벨은 예루살렘으로 돌아와 성전과 성벽을 재건합니다. 그리고 에스라를 통해 "다시 하나님 앞에 죄 짓지 말자. 다시는 하나님 앞에서 범죄 하지 말자"라고 심령의 각성운동이 일어납니다.

페르시아 시기에는 바벨론과 같이 포로들을 그다지 억압하지 않았습니다.

🌿 열매 맺기

고레스(키루스 2세)

그의 이름은 키루스였는데 이는 '큐노(하르파구스 신하의 아내 이름: 암 이리)의 아들'이라는 뜻이다. 키루스(고레스)는 어린 시절 기구한 운명으로 친어머니가 아닌 하녀의 손에서 길러진 것에서 붙여진 이름이었다.

---

1 성경에는 다니엘이 고레스 제3년까지 살았다고 기록되어 있다(단 10:1). 그렇다면 고레스는 다니엘의 지도를 받았을 가능성이 크다고 볼 수 있다. 그리고 예레미야의 예언을 보여주고 고레스가 유대인을 고국으로 돌려보내는 일도 다니엘의 지도하에서 이루어진 일이라고 볼 수 있다.

그 시기에는 유대인들에게 집정관이라는 이름을 줘서 나름대로 통치권도 주었습니다. 이렇게 그들의 종교와 자치권을 인정해주었기에 유대인들은 오히려 자신들의 정체성을 더욱 공고히 하고 야훼 신앙을 돈독히 할 수 있었습니다. 세계는 이 귀환 공동체를 일컬어 '유대인(Jew)'이라고 합니다. 또 그들이 믿는 야훼 신앙 공동체를 '유대교(Judaism)'라고 명명합니다.

구약성경이 끝날 때의 패권은 페르시아(바사)에 있었습니다. 그러나 페르시아 시대도 220년밖에 존속을 못합니다. 페르시아의 마지막 왕 다리오(다리우스 3세, B.C. 336~330)는 마케도니아까지 욕심을 냅니다. 그래서 지중해를 건너서 그리스로 손을 뻗쳐갑니다. 그러나 여러 전쟁(스키타이 전투, 살라미스 전투, 프라타이아 전투)에 계속해서 패하자 힘이 빠지게 됩니다.

페르시아와 그리스가 오랜 전쟁으로 서로 지쳐가고 국력이 손실되어가고 있을 때, 마케도니아에서는 필립 왕이 그리스의 도시국가들을 처음으로 연합하는 데 성공을 합니다. 그러나 필립 왕은 B.C. 336년에 모살(謀殺)되어서 큰뜻을 이루지 못합니다. 그리고 그의 젊은 아들 알렉산더(Alexander, 인간의 수호자)가 뒤를 이어 왕이 됩니다.

3. 헬라 통치(B.C. 336~165)

페르시아가 망한 후 그리스 시대, 알렉산더 시대가 시작됩니다. 알렉산더는 용맹하며 싸움을 잘할 뿐 아니라 지략가였습니다. 그의 멘토는 철학자 아리스토텔레스였습니다. 알렉산더는 헬레니즘의 사명감을 가지고 자기가 정복한 나라에 학교를 세우고 헬레니즘 문화와 헬라어를 보급하기 시작합니다. 그러면서 짧은 기간에 아시아와 유럽을 잇는 유라시아를 건설합니다. 그러나 그는 33세에 인더스 강을 넘어가다가 열사병으로 죽게 됩니다(B.C. 323년). 그래서 알렉산더는 14년밖에 통치를 못했습니다.

이후 알렉산더의 부하 4명이 땅을 나눠 차지합니다. 대표적으로 프톨레마이오스와 셀레우코스가 있는데 프톨레마이오스는 애굽을 본거지로 삼고 시리아와 팔레스타인을 차지하기 시작합니다. 이것이 프톨레마이오스 왕조입니다. 셀레우코스는 티그리스 강과 유프라테스 강 유역 메소포타미아를 중심으로 셀레우코스 왕조를 형성합니다.

프톨레마이오스가 100년 정도 애굽을 중심으로 나라를 장악하면서 팔레스타인의 유대인을 애굽으로 불러들입니다. 그래서 많은 유대인이 애굽으로 이전해오기 시작합니다. 그는 유대인의 마음을 달래기 위해 알렉산드리아라는 도시를 건설하고 문화의 중심지인 그곳에서 예루살렘에 있는 신학자 72명을 초청해서 히브리어로 된 성경을 헬라어로 번역하게 합니다. 그 성경을 '70인역'이라고 합니다. 프톨레마이오스의 가장 큰 업적은 유대인들의 언어였던 히브리어로 된 성경을 만국 공통어였던 헬라어로 번역시킨 것입니다. 유대인들만의 소유였던 성경을 만국에 보급하는 기반을 마련한 것입니다.

그러나 프톨레마이오스 왕조는 셀레우코스 왕조에 밀려납니다. 셀레우코스 왕조는 프톨레마이오스 왕조를 장악하면서 열강의 주인이 됩니다. 셀레우코스 왕조는 굉장히 악한 왕조였으나, 그들이 점령한 첫 30년은 상당히 평온했습니다. 유대인들은 헬라 철학과 세련된 도시화에 매료되어 갔습니다. 어떤 유대인들은 헬라화 과정을 가속화시켜야 한다고 주장하며 아브라함의 언약과 할례를 거부하는 단계까지 나가기도 하였습니다. 이런 급속한 헬라화에 대응하기 위해 전통 유대인들이 일어나기 시작했는데 그들을

🌱 열매 맺기

알렉산더(알렉산드로스)

그는 아리스토텔레스의 제자로 자라면서 헬레니즘의 전도자가 되기로 마음먹는다. 그는 원정길에 오르면서 호메로스에 《일리아스》와 《오디세이아》를 지니고 있었다고 한다.

알렉산더는 서아시아의 여러 도시들을 차례로 정복하여 해방과 자유라는 이름으로 관대하게 하였다. 잔인무도한 살육의 전쟁이 아니라 페르시아로부터 해방시켜준다는 명분으로 전쟁을 하게 되자, 페르시아에 대한 불만이 있던 도시들은 알렉산더를 해장자로 받아들였다. 알렉산더 앞에 저항했던 한 지역은 할리카르나소스뿐이었다. 그 성은 페르시아에 끝까지 충성할 것을 고집하다가 마침내 불사르게 됐다.

열매 맺기

하시딤

인애, 충절, 신의, 우정, 모범, 관용, 경건, 친절로 번역할 수 있다. 헬레니즘의 세속화가 가속화될 때 이를 가슴 아프게 생각하면서 경건과 충절을 지켜 나가려는 사람들을 일컬어 하시딤이라고 부르게 되었다.

'하시딤(Hasidim, 경건한 자들)'이라고 부릅니다.

셀레우코스 왕조가 안정을 찾아갈 무렵 로마가 셀레우코스 왕조를 괴롭히기 시작합니다. 셀레우코스 왕조는 로마와 전쟁을 하는 데 필요한 군수품이 부족하자 유대 민족의 돈을 뺏기 시작합니다. 유대인들이 가장 소중히 여기는 성전에 있는 금, 은, 보석을 빼앗아 가는데 그냥 뺏을 수 없으니까 그들이 믿는 야훼 신앙을 부정합니다. 그리고 온 왕국에 영을 내려 "모든 사람은 자기의 관습을 버리고 한 국민이 되어야 한다"고 선언합니다. "너희들 이제 야훼 신 믿지 마! 그리스의 신들을 믿어!" 하면서 성전의 기명들을 뺏어가고, 성전에 돼지 피를 뿌려 더럽히고, 성전 문에 돼지머리를 걸어놓고 들어가려면 돼지머리에 머리를 숙이고 들어갈 수밖에 없게 합니다.

또한 유대인의 절기를 지키면 사형에 처하라는 법령이 선포되었고, 히브리 성경 사본을 파기하라는 명령도 떨어졌습니다. 이에 참지 못한 유대인들이 반발하기 시작합니다. 그때 제사장 마타티아스(Mattathias)의 셋째 아들 마카베오(Maccabeus)가 사람을 모아 셀레우코스 왕조에 대항해 폭동을 일으킵니다. 이것이 마카베오 전쟁입니다. 그리고 셀레우코스 왕조를 완전히 몰아냅니다.

열매 맺기

셀레우코스 왕조

셀레우코스 왕조는 B.C 312년에 애굽의 프톨레마이오스 1세의 군대 총사령관이었던 셀레우코스 1세 니카토르에 의해 시작되어 기원전 64년 필로메토르까지 약 248년간 계속됐다. 그동안 셀레우코스 왕국을 통치한 왕들은 모두 27명이었고 그 왕들 중에서 특별히 유대인들을 혹독하게 괴롭힌 왕은 안티오코스 4세 에피파네스였다. 그는 성전을 더럽히고 유대인들의 신앙적 자존심을 밟은 악독한 왕이었다.

4. 마카베오 전쟁(B.C. 167~142)과 하스몬 통치(B.C. 142~63)

셀레우코스 왕조가 아마 유대인들의 성전만 건드리지 않았으면 그들은 봉기하지 않았을 것입니다. 예루살렘의 성전은 유대인들의 자존심이었기에 그 자존심을 짓밟고 돼지 피로 성전을 물들였으므로 쿠데타가 일어난 것입니다. 결국 마카베오가 봉기하여 셀레우코스 왕조를 쫓아내고 일시적이지만 유대가 독립을 합니다. 세계사는 그 공동체를 일컬어 '하스몬 왕조'라고 불렀습니다. 그리고 성전을 치우고 깨끗이 청소하는데 그 기간을 기념절로 이름하여 수전절(하누카 축제, 12월 25일)이라고 부릅니다.

마카베오 전쟁의 성취를 가볍게 생각할 수 없습니다. 그들은 고매한 신앙의 인물들이었고, 하나님을 향한 열정과 자기 백성을 위한 사랑을 가지고 있었기 때문입니다. 그들은 적은 숫자로 시작했지만 그럼에도 불구하고 포악한 헬라인들에게 도전해 목숨을 건 전투를 하며 승리를 거듭했습니다. 여러 해 동안의 영웅적인 투쟁을 통해 그들은 마침내 헬라 군대를 무찌르고 완전한 자유를 되찾았습니다.

마카베오 형제들이 일으킨 혁명은 잘 알려지지 않은 제사장이었던 그들의 아버지 마타티아스의 영감에서 시작되었기에 그의 두 아들은 후에 제사장이 되었고, 하스몬으로 불리는 마타티아스의 후손들이 80년간 독립국가를 통치하였습니다. 이 하스몬 왕조는 100년간 지속되었는데 하스몬 왕조가 한 일은 에돔을 쳐서 종속국으로 삼아 공물을 바치게 한 것입니다. 그리고 에돔의 왕이었던 안티파스를 그 지역의 총리로 세웁니다. 안티파스의 손자가 바로 예수님이 태어날 때의 대혜롯(Herod the Great)입니다. 400년 중간기에서는 에돔이 유대의 종이었는데, 시간이 흘러서 예수님이 태어날 당시에는 그 종이었던 에돔의 왕가가 유대의 왕이 됩니다.

시간이 지남에 따라 하스몬 왕조의 지도력은 가족들 간의 질투와 암살로 얼룩지며 점차 붕괴되었습니다. 하스몬의 마지막 왕조에 두 명의 아들[2]이 있었는데 서로 왕이 되겠다고 싸웁니다. 그리고 로마에 있는 폼페이우스에게 가서 '누가 정통성 있는 왕이 될지' 물어보고 그가 인정하는 사람을 왕으로 세우기로 합니다. 그런데 폼페이우스는 "내가 결정해줄 테니까 돌아가 있어라" 하고는 군대를 이끌고 예루살렘으로가 두 명의 왕자를 감옥에 넣어버리고 예루살렘 성을 점령합니다. 이렇게 유대 국가는 강성해지는 로마 제국의 좋은 먹잇감이 되었습니다. B.C. 63년 로마 군(폼페이우스 장군)은 예루살렘을 점령하였고, 그 후 로마의 간섭하에 에돔의 혜롯이 통치자로 세워졌습니다.

2 아리스토불루스 2세와 히르카누스 2세

5. 로마제국 통치 (B.C. 63~A.D. 565)

결국 하스몬 왕조는 권력 다툼으로 몰락하고 로마 시대가 열립니다. '로마는 하루아침에 이루어지지 않았다'라는 유명한 말처럼 B.C. 8세기경 이탈리아 반도 중간쯤에서 생겨난 작은 도시 국가가 B.C. 270년경에 이탈리아 반도를 통일하고, B.C. 146년에 그리스를 정복하고, B.C. 64년에 이집트를 정복하였습니다. 그리고 B.C. 4년 예수 탄생으로 시작된 신약 시대를 로마 시대로 만들었습니다. 신구약 중간기에 로마는 삼두정치를 하고 있었는데 폼페이우스, 크라수스, 율리우스 카이사르 이 세 명이 삼두정치를 하면서 공화정으로 나라를 다스리고 있었습니다. 이때 폼페이우스가 팔레스타인을 무너뜨린 것입니다.

그러나 율리우스 카이사르가 크라수스와 폼페이우스를 죽이고 독재 왕이 됩니다. 그 후 율리우스에게 프톨레마이오스의 왕후였던 클레오파트라가 다가가 유혹합니다. 율리우스는 클레오파트라에게 마음을 뺏겼고 그 틈을 이용해 클레오파트라는 자신을 로마의 황후로 세워달라고 합니다. 그리고 자신의 아들을 후계자로 삼아달라고 합니다. 율리우스에게는 아내와 아들이 있었지만, 클레오파트라의 미모에 빠져서 그러겠노라고 허락합니다. 그때 국민들의 동요가 일어났지만 그는 개의치 않고 그대로 밀어붙입니다. 이를 지켜본 그의 충성스러운 부하 브루투스가 율리우스의 등에 칼을 꽂습니다. 그러자 율리우스가 죽기 전 유명한 한마디를 남기죠? "브루투스 너마저…." 브루투스는 "나는 당신을 사랑하고 존경하지만 이 시대의 로마를 더 사랑합니다"라고 말합니다.

율리우스 카이사르는 죽고 그의 아들 옥타비아누스가 왕이 되자 클레오파트라는 끝까지 항전합니다. 그러나 옥타비아누스에 의해 클레오파트라는 쫓겨나고, 그녀는 결국 독사를 자신의 가슴에 물게 하여 자살합니다. 그때부터 옥타비아누스의 시대가 열리면서 그의 이름을 아우구스투스로 개명하고 로마는 팍스 로마나(Pax Romana)로 600년간 존속하게 됩니다.

B.C. 4년 아우구스투스 황제 시기에 세례 요한이 출생하고 예수 그리스도가 태어나셨습니다(눅 2:1). 여러 가지로 로마 제국은 기독교를 전파하는 데 실질적인 도움이 되었습니다. 세계적인 평화 시대에 세상을 하나의 커다란 이웃으로 만들었기 때문입니다.

중간기가 신약 배경에 준 영향

1. 깊어가는 메시아 대망 사상 – 영적 준비

바벨론 포로 이후 여러 열강 세력의 지배를 받아왔던 유대인들은 잠깐의 독립을 맛보았지만, 연이은 식민 통치의 고통 가운데 있었습니다. 백성들 사이에는 다양한 종말론과 함께 메시아 사상이 더욱 팽배해졌습니다. 구약성경에 뿌리를 둔 이 메시아 사상은 뿌리 깊은 지지 기반을 구축하며 유대 본토뿐만 아니라 사방으로 흩어진 유대 디아스포라들에게까지 확산되었습니다. 400년의 기간 동안 유대인들에게 가장 깊었던 사상은 '구원자 메시아가 올 것이다'라는 것입니다. 유대인들은 힘들면 힘들수록, 고달프면 고달플수록, 밟히면 밟힐수록 다윗의 자손 메시아가 올 것이라는 희망을 붙들며 메시아 대망 사상을 깊이 키워갔습니다.

2. 그리스도의 오심을 준비 – 언어와 행정의 통일

• 헬라: 언어의 통일   알렉산더는 정복하는 곳곳마다 학교를 세우고 그들의 정신세계를 장악했습니다. 그리고 헬라어를 가르쳤습니다. 여러 국가

와 민족의 다양한 문화가 헬라 문화와 만나 또 다른 정신세계가 열렸고 헬라어가 만국 공용어로 사용되면서 각각의 독특한 개념들을 서로 이해하게 되었습니다. 헬라(그리스)가 팔레스타인 지역을 장악하면서 준 가장 큰 유익은 헬라어를 보급하고 성경을 헬라어로 번역하여 '70인역(LXX)'을 만들었다는 것입니다.

프톨레마이오스 2세는 알렉산드리아에 있는, 히브리어로 된 율법을 헬라어로 번역하도록 명령하였습니다. 이스라엘 12지파에서 선발된 유대인 학자 72명이 이 일에 참여하여 히브리어로 된 구약성경의 헬라어 번역본인 '70인역'이 탄생하게 되었습니다. 이 70인역의 탄생은 중요한 의미를 지닙니다. 그동안 유대인들만이 가지고 있었던 여러 개념들, 즉 창조, 원죄, 구원 등과 같은 진리가 헬라어라는 도구를 통해 전 세계 사람들에게 소개됐기 때문입니다. 결국 이 70인역의 등장은 히브리 사상을 헬라어와 헬라 문화라는 커다란 수레에 실어 전 세계에 퍼뜨리게 되었고, 그동안 유대인들만의 하나님으로 보였던 그분을 온 인류의 하나님으로 드러내는 계기가 되었습니다.

• 로마: 행정의 통일　로마 제국이 모든 지역을 다스리므로 국경이 없어졌습니다. 로마는 학문과 문화, 교통의 중심지였습니다. 로마는 정복한 나라의 조공물이 쉽게 들어올 수 있게 무역로를 뚫어놓았습니다. '모든 길은 로마로 통한다'는 말은 유명하지요. 로마가 뚫어놓은 길을 통해 복음이 전해질 수 있었습니다. 그래서 바울과 같은 사람들이 로마의 교통로를 이용해 복음을 전하였습니다. "히브리 사상이 헬라 문화라는 수레에 실려 로마가 뚫은 교통로로 전 세계로 퍼졌다." 이것이 400년 중간기를 한마디로 축약한 말입니다.

이렇게 헬라 시대와 로마 시대는 복음 확산의 기반을 만든 기간이었습니다. 결론적으로 400년의 중간기는 예수 그리스도의 오심을 준비하는 기간이었습니다.

신약 시대의 통치 구조

갈릴리 지역에서 폭동이 일어나자 에돔에 있던 헤롯이 자신의 군대를 이끌고 폭동을 진압합니다. 그 일로 로마 황제에게 칭찬을 받자, 헤롯은 로마 황제에게 이렇게 아부를 합니다. "왕이시여, 저로 하여금 당신의 종속국인 유대를 다스리게 해주십시오." 그때부터 로마의 지배하에 헤롯이 유대인의 왕이 됩니다. 하스몬 왕조 때 에돔은 종속국이었는데 유대가 무너지면서 헤롯이 로마에 붙어서 오히려 왕이 된 것입니다. 그래서 유대의 왕이라는 직분을 받게 됩니다.

예수님 당시의 유대인들은 로마와 헤롯의 이중 압박 구조 속에 있었습니다. 헤롯은 유대인의 왕이었지만 에돔인이었기에 정체성 없이 늘 불안해했습니다. 그래서 유대인과 결혼을 하고 아이도 낳습니다. 그러나 결국 헤롯은 정신병에 걸립니다. 아내에게도 "너도 유대인이니까 언젠가 나를 죽일 거야!"라고 의심하고, 아들에게도 "너도 반은 유대인의 피가 흐르기 때문에 너도 나를 죽일 거야" 하면서 광인(狂人)이 되어 아내와 아들을 죽입니다. 그런 시기에 유대인의 왕이 태어났다는 기별을 듣고 헤롯의 광기는 더욱 심해졌습니다. '드디어 내 자리를 찬탈할 아이가 태어나는구나' 싶어서 세 살 아래 아이들은 모두 죽이라고 명합니다. 그만큼 그 자리를 지키기 위해 미쳤던 자가 헤롯입니다. 그러나 그는 끝내 질병에 시달리다가 B.C. 4년 3월에 죽습니다.

헤롯 왕은 유서에 안티파스(Antipas), 아르켈라오스(Archelaus), 빌립(Philip) 세 아들로 하여금 유대 왕국을 통치하도록 했습니다. 안티파스는 갈릴리와 베레아(Peraea, 페레아)를 다스리고, 아르켈라오스는 사마리아와 이두미아를 포함한 유대 지방을 다스리며, 이들의 이복형제 빌립은 아우구스투스로부터 받은 갈릴리 호수 동쪽과 동북쪽에 있는 영토를 다스리도록 하였습니다.

> 디베료 황제가 통치한 지 열다섯 해 곧 본디오 빌라도가 유대의 총독으로,
> 헤롯이 갈릴리의 분봉 왕으로, 그 동생 빌립이 이두래와 드라고닛 지방의
> 분봉 왕으로, 루사니아가 아빌레네의 분봉 왕으로(눅 3:1).

그러나 헤롯의 유언은 로마 황제 아우구스투스의 인준을 받아야 했으므로 세 사람은 로마로 가게 됩니다. 그 사이에 팔레스타인에서 반란이 일어났는데 가장 심각했던 것은 갈릴리 사람 유다(Judas)가 기도한 반란이었습니다. 유다는 세포리스에 있는 궁전을 급습하여 무기고를 장악했으나 시리아의 바루스(Varus)가 2개의 군단을 이끌고 와서 반란군을 진압했습니다. 그러나 유다의 추종 세력은 갈릴리에서 제로테(열심당원)라는 지하당을 조직하고 반란의 기회를 다시 엿보았는데 이 제로테 가운데 예수님의 제자가 된 사람들도 있었습니다. 예수님 공생애 때 나오는 헤롯 왕은 헤롯 안티파스를 말합니다. 그는 동생의 아내 헤로디아와 결혼했으며, 예수님을 심문했던 사람입니다.

신약 시대의 민족적 구성

1. 팔레스타인 유대인

유대인들은 크게 팔레스타인 유대인과 디아스포라 유대인 두 부류로 나눌 수 있습니다. 3차에 걸친 바벨론 포로 생활 이후 소수의 사람이 예루살렘으로 3차에 걸쳐 귀환하였습니다. 1차는 스룹바벨, 2차는 에스라, 3차는 느헤미야(바사 시대)에 의해 70년간의 포로 생활을 마치고 겨우 5만 명 정도

의 유배자만이 고향 땅으로 돌아왔습니다. 이들을 일컬어 팔레스타인 유대인이라고 부릅니다. 나머지 사람들은 나름대로 70년간 정착했던 바벨론에서 계속 살아갔습니다.

2. 디아스포라 유대인

바벨론 – 페르시아 – 헬라 – 로마의 식민 통치를 거치며 많은 유대인이 전 세계로 흩어지게 되었습니다. 이렇게 팔레스타인이 아닌 다른 지역, 전 세계로 흩어진 사람들을 일명 디아스포라 유대인이라고 합니다. 그러나 정체성과 자부심이 강한 유대인들은 아무리 흩어져 있어도 공동체를 이루며 야훼 신앙을 버리지 않았습니다. 열 명만 모여도 동네에 회당을 짓고, 율법을 읽고, 예배를 드리며, 자신들이 하나님의 백성이라는 정체성을 날마다 고취하였습니다. 사도행전 2장에는 오순절을 지키기 위해 예루살렘에 찾아온, 천하 각국에서 모여든 경건한 유대인들을 기록하고 있습니다. 디아스포라 유대인들은 바대, 메대, 엘람, 메소보다미아, 유대, 갑바도기아, 본도, 아시아, 브루기아, 밤빌리아, 애굽, 구레네, 리비야 여러 지방, 로마 그레데, 아라비아 지역 등에 흩어져 있었습니다(행 2:9~11).

3. 사마리아인

사마리아 사람들은 북이스라엘에 살던 사람들로, B.C. 722년 앗수르에 의해 나라가 무너졌습니다. 앗수르의 포로 정책으로 북이스라엘 사람들은 이주와 혼혈을 피할 수 없었습니다. 앗수르는 다른 지역의 이방 포로들을 사마리아 지역으로 이주시켜 이스라엘과 혼인하게 하여 그 후손들은 피가 흐려지고 혼탁해져버렸습니다. 그 후 유대인들은(남유다) 그들을 사마리아인이라고 부르며 무시했습니다.

🍒 **열매 맺기**

디아스포라(Diaspora)

바벨론 시대부터 흩어졌던 유대인들 중 다수는 흩어진 곳에서 뿌리를 내리며 살게 되었으며, 알렉산더와 그 부하들, 그리고 프톨레마이오스 왕조와 셀레우코스 왕조를 거치면서 팔레스타인에 살았던 많은 유대인은 생존을 위해 세계 곳곳으로 흩어지게 되었습니다. 흩어진 유대인들을 일컬어 '디아스포라'라고 불렀습니다. 디아스포라들은 가는 곳마다 회당을 지어 그곳에서 예배를 드리고 그들만의 문화를 지켰으며 교육을 통하여 유대 공동체의 정체성을 지켜나갔습니다. 이 디아스포라는 히브리파와 헬라파로 나뉜다.

① 히브리파 디아스포라: 사도 바울. 흩어진 유대인들 중 유대교의 신앙을 소유하며 히브리어나 아람어를 구사할 수 있었던 사람들이다.

② 헬라파 디아스포라: 다수의 흩어진 유대인 디아스포라가 헬라파였을 것이다. 그들은 헬라어를 구사하며 그들 지역의 종교를 따라 섬기던 사람들이다(3백만 명의 유대인이 팔레스타인, 시리아, 이집트로 삼등분되었고, 소아시아, 유럽, 아시아에 흩어진 유대인들은 150만 명 정도로 추정한다).

신약의 종교 – 유대교

'유대교'는 바벨론 포로 생활에 형성된 유대인들의 공동체에 그 기원을 두고 있습니다. 포로 생활 70년 동안 말씀을 읽고 공부하면서 생긴 그룹이 '유대교'의 모태가 됩니다. 유대교의 시작은 바벨론의 강력한 민족 공동체입니다. 이들이 포로로 끌려왔음에도 회당을 세우고 하나님을 섬기면서 예배를 드릴 때 그 공동체를 명명하여 '유대교'라고 일컬었습니다.

유대교는 바벨론 포로에서 팔레스타인으로 돌아온 귀환 공동체로서, 에스라에게 신앙교육을 받는 야훼 신앙 공동체를 말합니다. 신구약 중간기에 이 공동체를 '유대교'라는 명칭으로 부르기 시작했습니다.

그들은 자신들만이 하나님의 선택된 백성이라는 선민의식이 있었습니다. 유일하신 여호와 하나님을 섬기며 메시아를 기다렸습니다. 이스라엘의 국기에는 큰 별이 있는데 다윗의 별입니다. 그 다윗의 황금시대를 그리워합니다. 그리고 다윗의 자손 메시아가 이 땅에 올 것이라고 믿고 지금도 기다리고 있습니다.

한편, 그들은 성전에서의 제사가 불가능해지자 율법 중심의 신앙생활을 추구하기 시작했습니다. 포로로 끌려가게 되어 예루살렘 성전에서의 제사가 불가능해지자 그들은 율법 연구에 몰입하게 됩니다. 유대인들은 바벨론 포로기를 거치며 모든 우상숭배를 단념하고 율법에 전적으로 헌신하는 백성이 되었습니다. 포로 귀환 이후 지도자였던 에스라와 느헤미야의 영향으로 유대인들은 율법을 사랑하는 백성으로 변화되었습니다. 하나님을 향한 그들의 헌신은 대단한 것으로 율법을 범하는 것을 죽기보다 싫어하게 되었습니다. 율법을 강조하고 율법의 일점일획도 다 지켜야 한다고 생각했습니다. 그러다 보니 성전에서 백성의 죄를 중재하던 제사장직은 빛을 잃어가고 서기관, 학자, 랍비, 지혜의 법칙, 토라 연구가 더 중요해집니다. 이로 인해 각 개인이 토라를 연구할 수 있게 되었습니다.

1. 유대교의 특징

이방 땅에 포로로 끌려간 후 예루살렘 성전에서의 제사가 불가능해지자 포로지에서 유대교 전통과 신앙을 지켜나가기 위해 생겨난 것이 회당 (Synagogue)입니다. 디아스포라 유대인들은 거주하는 지역에 최소한 10명의 유대인이 모이면 회당을 세웠습니다. 포로 생활 이후에도 율법의 중요성 및 연구에 대한 필요성으로 인해 회당의 역할은 더욱 강화되었습니다. 예루살렘에만 394개의 회당이 있었다는 역사적 기록이 이를 증명하고 있습니다. 예수님 당시에는 이미 모든 마을에 회당이 있었습니다. 이 회당에서 기도와 예배와 율법 연구를 했습니다. 회당 예배는 기도와 율법 낭독과 설교로 이루어졌는데, 말씀을 낭독하고 말씀을 아는 누군가가 나와서 말씀을 전했습니다. 성전 예배와는 달리 제사장이 필요 없고 평신도적인 성격이 강하며, 사회 문화적인 활동이 있는 곳이지만 예배와 교육을 강조했습니다.

또 회당 간의 연계성을 가지며 더욱 긴밀한 관계 속에 지속적으로 공동체성을 개발해나갔습니다. 나아가 유대 국가의 정체성이 약속의 땅과 연계된 백성에서, 흩어진 종교 공동체로 변화되어 가게 되었습니다. 이렇게 유대인들은 율법 중심 사상, 회당 중심 사상, 메시아 대망 사상이 있었습니다.

2. 유대교 내의 종파

• 바리새파(The Pharisees) '히시딤(경건한 유대인)'에서 유래한 바리새파는 경건주의자며, 자신들을 에스라의 합법적인 후계자라고 생각했습니다. 그들은 평민과 하류 사람들로 이루어진 평신도 집단으로 '백성의 선생'으로 불리며(요 3:10), 백성의 지지를 많이 받았습니다. 그들은 바벨론 포로기가 모세의 율법을 지키지 못한 이스라엘에 대한 하나님의 심판이라고 확신했기 때문에 율법 내용이 개인적이든, 국가적이든, 기록된 것이든, 구전된 것이든 세부 항목까지 모두 다 지켜야 한다고 강조했습니다.

🍇 열매 맺기

회당의 역할

1. 율법과 유대인의 전통을 가르치는 학교
2. 예배의 장소
3. 종교적 문제와 사회적 문제를 판결하는 재판소
4. 사회적 친교의 중심
5. 신약의 그리스도인들은 회당을 중심으로 복음을 선포

그러나 그들은 율법에 대한 집착으로 인해 종교를 외적 형식주의로 축소시키는 경향이 있었습니다. 그로 인해 다른 사람을 불쌍히 여기는 동정심이 부족했고, 다른 관점을 용납하지 않고 자기 의만을 주장하게 되었습니다. 한편, 바리새파는 분리주의자들로서, 급속도로 밀려오는 헬레니즘 문화의 방파제 역할을 감당했습니다. 그들의 신앙과 생활은 1세기 이스라엘 사람들을 대표했으며, 오늘날까지 정통 유대교라는 이름으로 이어지는 유대교의 핵심 세력이 이들입니다.

• 사두개파(The Sadducess)　사두개파는 부유한 귀족과 성직자 계급입니다. 소위 예루살렘에 거하는 엘리트 집단입니다. 그들의 명칭은 다윗의 대제사장이었던 사독의 후예라고 '사독'[3]의 이름에서 유래했으며 대제사장을 통제하고 성전을 관리하며 바리새파와 함께 예루살렘 최고 법정인 산헤드린 공의회를 형성했습니다. 그들은 이론적으로 설명되지 않는 것은 믿지 않았기에 영혼 불멸설, 몸의 부활, 최후의 심판, 천사와 악마의 존재를 믿지 않았습니다. 논쟁을 미덕으로 여기는 집단이었습니다.

3 다윗 시대의 제사장으로, 자신들이 예루살렘 성전 제사장의 원조라고 주장했다.

그들은 탐심을 종교적으로 위장하고 있는 무리들로서 로마 정권에 대해 적극적으로 협력하는 자세를 취했고, 예루살렘 성전 이방인의 뜰을 상가로 만들어 짐승을 갖다놓고 환전상을 불러들였습니다. 마카베오의 변질된 후예인 '하스몬' 왕가를 지지하고 헬라화를 주창하면서 부와 권력을 추구했던 귀족주의적, 세속주의적 당파였습니다. 제사장 그룹인 사두개파는 A. D. 70년 예루살렘 멸망(유대 반란 진압으로 로마의 디도 장군이 예루살렘을 공격하고 A. D. 70년 4월에 포위되어 5개월 만에 함락되었다)으로 사라졌습니다.

• 서기관　서기관은 율법을 연구하는 전문 학자들입니다. 〈에스라〉 이후 신구약 중간기를 지나오면서 율법을 쉽게 풀어줄 사람이 필요해서 서기관, 율법 교사, 지혜 교사, 랍비가 생겨나게 됩니다. 모세 시대에 기록된 모세오경이 포로 시대 후기에는 어떻게 적용해야 하는지 '해석'의 문제가 생

기게 되자, 서기관이나 율법사들을 통하여 구체적으로 삶에 적용하는 일들이 시작되었습니다(예: 안식일에 걸을 수 있는 거리는 2km, 정결하게 하는 규례로 손을 씻을 때는 팔꿈치까지 씻는다). 또한 서기관은 공적 자료를 필사(왕하 12:10)하였고, 법률가의 직무를 수행하기도 했으며, 그중에 더러는 산헤드린 회원이 되기도 했고, 신학자의 역할을 하기도 했기에 높은 존경을 받았습니다. 그러나 그들은 많은 시간을 사소한 문제에 대해서 논쟁하며 보냈습니다.

• 헤롯당 유대 지역 분봉 왕인 에돔 사람 헤롯의 가문, 특히 헤롯 안티파스를 추종하던 세력으로, 정치적으로 타협주의자요, 실리주의자들이었습니다. 종종 사두개인들과 동일시되기도 하는 헤롯 왕가에 빌붙어서 부스러기를 먹으며 산 사람들입니다. 즉 헤롯 가문에 아부하며 그들이 권력을 계속 유지하는 데 전념하던 유대인들입니다. 헤롯당원들은 예수님을 정치적 반동주의자로 여겼습니다. 그러나 다른 유대인들이 볼 때는 이들이 정치적 반동자들이었습니다.

• 열심당 '자객'이라는 뜻으로 종교적 당파가 아니라 열성적인 민족주의 집단입니다. 이들은 혁명을 선택한 사람들이기에 로마를 힘으로 물리쳐야 한다고 주장했습니다. 역사가 요세푸스는 예수님 십자가 옆에 달려 있는 두 강도와 예수님 대신 풀려난 바라바도 모두 열심당원이었다고 말합니다. 그들은 언제나 기득권에 대해서 적개심을 갖고 있었습니다. 그들이 많이 갖고 있는 이유는 내 것을 빼앗았기 때문이고, 내가 없는 이유는 그들이 내 것을 다 가져갔기 때문이라고 생각합니다. 이들은 마카베오 활동에 기원을 두고 있으며 언제나 기득권 세력에 적의를 품고 무력과 폭력을 일삼는 집단이었습니다.

• 에세네파 엄격한 유대 공동체 중 하나입니다. 그들은 언제나 흰 옷을 입고 독신생활을 했습니다. 세례 요한을 에세네파라고 추정하기도 합니다.

🍃 열매 맺기

산헤드린 공의회

유대 공동체 내의 사법, 입법, 행정적 기능을 가지고 어느 정도 자치적으로 정치를 하였다. 공회의 우두머리는 대제사장이며, 회원은 바리새파, 사두개파, 서기관, 사회 지도급 인사 70명으로 구성되었다. 이 산헤드린은 모세가 70명의 장로와 처음 구성했던 것을 기원으로 삼는다. 그리고 에스라가 재조직했다고 믿었다. 로마는 이 공회를 인정해주고 자치권을 주었지만 중요한 결정은 로마의 최종 승인을 받아야 했다. 그래서 산헤드린 공회에서 예수님을 십자가에 못 박기로 결정했지만, 로마의 총독 빌라도에게 승인을 받아야 했다(요 18:31). 당시 유대인들이 사형을 집행할 수 있는 단 한 가지는 이방인이 성전 안으로 들어가는 죄를 범했을 때뿐이었다.

1세기 유대 공동체의 특징

1. 경제적으로 매우 빈곤한 상황에 처해 있었다. 그럴 수밖에 없었던 것이 '로마–헤롯–산헤드린' 삼중 체제로 각각 세금을 걷어가니 식민지 생활로 경제는 피폐해졌고, 사람들의 인심은 흉흉해지고 혼란스러워졌다.
2. 이스라엘은 권력과 부가 종교적 질서에 의해 분배되었다. 최고 종교 기관은 산헤드린이었다. 사법, 민법, 행정을 장악했다. 종교 중심의 사회였다.
3. 정치적 혼란과 사회적 혼란의 지속이었다.

그들은 사막이나 동굴, 광야에서 은둔하며 금욕주의 생활을 하는 수도자적인 성격의 단체였습니다. 그들 삶의 주된 목적은 정결함에 있었기 때문에 철저하게 정결해지기를 원했고, 자신들이야말로 '유일한 참 이스라엘'이라고 여겼습니다. 쿰란 동굴 속에서 흰 옷을 입고 성경을 필사했는데 그들이 필사한 쿰란 사본들은 지금도 남아 있어 구약성경의 정확성을 증명하는 아주 중요한 증거자료가 되고 있습니다. 그 당시에는 별로 큰 영향력을 미치지는 못했지만 이들은 '사해 사본'이라는 인류에게 귀중한 유산을 남겨놓았습니다.

담아가기

400년 침묵기는 소리 없는 전쟁사의 기간이었습니다. 열강의 말발굽 소리와 칼 소리가 요란할 수밖에 없는 이유는 인간의 욕심 때문이었습니다. 중동을 중심으로 한 패권 싸움은 역사의 많은 사건과 흔적을 남겼습니다. 하나님은 이러한 역사를 사용하셨습니다. 하나님께서는 신구약 사이 400년 중간기를 예수 그리스도의 오심을 위한 거대한 서막으로 준비하셨습니다. 이 기간 동안 성경의 많은 저작물이 기록되었고 헬라어의 보급으로 성경은 헬라어로 번역되어 전 세계에 읽혔고, 로마가 뚫어놓은 대로로 복음은 전 세계로 확장될 수 있었습니다.

하나님은 모세를 40년 사용하기 위해 80년을 준비시키셨고, 예수님의 3년 사역을 사용하기 위해 무려 400년하고도 30년을 준비시키셨습니다. 마찬가지로 지금도 하나님은 우리의 일상과 주변 일들로 무언가를 준비시키고 계십니다. 오늘도 우리 주위에서는 소리 없는 변화와 혁명이 일어나고 있습니다. 성령의 일하심에 민감하게 반응함으로써 하나님께 쓰임받을 수 있는 여러분이 되길 바랍니다.

사 도 후반기

교회 확장기

교회 형성기

예수님 생애기

400년 중간기

예수는 그리스도

● B.C. 4년에 태어나신 예수님은 30세가 되던 A.D. 27년에 3년의 공생애를 시작하십니다. 공생애의 준비로서 예수님보다 6개월 먼저 출생한 세례 요한에게 요단 강에서 세례를 받으시고, 여리고 앞 유대 광야에서 40일간 금식하신 후, 사탄의 유혹을 이기시고 본격적으로 사역을 시작하십니다. 유월절(4월)을 기점으로 예수님의 공생애가 시작되는데, 첫해 유월절로부터 그다음 해 유월절까지를 공생애 1년차, 두 번째 유월절부터 세 번째 유월절까지를 공생애 2년차, 세 번째 유월절부터 네 번째 유월절까지를 공생애 3년차, 네 번째 유월절을 지키시고 바로 십자가에 달려 돌아가십니다. 그러나 3일 만에 부활하셔서 여러 사람에게 보이시고 40일 후 승천하십니다.

예수님 공생애 1년

그리스도이심을 드러내심

🌿 뿌리내리기 _성경의 전체를 알아봅니다

예수님의 공생애 중 첫해 사역은 가나 혼인 잔치에서의 기적 사건으로 드러납니다(요 2장). 그런데 예수님은 아직 내 때가 이르지 않았다고 하십니다. 본격적인 사역의 시기가 아니라는 의미입니다. 그리고 그해 4월 예수님과 제자들은 유월절을 지키기 위해 예루살렘에 내려갔다가 더렵혀진 성전을 보고 거룩한 분노 가운데 성전을 청결하게 하심으로 자신이 메시아이심을 본격적으로 드러내십니다.

그 후 8개월 동안 예루살렘에 머무르시면서 많은 이적을 행하시고 많은 사람에게 추앙을 받게 됨과 동시에 민심을 의지해 사는 바리새인들과 서기관들에게는 제거의 대상이 됩니다. 그 이후로 계속되는 유대교 지도자들과의 갈등을 피해 예수님은 갈릴리로 가기 위해 사마리아 지역으로 들어가십니다. 그곳에서 당시 윤리적으로 지탄받고 괄시받던 한 여인을 만나 예배자로 부르십니다(요 4장). 예수님은 버림받았던 사마리아 영혼들, 즉 이방인에게도 구원이 있음을 선포하신 것입니다.

그 후 갈릴리 가버나움에서 4개월을 머물면서 자라신 고향 나사렛에서 배척을 받기도 하시고 메시아로서 기적도 일으키시며 제자를 부르시는 일에 집중하십니다.

🍃 숲 길잡이 _성경의 전체를 표로 알아봅니다

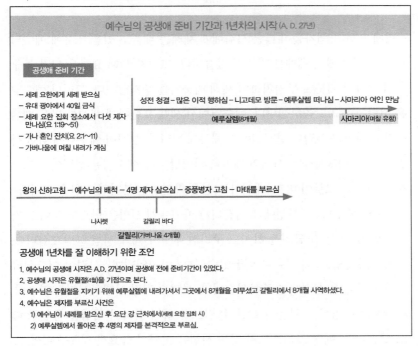

예수님의 공생애 준비 기간과 1년차의 시작 (A. D. 27년)

공생애 준비 기간
- 세례 요한에게 세례 받으심
- 유대 광야에서 40일 금식
- 세례 요한 집회 장소에서 다섯 제자 만나심(요 1:19~51)
- 가나 혼인 잔치(요 2:1~11)
- 가버나움에 며칠 내려가 계심

성전 청결 – 많은 이적 행하심 – 니고데모 방문 – 예루살렘 떠나심 – 사마리아 여인 만남
예루살렘(8개월) **사마리아**(며칠 유함)

왕의 신하고침 – 예수님의 배척 – 4명 제자 삼으심 – 중풍병자 고침 – 마태를 부르심
나사렛   갈릴리 바다
갈릴리(가버나움 4개월)

공생애 1년차를 잘 이해하기 위한 조언
1. 예수님의 공생애 시작은 A.D. 27년이며 공생애 전에 준비기간이 있었다.
2. 공생애 시작은 유월절(4월)을 기점으로 본다.
3. 예수님은 유월절을 지키기 위해 예루살렘에 내려가셔서 그곳에서 8개월을 머무셨고 갈릴리에서 8개월 사역하셨다.
4. 예수님은 제자를 부르신 사건은
   1) 예수님이 세례를 받으신 후 요단 강 근처에서(세례 요한 집회 시)
   2) 예루살렘에서 돌아온 후 4명의 제자를 본격적으로 부르심.

🍃 신약 숲으로 _성경의 중심내용을 알아봅니다

예수님의 공생애 준비

그리스도 앞에 보내심을 받은 세례 요한은 그 당시 이미 지명도가 있었습니다. 그는 유대인들에게 영적 갱신을 촉구하며 회개의 세례를 베풀었습니다. 그에게 많은 제자가 따랐고 많은 민중이 몰려들기 시작했습니다.

🍃 열매 맺기

세례

요한이 세례를 베풀고 있을 당시에는 요한의 세례와 유사한 결례의식이 이미 유대 사회에서 퍼져 있었다. 쿰란 공동체에서는 물로 씻는 예식이 회개와 연결되었으며 유대인 사이에서는 이방인 입교와 세례의 관행이 있었다. –로버트 스타인의 《메시아 예수》

백성들이 바라고 기다리므로 모든 사람들이 요한을 혹 그리스도신가 심중에 생각하니(눅 3:15).

유대인들이 예루살렘에서 제사장들과 레위인들을 요한에게 보내어 네가 누구냐 물을 때에 … 나는 그리스도가 아니라 한대(요 1:19~20).

세례 요한과 제자들이 많은 사람에게 세례를 베풀고 있을 즈음에 예수님도 세례 요한에게 세례를 받으러 갔습니다. 그러자 세례 요한은 그가 누구인지 알았기 때문에 두려워하며 세례 베풀기를 주저합니다. 그러나 예수님은 허락하라고 말씀하십니다. 예수님께서 세례 요한에게 세례를 받을 때에 성부와 성자와 성령이 한자리에 임재하게 됩니다. 성령이 예수님께 임한 사건은 그리스도(메시아) 시대의 개막을 의미합니다. 예수님은 성령이 함께하시는 분으로, 그분이 바로 '메시아'이심을 확인하는 분기점 역할을 합니다.

곧바로 예수님은 "성령에게 이끌리어 마귀에게 시험을 받으러 광야로 가사"(마 4:1) 40일간 금식을 하시고 주리신 후 마귀에게 시험을 받으십니다. 누가 예수님을 유대 광야로 이끌었습니까? 마귀입니까? 성령이 이끄셨습니다. 예수님은 성령에 순종하셨습니다. 성령이 직접 시험하시지는 않으나, 연단시키고 장차 큰일을 수행할 수 있도록 하기 위하여 시험을 묵인할 때도 있습니다. 예수 그리스도의 경우 시험은 고난의 중요한 부분으로서, 그 일로 인하여 완전한 복종을 배우셨습니다. 주님은 우리를 유혹하시지 않습니다. 단지 어려운 상황 속에서 우리의 진정성을 보기를 원하십니다. 그러나 마귀는 우리를 유혹합니다.

불순종의 유혹을 이겨낸 자들만이 순종할 수 있는 힘이 생깁니다. 면역력이 생긴다는 것입니다. 신명기 8장에서는 하나님께서 이스라엘 백성을 광야로 이끌어내십니다. 그리고 하나님 앞에서 순종하는지 그들을 지켜보십니다. 불순종할 수 있는 상황에서 자신을 지킬 수 있는 사람만이 힘과 능력을 얻게 됩니다. 불순종의 기회에서 자기 자신이 훈련되고, 다듬어지고, 그 가운데에서 이겨본 사람만이 순종할 수 있는 능력을 배운다는 것입니다.

우리는 고난 속에 있을 때 답답해합니다. 마치 난관의 벽 앞에 있는 것 같습니다. 누구에게도 말하지 못할 죽음 직전의 위기 가운데 있을 수도 있습니다. 그때 주님께서는 우리의 신앙을 달아보십니다. 그 상황 속에서 우리의 진정성을 보시기를 원하십니다. 감당할 만한 시험밖에는 안 주시기 때문입니다. 마귀는 믿음을 거부하고 내려놓으라고 유혹합니다. 그런 상황 속에서 자신을 지키고 순종하는 것이 진정한 믿음입니다. 그런 작은 승리 속에서 믿음이 알토란처럼 커져가는 거예요. 어려움 가운데 있습니까? 믿음을 보여야 할 상황에 있습니까? 기뻐하십시오! 주님께서 이길 힘을 주실 것입니다.

하나님이신 예수님도 40일 금식하시고 주리셨습니다. 그분은 하나님이셨지만 또한 완전한 인간이셨기에 배가 고프셨습니다. 바로 그때 마귀가 가장 필요한 것이 뭔지 알고 다가와 속삭입니다. "여보게, 다 먹자고 하는 일 아닌가? 먹고 하지! 너는 하나님의 아들 아닌가? 저 돌덩이가 백설기처럼 보이지? 한번만 먹어봐! 네가 원하는 모든 것을 다 줄게!" 내가 가장 갖고 싶은 것을 기가 막히게 알아 그것으로 나를 유혹합니다. "한번만 눈 딱 감고 믿음 같은 거 버려! 네 아들 서울대 보내고 싶지? 한번만 네가 눈 딱 감으면, 한번만 모른 척하면 갈 수 있어!"

그 상황 속에서 예수님은 유혹을 이겨내십니다. 예수님이 인간이셨다는 사실 때문에 큰 위로가 됨을 경험해보셨습니까? 우리와 같이 눈물, 고통, 배고픔, 아픔, 폭력도 당해보셨습니다. 억울한 일도 당하셨습니다. 그러기에 우리의 고통을 너무나도 잘 이해하십니다.

인생을 살다 보면 참 어려운 상황을 만납니다. 이러지도 저러지도 못할 상황을 만납니다. 기도도 나오지 않고, 억장이 무너지며, 잠도 오지 않습니다. 누구나 베갯잇에 눈물을 적시고 한숨만 쉬다가 밤을 꼬박 새우는 경험이 있을 것입니다. 내 잘못도, 내 실수도 아닌데 어려움에 처해 있는 경우가 있을 것입니다. 어떡합니까? 기도가 나옵니까? 잠이 안 오니까 새벽예배는 가지만 기도가 안 나옵니다. 눈물만 나옵니다. 그때 "주님 아시죠! 주님 아시죠! 주님 내 마음 아시죠!" 하며 얼마 동안 기도로 고백을 하고 나면 마음에 위로가 됩니다. 주님은 인간이 되어보셨기 때문에 인간의 외로움과 배신, 상처를 너무나도 잘 아십니다. "그래, 내가 네 마음을 안다" 하시며 이해해주십니다.

여러분, 얼마나 위로가 됩니까? 예수님은 말씀으로 마귀의 유혹을 이기셨습니다. 그리고 유대 광야에서의 시험을 마치시고 세례 요한의 제자들을 부르셨습니다.

가나 혼인 잔치에서의 첫 기적

예수님은 요단 강에서 세례를 받으시고 유대 광야에서 40일간 금식하신 후에 요단 강 건너편에서 세례 요한의 제자들을 만나게 됩니다. 세례 요한의 제자였던 안드레와 요한은 자신들의 형제인 베드로와 야고보에게 그리스도를 만났다고 전합니다. 또 빌립을 만나사 "나를 따르라"(요 1:43) 하며 부르시는데, 그는 예수님께서 공식적으로 부르신 첫 번째 제자입니다. 이들 모두는 벳새다 사람으로, 갈릴리에서 고기 잡는 어부들이었습니다. 벳새다는 갈릴리 북단에 위치한 시골 마을입니다.

예수님은 제자들을 만나신 후 사역의 첫 번째 주간 제자들과 함께 가나의 혼인 잔치에 초청을 받고 참석하시게 됩니다. 유대의 혼인 잔치는 7일 동안 계속되었으며, 주인은 가능한 한 많은 사람을 초청합니다. 갈릴리 가나에서 예수님은 물로 포도주를 만드시는 첫 번째 기적을 베푸시며, "내 때가 아직 이르지 아니하였나이다"라는 말씀을 하시는데, 이것은 "일단 내가 기적을 행하기 시작하면, 나는 십자가로 가는 길을 걷기 시작하는 것이다"라고 말씀하시는 것입니다.

엄격히 말하면 갈릴리 가나 사역은 예수님의 공생애 준비 기간에 속합니다. 공생애는 유월절(4월)을 기준으로 시작하기 때문에 유월절 이전은 공생애 준비 기간으로 신학자들은 봅니다.

그리고 곧바로 가버나움으로 내려가셨는데 그곳은 예수님께서 갈릴리 사역 기간 동안 살기로 선택하신 곳이었습니다. 이곳이 예수님 사역의 주 무대가 됩니다. 갈릴리 지역의 지도를 눈으로 익혀보세요.

공생애 사역의 시작

1. 성전 성결

예수님이 유월절을 지키기 위해 예루살렘으로 올라가셔서 공생애 첫 사역을 시작하십니다. 예루살렘은 수도였으며 정치, 경제, 사회, 문화의 중심지였습니다. 그곳은 로마에 빌붙어 사는 기득권자들과 헤롯 가문에 연관된 자들이 득실거렸고, 헬라 문화와 로마 문화가 유행한 곳이었습니다. 예루살렘 성전을 중심으로 지식층인 사두개인와 서기관과 바리새인이 자리를 점령하고 있었습니다.

당시 예루살렘 성전은 세 번째로 지어진 것이었습니다. 첫 번째 성전은 솔로몬이 지었지만 바벨론의 느브갓네살 왕에 의해 파괴되었습니다. 두 번째 성전은 포로에서 돌아온 귀환자들이 스룹바벨과 함께 재건했지요. 그러나 400년 중간기 시대에 헬라의 셀레우코스 왕조 때 안티오코스 4세가 성전을 더럽혔습니다. 이후 성전은 항상 보수를 해야 할 만큼 부실하게 됩니다. 이때 에돔인이었던 대헤롯이 로마를 등에 업고 유대인의 왕이 되고 나서, 유대인들의 환심을 사기 위해 스룹바벨 성전을 해체하고 재건축하게 됩니다. 이 공사는 A.D. 63년까지 계속되었는데 예수님께서 공생애 사역을 하실 때에도 공사가 46년째 진행되고 있었음을 알 수 있습니다(요 2:20). 헤롯은 헬레니즘 – 로마 양식을 혼합하여 겉은 화려하고 웅장해 보였지만 그 속은 장사하는 집과 강도의 굴혈이었습니다.

본래 성전은 성전을 둘러싸고 있는 '이방인의 뜰'이라고 하는 것이 있습니다. 성전은 유대인 중에서 남자 어른만 들어갈 수 있고, 이방인이거나 여자와 어린이는 들어갈 수 없었습니다. 그래서 이방인 가운데 유대인이 된 사람, 또는 여자들이 성전에 와서 기도하고 싶을 때 기도할 수 있는 '이방인의 뜰'이라는 곳을 만들었습니다.

그런데 사두개인들이 '이방인의 뜰'을 상가로 만들어 짐승을 갖다놓고 환전상을 불러들였습니다. 명목은 절기를 지키러 온 백성들이 쉽고 간단하게 제사를 드릴 수 있도록 제물을 팔고 돈을 바꿔준다는 것이었습니다. 그렇지만 여기에서 상당한 이윤과 착복이 이루어졌고, 그 돈의 일부를 헤롯에게 갖다 주었으며, 헤롯은 그 돈의 일부를 로마 정부에 갖다 바쳤습니다. 정치와 종교가 결탁해있었습니다. 그래서 예루살렘 성전을 둘러싸고 있는 이방인의 뜰에는 절기 때마다 각지에서 올라온 사람들과 장사치, 환치기 상인들로 북새통을 이루었습니다. 예수님이 성전을 청결하게 하신 사건은 저런 부패를 갈아엎은 사건입니다.

> 유대인의 유월절이 가까운지라 예수께서 예루살렘으로 올라가셨더니 성전 안에서 소와 양과 비둘기 파는 사람들과 돈 바꾸는 사람들이 앉아 있는 것을 보시고 노끈으로 채찍을 만드사 양이나 소를 다 성전에서 내쫓으시고 돈 바꾸는 사람들의 돈을 쏟으시며 상을 엎으시고 비둘기 파는 사람들에게 이르시되 이것을 여기서 가져가라 내 아버지의 집으로 장사하는 집을 만들지 말라 하시니 제자들이 성경말씀에 주의 전을 사모하는 열심이 나를 삼키리라 한 것을 기억하더라(요 2:13~17).

당시 유대인 남자들이라면 일 년에 세 번 정도는(유월절, 맥추절, 초막절) 예루살렘 성전에 와서 절기를 지켜야 했습니다. 당시 제사장들과 사두개인들은 돈을 좋아했고, 절기 때가 바로 대목이었습니다. 아무리 좋은 양을 가지고 와도 허물을 찾아내서 제사장이 "이런 흠이 있는 양으로는 제사를 드릴 수 없어" 하고 판결을 내립니다. 그리고 성전 안 상가에서 새로운 양을 살 수밖에 없도록 만듭니다. 그러면 제사장의 하수인들이 시세의 몇 배 가격으로 양을 팝니다. 어쩔 수 없이 그 비싼 양을 사서 제사장에게 오면 통과입니다. 그런 후 제사장은 그 사람과 양에게 기도한 후 양의 목을 땁니다. 그리고 각을 뜨고 내장을 다 쏟아냅니다. 그리고 제단에 바칩니다.

수많은 디아스포라 유대인이 작은 예루살렘에 모이기 시작합니다. 한쪽에는 시끌벅적하고 시비가 벌어지고 "비싸네, 싸네, 되네, 안 되네" 하며 각 나라의 화폐를 가져온 사람들이 환전하느라 북새통입니다. 동물들은 울어대고, 성전에서 드리는 제물로 역한 피비린내가 풍겨옵니다. 이 모습을 보신 예수님은 채찍을 만들어가지고 호되게 꾸짖으시며 상을 둘러엎기 시작합니다. 예수님께서 노끈으로 채찍을 만드사 양이나 소를 성전에서 내쫓으시고, 환전하던 돈을 쏟으시고, 상을 둘러엎자 그들은 너무나도 놀라서 순간 조용해집니다. 감히 누가 예루살렘의 심장인 성전에서, 권력의 핵심부에서 인정한 그 상을 뒤집고 소란을 피우는지 예수님을 유심히 바라봅니다. 그리고 그들이 뭐라고 말합니까? "네가 뭔데, 네가 감히 어디서 온 놈인데 이런 무례를 하느냐?" 하며 기적을 보이라고 합니다(요 2:18). 네가 이런 일을 해도 되는 놈인지 아닌지 한번 보자는 것입니다. 그때 예수님은 "너희가 이 성전을 헐라 내가 사흘 동안에 일으키리라"(요 2:19)라고 말씀하십니다. 즉 "내가 죽은 지 사흘 만에 다시 살아날 것이다"라고 예언을 하신 것입니다. 이것은 건물이 아닌 예수님 자신의 몸을 의미한 것입니다. 그러나 예수님이 죽으시고 부활하신 후에야 비로소 그 의미를 깨닫게 됩니다.

예수님께서 예루살렘에서 성전을 청결하게 하신 사건은 예루살렘 사회에 자신을 공적으로 드러내신 사건입니다. 자신이 메시아임을 구체적으로 선언한 사건입니다. 상황을 생각해보세요. 시장판에 갈릴리 촌구석에서 올라온 남루한 옷차림의 예수님이 예루살렘 성전을 뒤집어엎었으니 그들이 어떤 반응을 보였겠습니까? 유월절을 지키러 예루살렘으로 내려오셔서 예수님은 8개월을 머무십니다.

2. 니고데모에게 중생을 가르침

예수님의 공생애 1년차는 예루살렘 성전을 청결하게 하신 것을 기점으로 하여 8개월을 예루살렘에 머무시며 여러 표적을 행하시고 말씀을 선포하셨습니다. 그리고 거기서 니고데모를 만나게 됩니다. 니고데모는 바리새인이었으며 산헤드린의 일원이었는데 밤중에 예수님을 찾아왔습니다. 니고데모는 예수님에 대해서 알고 싶었던 것입니다. 예루살렘에서 성전을 청결하게 하시고, 선포하신 말씀에 권위와 권세가 있으며, 많은 기적과 이적을 나타나는 것을 보며 범상치 않다 느낀 것입니다. 예수님은 니고데모에게 하나님 나라에 들어가려면 물과 성령으로 거듭나야 한다고 말씀하시면서 구원의 가장 중요한 교리인 '거듭남'과 '영생'을 설명하셨습니다(요 3:16).

3. 예루살렘을 떠나 갈릴리로 향함

예수께서 요한이 잡혔음을 들으시고 갈릴리로 물러가셨다가(마 4:12).

예수께서 제자를 삼고 세례를 베푸시는 것이 요한보다 많다 하는 말을 바리새인들이 들은 줄을 주께서 아신지라 (예수께서 친히 세례를 베푸신 것이 아니요 제자들이 베푼 것이라) 유대를 떠나사 다시 갈릴리로 가실새(요 4:1~3).

왜 예수님이 유대를 떠나 갈릴리로 가셨을까요? 유추해보면 이렇습니다. 바리새파의 유일한 지지기반은 민중으로, 그들이 지지해줘야만 힘이 있었습니다. 그런데 예수님께 민중의 관심이 쏠리기 시작합니다. 이에 바리새파 핵심 인물은 동요하기 시작합니다. 자신의 세력을 유지하기 위해서는 예수님을 자기 편으로 만들든지, 아니면 그를 쫓아내야 했습니다. 또 기득권 세력인 제사장이나 사두개인들도 예수님의 영향력이 예루살렘에서 점점 강해지자 긴장하기 시작합니다. 예수님은 세례 요한이 잡혔다는 소식을 들으시고 아직 기득권 세력과 부딪히고 싶지 않으셨기에 갈릴리로 피하신 것입니다.

4. 수가에서 만난 사마리아 여인

사마리아인들은 혼혈족이었기 때문에 유대인들은 그들을 '개'라고 하면서 무시했습니다. 그래서 갈릴리나 유대로 갈 때 사마리아를 지나가야 했지만 신발에 더러움이 묻을까 봐 멀리 길을 돌아 지나다녔습니다. 하지만 예수님은 그리하시지 않으시고 "사마리아를 통과하여야 하겠는지라"(요 4:4)라고 말씀하시며 길을 나섰습니다. 예수님께서 길을 가시다가 피곤하여 우물곁에 그대로 앉으시니 때가 여섯 시쯤 되었습니다(요 4:6). 여섯 시는 낮 중에도 가장 뜨거운 정오를 가리킵니다. 그 지방 여인들은 뜨거운 대낮에는 물을 길러오지 않았습니다. 하지만 이 여인은 아무도 없는 시간에 혼자 와야만 했습니다. 사마리아도 나름대로 엄격한 율법 공동체였습니다. 남편이 다섯이나 있었고 지금은 다른 남자와 동거하는 정결하지 못한 그 여인을 사마리아 사람들도 배척하며 손가락질했어요. 그래서 그녀는 사람이 많을 때는 물을 길러오지 못했습니다.

정오, 가장 더울 때 물을 길러 왔는데 그곳에서 예수님을 만나게 된 것입니다. 그러면서 예수님은 이 사마리아 여인과 대화를 나눕니다. 예수님의 행동은 유대인이 가지고 있던 두 가지 편견을 극복한 것이었습니다. 하나는 사마리아인과 대화했다는 것이며, 다른 하나는 여인과 대화했다는 것입니다. 예배의 장소를 묻는 그녀에게 예수님께서 말씀하셨습니다. "아버지께 참되게 예배하는 자들은 영과 진리로 예배할 때가 오나니 곧 이때라 아버지께서는 자기에게 이렇게 예배하는 자들을 찾으시느니라 하나님은 영이시니 예배하는 자가 영과 진리로 예배할지니라"(요 4:23~24). 결국 이 여인은 물동이를 버려두고 메시아를 만났다고 동네로 내려가서 전도하게 됩니다. 그리고 마을 사람들이 예수님께 나와 사마리아 땅에도 예수님에 대한 소문이 퍼지게 됩니다.

유대인들의 눈에 예수님은 전통 파괴자였습니다. 율법만큼이나 소중했던 자신들의 전통을 예수님께서 다니실 때마다 족족 깨뜨렸기 때문입니다. 그리하여 예수님은 유대인들의 타깃이 되었던 것입니다.

예수님의 갈릴리 사역

1. 왕의 신하의 아들을 고침

> 예수께서 다시 갈릴리 가나에 이르시니 전에 물로 포도주를 만드신 곳이라 왕의 신하가 있어 그 아들이 가버나움에서 병들었더니(요 4:46).

예수님은 사마리아를 거쳐 갈릴리로 가십니다. 갈릴리 가나에 제자들과 함께 머물러 계실 때 가버나움 지역의 분봉 왕 헤롯 안티파스의 신하 한 사람이 찾아왔습니다. 주님께서 그 신하에게 "가라, 네 아들이 살았다"라고 선포하셨습니다. 34km나 떨어진 거리에서 말씀 한마디로 죽어가는 아들을 살리신 예수님의 표적 앞에 헤롯 안티파스의 신하와 하인들은 무릎을 꿇었습니다. 물로 포도주를 만드셨던 첫 번째 표적이 예수님은 창조주 하나님이시라는 것을 믿게 하는 데 목적이 있었다면, 두 번째 표적은 죽은 사람을 살려주시는 분이 예수님이며, 구세주 곧 그리스도이심을 믿게 하기 위한 것이었습니다.

2. 나사렛에서 배척당하시고 가버나움으로 옮기심

예수님은 자신이 자란 나사렛으로 가십니다. 그곳의 회당에 들어가셔서 이사야 61장의 말씀을 읽으시고 "이 글이 오늘 너희 귀에 응하였느니라"라고 선포하십니다. 예수님은 성령의 기름부음을 받아 가난한 자, 포로된 자, 눈먼 자, 눌린 자들에게 주의 은혜를 전파하러 오셨다는 것입니다. 그 선포를 들은 그들은 "요셉의 아들 아니야? 네가 메시아라고? 내가 너 자라는 것

🍃 **열매 맺기**

가버나움
북동쪽으로 약 34km 정도 떨어진, 갈릴리 호수 상부에 위치한 지역

🍃 **열매 맺기**

예수님과 가난한 자
예수님은 갈릴리에 있는 회당에서 자신의 사역을 이사야 61장에 나오는 메시아 예언과 동일시함으로 하나님 나라의 시작을 공개적으로 선포하셨다. 그리고 가난한 자에게 복음을 전하겠다고 말씀하셨다. 물질적으로나, 영적으로 가난한 자, 그들은 예수님의 구원 활동에서 가장 공개적으로 인정되었다.

다 봤는데, 네가 무슨 메시아야! 네가 메시아면 나도 메시아다" 하며 기적을 보이라며 예수님을 조롱하고 동네 끝 낭떠러지까지 끌고 가 밀쳐 떨어뜨리려고 하지만 홀연히 그들 가운데를 지나가십니다. 그리고 나사렛에서 가버나움으로 가십니다.

3. 갈릴리 복음 전파 사역을 시작

갈릴리 1년차 사역이 시작되면서 베드로와 안드레를 다시 부르십니다. 베드로와 안드레는 갈릴리에서 본업이 있던 사람들입니다. 그리고 유월절을 맞이하여 스승 세례 요한이 집회를 한다고 하여 휴가를 내서 내려왔습니다. 그때 세례 요한과 함께 거닐다가 유대 광야에서 예수님을 만나고 그분을 따르게 됩니다. 그러나 얼마 후 다시 본업으로 복귀합니다. 그런 그들을 예수님은 다시 찾아오셔서 남은 삶을 하나님께 바치고 헌신하라 초청하십니다. 파트타임 사역자에서 풀타임 사역자가 된 것입니다. 예수님을 처음 만났던 유대 광야에서 부분의 삶을 드렸다면, 이제는 전체의 삶을 드리는 제자로 살게 되었다는 것입니다.

4. 회당에서 가르치시고, 귀신을 쫓으심

제자들을 부르신 예수님은 계속해서 가버나움 회당에서 가르치시고, 귀신을 내어 쫓으시며, 질병을 고치셨습니다. 가버나움은 갈릴리 호수 주위에 있는, 30개가 넘는 어촌들 가운데 가장 큰 곳이었습니다. 예수님은 이곳을 자신의 사역 기지로 삼으셨습니다(막 2:1, 9:33). 특히 이곳은 여러 로마 군대의 본부였기 때문에 이교도의 영향이 만연했으며, 유대인과 이방인들에게 복음을 전하기에 이상적인 장소였습니다.

🍎 **열매 맺기**

귀신에 관한 중요한 사실

1. 귀신들은 더러운 영으로서 사탄의 반역으로 인해 하늘로부터 추방당한 타락한 천사들을 말한다(마 12:24; 벧후 2:4; 유 1:6; 계 17:7~10).
2. 타락한 영들은 결국 심판받아 음부에 던져질 것이다.
3. 귀신들 중 일부는 사람을 사로잡고 있다. 귀신들이 하는 일은 사람들의 성품을 통제하고 어떤 경우에는 육체적인 고통이나 정신적인 무질서를 가져오게 한다(마 12:22, 17:15~18; 눅 13:16).
4. 사탄은 하나님이 계신 곳에 있을 수 없기 때문에 믿는 자들을 사로잡을 수는 없다.
5. 예수님과 사도들은 귀신들을 쫓아내셨으나, 어떤 경우에도 정교한 의식을 행하거나 더러운 영들과 오랜 대화를 하지는 않았다. 예수님의 영적 우월성은 악한 영을 쫓아내기에 충분했다.

5. 베드로의 장모와 다른 사람들이 병에서 나음

공관복음에 나오는 예수님의 기적은 대부분 치유나 귀신을 쫓아내는 것이었습니다. 이는 예수님의 기적이 사탄의 통치하에서 고통당하는 자들을 하나님의 통치로 말미암아 해방하는 것임을 보여줍니다. 귀신 들린 자들의 경우 당사자의 인지 여부와 상관없이 '말씀'으로 귀신들을 쫓아내시는데 반해, 병자들의 경우 대개 당사자나 그가 속한 공동체의 믿음에 근거하여 만지심으로써 치유하시는 것을 볼 수 있습니다. 예수님의 치유 활동은 단순히 육체적 문제만이 아니라 영적 문제까지 해결하는 포괄적인 구속 활동입니다.

귀신을 내쫓는다는 것은 무엇일까요? 귀신들은 어떻게 존재하게 되었을까요? 하나님의 창조물일까요? 귀신들은 반역으로 하늘로부터 추방당한, 타락한 천사들입니다. 베드로후서 2장 4절은 "하나님이 범죄한 천사들을 용서하지 아니하시고 지옥에 던져 어두운 구덩이에 두어 심판 때까지 지키게 하셨으며"라고 기록하고 있습니다. 불순종하여 하나님께 버림받은 영이 귀신이요, 그 대장이 사탄이라고 합니다. 또한 유다서 1장 6절은 "자기 지위를 지키지 아니하고 자기 처소를 떠난 천사들을 큰 날의 심판까지 영원한 결박으로 흑암에 가두셨으며"라고 기록하고 있습니다. 결국 타락한 영들은 심판을 받아 음부에 던져질 것이라고 말씀합니다. 이 귀신들 중 일부는 사람을 사로잡고 있습니다. 귀신이 하는 일은 사람들의 성품을 통제하고 어떤 경우에는 육체적인 고통이나 정신적인 무질서를 가져오게도 합니다. 그렇다고 정신적으로 문제 있는 사람들이 다 귀신 들린 것은 아닙니다. 분명히 약으로 치료해야 될 사람도 있고 귀신 들린 사람들도 있습니다. 그러나 사람의 생명을 해할 수는 없습니다. 귀신의 존재는 무서운 존재가 아니라 더러운 존재입니다. 귀신을 무서워하고 자꾸 두려워하면 더 두려워집니다. 따라서 믿음으로, 말씀으로 쫓아내야 합니다.

6. 마태를 부르심

예수님은 세관 앞에 앉아 있는 마태(레위)를 향해 "나를 따르라" 하시니 그는 모든 것을 버리고 일어나 따릅니다(눅 5:28). 그리고 자신의 본명이었던 레위라는 이름 대신에 마태라는 이름을 얻게 됩니다. 스스로를 "세리 마태"라고 부르면서 은혜 아래 겸손하려 노력하였습니다. 후일 그는 〈마태복음〉을 기록하여 유대인들에게 '왕' 되신 예수 그리스도를 증거하였습니다.

치료하고 위로하시는 그리스도

🍃 뿌리내리기 _성경의 전체를 알아봅니다

예수님의 공생애 2년을 한마디로 말하면 '갈릴리 민중을 위한 순회 사역'이었습니다. 가버나움과 갈릴리 지역을 순회하시면서 기적과 이적을 통해 자신의 신성을 드러내셨습니다. 공관복음은 갈릴리에서 행하신 예수님의 사역에 상당히 주의를 기울이고 있습니다. 갈릴리는 유대인을 비롯하여 베니게인, 수리아인, 아라비아인 등 여러 민족이 섞여 있는 지역으로 반목과 갈등이 많아 이방인의 갈릴리로 불렸습니다(마 4:15).

예수님 당시의 갈릴리 호수 연안 가버나움은 중요한 교통의 요지이면서 사방이 뚫려 있는 갈릴리의 중심 도시요, 아름다운 경치와 기름진 옥토를 갖고 있어서 주변 인구가 많았습니다. 갈릴리 호수는 바다의 수면보다 200m 아래에 위치하며 하프 모양처럼 생겼기에 히브리어로 수금(harp)을 뜻하는 '키노르'에서 파생된 '게네사렛'이라고도 불렸습니다. 가버나움은 예수님의 갈릴리 사역에 있어서 본부가 되었으며, 대부분의 제자도 갈릴리 지방 출신이었습니다.

공생애 2년차 사역 역시 예루살렘에서 유월절을 지킴으로 시작하십니다. 예수님은 제자들과 함께 유월절을 지키기 위해 예루살렘으로 가십니다. 춘삼월이 지나 4월(유월절)이 되자, 예수님께서 "얘들아 짐 챙겨라. 이제 또 시간이 됐다" 하시며 제자들과 함께 또 보따리 하나씩 메고 사마리아를 거쳐서 예루살렘으로 올라가십니다.

🍃 숲 길잡이 _성경의 전체를 표로 알아봅니다

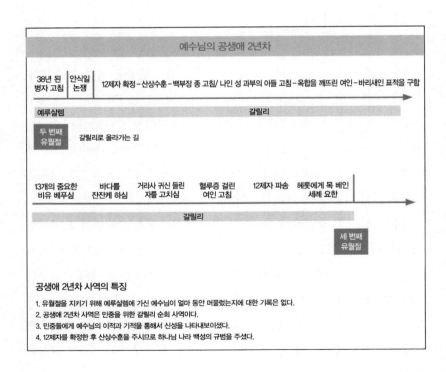

예수님 공생애 2년차의 사역

1. 베데스다 연못에서 38년 된 병자를 고치심

예수님의 공생애 1년 첫 사역은 예루살렘 성전 청결이었고, 예수님의 공생애 2년 첫 사역은 예루살렘 베데스다 연못에서 38년 된 병자를 고친 사건입니다.

예루살렘의 기득권 세력들은 유월절을 준비하며 우려했을 것입니다. "예수님이 또 내려올 텐데 무슨 사고나 치지 않을까? 이번에는 확실히 잡자" 하며 나름대로 모의를 했을 겁니다. "무슨 일만 있으면 득달같이 달려갈 테니 너는 양 팔을 잡고 너는 목을 잡아라!" 그런데 아니나 다를까 예수님께서 예루살렘에 올라오셔서 성전 밖 베데스다 연못에서 놀라운 일을 했다는 정보가 들어왔습니다. 안식일에 병자를 고친 이야기를 듣고 유대인들이 또 예수님을 핍박합니다. "내 아버지께서 이제까지 일하시니 나도 일한다"(요 5:17). 예수님께서 하나님을 자기 아버지라고 하자 유대인들의 반응이 이어서 나옵니다. "유대인들이 이로 말미암아 더욱 예수를 죽이고자 하니 이는 안식일을 범할 뿐만 아니라, 하나님을 자기의 친아버지라 하여 자기를 하나님과 동등으로 삼으심이러라"(요 5:18).

죄명이에요. 안식일을 범한 죄, 하나님을 아버지라 여긴 신성 모독죄는 엄청난 것이었습니다. 유대인의 법률을 깬 일이었기 때문입니다.

분위기가 심상치 않았습니다. 하룻밤만 더 잤다가는 잡힐 것 같았습니다. 그래서 예수님은 "얘들아 보따리 싸라, 다시 갈릴리로 가자. 여기는 우리가 있을 곳이 아니다"라고 하십니다. 그리고 오래 머무르지 않으시고 다시 갈릴리로 돌아가십니다.

2. 안식일의 논쟁

• 제자들이 이삭을 잘라먹음   갈릴리로 올라가는 어느 마을에서 주님은 안식일에 밀밭 사이를 지나가셨습니다. 제자들은 주님 앞에 서서 밀을 젖히고 길을 만들면서 나아가고 있었습니다. 그때 제자들은 매우 배가 고팠기 때문에 밀밭을 지나가면서 밀 이삭을 잘라서 손으로 비비고 껍질을 벗겨서 먹었습니다. 밀을 자르는 일을 추수 행위로 간주하는 바리새인들은 제자들이 안식일을 범했으며, 주님은 그것을 방조한 죄를 범했다고 비난했습니다. 연이은 안식일에 대한 논쟁이 벌어지자 예수님은 다음과 같이 말씀하십니다.

인자는 안식일의 주인이니라 하시니라(마 12:8).

또 이르시되 안식일이 사람을 위하여 있는 것이요 사람이 안식일을 위하여 있는 것이 아니니 이러므로 인자는 안식일에도 주인이니라(막 2:27~28).

또 이르시되 인자는 안식일의 주인이니라 하시더라(눅 6:5).

• 손 마른 자들을 고침　또 예수님은 가버나움 회당에서 안식일에 손 마른 자를 고치셨습니다. 이로 인해 예수님을 노리는 자들 또한 많아졌습니다. "바리새인들이 나가서 곧 헤롯당과 함께 어떻게 하여 예수를 죽일까 의논하니라"(막 3:6). 헤롯당은 헬라의 관습과 로마의 법을 따르는 유대인들로, 바리새인들이 싫어하는 세속주의자들입니다. 그럼에도 불구하고 이들과 긴급회의를 열고 예수님을 죽이기 위해 모의합니다. 예수님을 죽일 때 바리새파, 사두개파, 헤롯파, 로마 총독 등 4개파가 연합하였습니다. 유대 종파들은 자존심이 강해서 서로 잘 타협하지 않음에도 불구하고 예수님을 죽이고자 한마음이 되었던 것입니다. 예수님을 죽임으로써 각자가 가지고 있는 기득권을 보호하려 했기 때문입니다.

3. 무리를 고치심

　예수님은 종교 지도자들과 정치 세력이 하나가 되어 자기를 죽이려 한다는 사실을 아시고, 가버나움을 떠나십니다. 예수님에 대한 소문이 전국으로 퍼지면서 주님을 찾는 무리가 크게 늘어났습니다. 주님께서 제자들과 함께 바닷가로 가셨을 때에는 남쪽 유대와 예루살렘, 이두매와 요단 강 건너편(베레아), 그리고 북쪽의 해안 도시인 두로와 시돈(페니키아) 근처에서 온 사람들 등 거대한 무리가 주님을 따랐습니다. 갈릴리에서 한 사람으로 시작된 하나님 나라의 사역은 마침내 거대한 무리가 따르는 운동으로 확산되었습니다.

　주님은 그들의 병을 모두 고쳐주시면서 자신에 대해 알리지 말라고 경계하셨습니다. 주님이 그렇게 하신 이유는 크게 두 가지가 있었습니다. 첫째는, 주님은 병을 고친 일이 전파되어 백성들이 복음보다 이적을 더 좋는 것을 원치 않으셨으며, 둘째는, 주님은 자신을 요란하게 선전하지 않고 온유하고 겸손한 자세로 일하기를 원하셨기 때문입니다.

4. 사람을 낚는 12제자를 임명

예수님은 자신을 따르는 많은 군중 중에서 매우 신중하게 시간을 두고 개개인을 보시고 최종적으로 12명을 확정하십니다. 그 당시 랍비들도 자신들의 가르침을 전수하고 제자 집단을 두고 있었습니다. 그러나 예수님께서 그분의 제자들을 부르신 목적은 단순히 그들이 자신의 가르침을 전수받도록 하기 위함이 아니라, 그들이 '사람을 낚는 어부'가 되게 하려는 것이었습니다. 구약의 12지파가 하나님 나라의 백성을 이루었듯이 예수님의 12제자는 신약의 영적 공동체의 기초가 되었습니다. 12제자가 120문도가 되었고, 120문도가 성령충만을 받은 후 전 세계의 선교사로 파송됐습니다.

이 12명은 사도들이었습니다. 예수님이 그들을 불렀을 때, 심중에 그들을 향한 특별한 사명, 즉 자신이 이 땅의 사역을 마친 후에 자신의 사역을 계속 수행하게 하려는 사명을 품고 있으셨습니다.

오순절에 성령의 권능을 받은 후 사도들은 예수님의 증인으로서 피 흘려 순교함으로써 하나님 나라와 예수 그리스도의 죽으심과 부활하심을 전했습니다. 우리 손에 성경이 들려질 때까지 순교자들의 피가 있었습니다. 그들의 헌신과 피가 있었기 때문에 우리 손에 구원의 복음이 있게 됐습니다. 또한 그들 때문에 열방 가운데 그리스도의 십자가가 세워질 수 있었습니다. 오늘도 누군가의 헌신 때문에 죽어가는 영혼들이 하나님을 만나게 됩니다. 오늘 우리의 기도 때문에, 헌신 때문에 죽어가는 영혼이 예수님을 만날 수 있는 것입니다. 오늘 우리에게도 새로운 헌신의 각오가 필요합니다.

5. 산상수훈을 가르치심

12제자를 선택하신 후에 마태복음 5~7장까지는 산상수훈을 주십니다. 예수님은 산상수훈에서 구약의 모세에게 주셨던 계명들을 들어서 하나하나 재해석하셨습니다. 율법의 핵심을 완성하신 것입니다. 〈마태복음〉의 산

열매 맺기
제자 & 사도
제자와 사도라는 용어는 12제자를 가리킬 때 혼용하여 사용한다. 제자는 학습자나 추종자인 반면, 사도는 일반적으로 특별한 메시지나 사명을 가지고 파송된 사람을 가리킨다.

열매 맺기
산상수훈
산상수훈은 제자들의 규범이다. 불신자에 대한 말씀이 아니다. 그리스도의 제자된 우리에게, 삶의 본질이 무엇이고 무엇을 추구하며 살아야 되는지에 대해서 구체적으로 주신, 하나님의 구원의 매뉴얼이다. 산상수훈의 총 주제는 '하나님 나라'로서, 그 나라의 백성인 제자의 특성, 임무, 태도, 위엄 등을 다룬다.

상수훈은 〈누가복음〉에 기록된 것과 같은 일반적인 구성으로 되어 있지만, 훨씬 더 길며 더 많은 내용이 포함되어 있습니다.

6. 백부장의 종을 고치심

여기서 백부장은 유대인이 아니고 로마 군의 고위 간부입니다. 학자들은 그가 주둔자였기 때문에 로마 사람이 아니라 에돔 사람이라고 이야기합니다. 그 백부장이 예수님을 만나서 자신의 종의 병을 고쳐달라고 합니다. 예수님께서 그의 집으로 가려 했을 때 "주여 내 집에 들어오심을 나는 감당하지 못하겠사오니 다만 말씀으로만 하옵소서"(마 8:8)라고 말합니다. 그러자 예수님이 뭐라고 칭찬하십니까? "예수께서 들으시고 놀랍게 여겨 따르는 자들에게 이르시되 내가 진실로 너희에게 이르노니 이스라엘 중 아무에게서도 이만한 믿음을 보지 못하였노라 또 너희에게 이르노니 동 서로부터 많은 사람이 이르러 아브라함과 이삭과 야곱과 함께 천국에 앉으려니와 그 나라의 본 자손들은 바깥 어두운 데 쫓겨나 거기서 울며 이를 갈게 되리라"(마 8:10~12).

비록 유대인일지라도 믿음이 없으면 구원을 못 받는다는 말씀입니다. 이것은 당시 유대인들에게는 지구를 흔들 만한 엄청난 파격적인 이야기입니다. 유대인들이 이 이야기를 듣고 "아브라함 이래 대대로 선민인 우리에게 어떻게 저런 말도 안 되는 이야기를 하는가? 할례도 없고 율법도 없는 이방인에게 어떻게 구원이 있을 수 있는가?"라며 반발했습니다. 예수님의 이방인에 대한 구원 선포 사건은 바로 우리를 향하신 말씀이었습니다.

7. 나인 성 과부의 아들을 살림

나인 성 한 과부의 아들이 죽었습니다. 죽은 자를 장사 지내기 위해 성 밖으로 시체를 메고 나가는 행렬이 예수님 일행을 만납니다. 주님께서 관에 손을 대시자 사람들이 멈춰 섰습니다. "대체 이 사람은 누구야? 누구이기에 관에 손을 대는 거야?" 그 당시에는 죽은 자의 시체나 관을 만지는 것을 금기시하였습니다. 율법에서 금하는 부정한 일이었습니다. 예수님께서 가까이 가서 그 관에 손을 대자 죽음의 부정이 예수님께로 옮겨간 것이 아니라 예수님의 생명이 청년에게로 옮겨갑니다. 백부장의 종은 그와 사람들의 간구로 인해 찾아오셔서 해결하셨지만, 나인 성 과부의 죽은 외아들은 예수님께서 무조건적으로 은혜와 긍휼함을 베푸셔서 살려주셨습니다.

여기에서 타 종교와 기독교의 차이가 있습니다. 불교에도 비슷한 내용이 나옵니다. 인도 구시라 성에 부처와 길을 걷는 한 여인이 나옵니다. 여인은 내 아들이 죽었으니 살려달라고 애원합니다. 그러자 부처가 뭐라고 이야기합니까? "내려가서 한 번도 죽음을 경험하지 못한 집에서 쌀을 얻어 밥을 지어 죽은 아들의 입에 넣어줘라. 그러면 살 것이다." 그런데 한 번도 죽음을 경험하지 않은 집이 없지요. 결국은 밤새 찾아다녔지만 그런 집을 찾지 못해서 부처에게 다시 옵니다. 부처는 인생의 교훈을 주기 위해서 그렇게 고생을 시킨 것입니다. "인생은 생자필멸(生者必滅)이다. 사람은 살면 반드시 죽는 것이다. 좋은 인연으로나 태어나게 빌어나 주자" 하며 죽음을 운명으로 받아들였습니다. 그러나 예수님은 그렇지 않아요. 장례 행렬을 멈춰 세우시고 관에 손을 대사 죽은 자를 일으켜서 생명을 주신 분이 예수님입니다. 우리에게 누가 생명을 줄 수 있습니까? 생명이신 예수 그리스도 외에는 우리에게 생명을 줄 자가 없습니다. 누가복음 7장 16절을 보면 주님께서 장례 행렬에 다가가시어 죽은 아들을 살리신 이유가 기록되어 있습니다. "모든 사람이 두려워하며 하나님께 영광을 돌려 이르되 큰 선지자가 우리 가운데 일어나셨다 하고 또 하나님께서 자기 백성을 돌보셨다 하더라." 이로 인해 예수님에 대한 소문이 온 유대와 사방에 두루 퍼졌습니다.

8. 옥합을 깨뜨린 여인

예수님은 인종적(눅 7:1~10), 경제적(눅 7:11~17), 종교적(눅 7:24~35)인 경우만 아니라, 도덕적으로 소외된 사람들과 접촉하면 안 된다는 사회적 금기까지 깨십니다. '죄를 지은 한 여자', 이 여자가 '죄인'이라는 것은, 창녀(대부분의 팔레스타인 창녀는 비유대인이었지만, 여기서는 유대인 창녀를 말한다) 아니면 적어도 도덕적으로 방탕한 삶을 사는 여자임을 의미합니다. 그러나 예수님은 그녀의 죄를 보지 않으시고 그녀의 연약함, 실수, 통곡, 주님을 향한 사랑을 보십니다. 그리고 예수님은 그녀에게 말씀하십니다. "네 죄 사함을 받았느니라." 그러자 함께 앉아 있는 자들이 속으로 '저 사람은 누구이기에 죄도 사하는가' 하였습니다(눅 7:48~49).

죄를 사할 권세가 예수님께 있습니다. 예수님은 창조주이신 하나님으로서, 인간과 최초의 계약을 맺으신 그 하나님으로 우리에게 오셨기에 죄를 사하여 주실 수 있으십니다. 예수님께서 여인의 죄를 사하심은 주님이 하나님이심을 선언하는 것입니다.

9. 예수님과 바알세불, 표적을 구하는 바리새인들

예수님께서 귀신 들려 눈멀고 말 못하는 사람을 고쳐주시자 사람들은 예수님이 다윗의 자손, 즉 메시아일 수 있다고 말하기 시작합니다. 바리새인들은 예수님에 대한 무리의 반응을 잠재우기 위해 예수님께서 귀신을 축출할 수 있는 것은 귀신들의 우두머리인 '바알세불'을 힘입어 가능한 것이라고 했습니다. 예수님께서는 바리새인들을 '독사의 자식들'이라고 하시면서 성령을 거역하는 죄의 심각성을 지적하십니다. 성령을 거역하는 죄는 예수님의 메시아적 구속 사역 가운데 하나님의 영이 활동한다는 사실을 의도적으로 부인하는 행위를 지칭합니다.

서기관들과 바리새인들은 만일 예수님의 권능이 하나님으로부터 온 것이라면, 예수님은 그 사실을 증명하셔야 한다고 요구했습니다. 예수님께서는 표적을 구하는 자들에게 요나의 표적밖에 보일 표적이 없다고 말씀하셨는데, 그것은 곧 예수님의 십자가 죽음과 3일 후 부활하시는 것이 자신의 사역 목표를 보여주는 표적이 될 것임을 예고하신 것입니다.

10. 13개의 중요한 비유

예수님은 그들에게 여러 가지 '비유'로 하나님 나라의 진리를 가르쳐주셨습니다. '비유'란 자연이나 일상생활에서 소재를 취하여 영적인 진리와 비교함으로써 그 진리를 비추어주려는 것입니다. 〈마태복음〉에 나타난 8개의 비유는 크게 두 가지로 나눌 수 있습니다. 마태복음 13장 1~35절에 기록된 4개의 비유는 예수님께서 바닷가에서 무리들에게 가르쳐주신 비유이고, 마태복음 13장 36~53절에 기록된 4개의 비유는 예수님께서 집에 들어가셔서 제자들에게 개인적으로 가르쳐주신 것이었습니다. 각각의 비유는 하나님 나라가 대적들의 방해와 도전에도 불구하고 크게 확장될 것이며, 메시아를 발견한 후 하나님 나라를 위해 모든 것을 버리고 따른 사람에게는 밭과 값진 진주를 산 농부와 상인처럼 축복이 있음을 교훈하고 있습니다.

• 공관복음에 나타난, 예수 그리스도의 비유

	비유	마태	마가	누가
1	말 아래 두는 등불	5:14	4:21	8:16
2	반석 위에 지은 집, 모래 위에 지은 집	7:24		6:47
3	생베 조각을 낡은 옷에 붙이지 않음	9:16	2:21	5:36
4	새 술은 새 부대에	9:17	2:22	5:37
5	씨 뿌리는 자	8:23	4:35	8:22
6	가라지(잡초)	13:24		
7	겨자씨	13:31	4:30	13:18
8	누룩	13:33		13:20

9	밭에 감춘 보화	13:44		
10	좋은 진주	13:45		
11	그물	13:47		
12	잃은 양	18:12		15:3
13	용서하지 않은 하인	18:23		
14	포도원 품꾼	20:1~16		
15	두 아들	21:28		
16	포도원 소작인	21:33	12:1	20:9
17	혼인 잔치	22:2		
18	무화과나무	24:32	13:28	21:29
19	고기 입에서 성전세를 얻으심	17:24		
20	달란트 비유	25:14		
21	자라나는 씨 비유		4:26	
22	언제 올지 모르는 집주인		13:33	
23	빚 주는 사람과 두 명의 빚진 자			7:41
24	선한 사마리아			10:30
25	도움이 필요한 친구			11:5
26	어리석은 부자			12:16
27	깨어 있는 하인들			12:35
28	충실한 하인과 악한 하인			12:42
29	열매 맺지 못하는 무화과나무			13:6
30	큰 잔치			14:16
31	망대를 세우는 것			14:25
32	잃어버린 동전			15:8
33	잃어버린 아들			15:11
34	불의한 청지기			16:1
35	부자와 나사로			16:19
36	무익한 종			16:19
37	끈질긴 과부			18:1

11. 풍랑을 잔잔하게 하심

고대 히브리어에는 호수라는 단어가 없었습니다. 지중해를 큰 바다로, 그 외에는 작은 바다로 부른 탓에 내륙 호수인 갈릴리도 바다라 불렀습니다. 이스라엘에는 물이 귀하기에 물을 호칭하는 단어가 많지 않았습니다. 그래서 물이 많이 모여 있는 것을 총칭해서 '얌'이라고 부르는데 '얌'은 호수나 바다 또는 대양 등으로 해석할 수 있습니다. 솔로몬 성전에 있던, 놋으로 만든 큰 대야도 '놋바다'라고 불렀습니다. 이것은 성막의 물두멍과 같이 큰 물통으로 제사장의 정결의식에 쓰였습니다.

예수님은 갈릴리 호수에서 무리에게 말씀을 전하신 후에 제자들과 함께 배를 타고 갈릴리 호수 건너편으로 향하셨습니다. 마태복음 8장 18절과 23~25절을 보면 예수님은 인기를 좇지 않으셨습니다. "무리가 자기를 에워싸는 것을 보시고" 떠나 건너편으로 가기를 명하십니다. 제자들과 주님께서 타신 배는 갈릴리 바다 한가운데에서 큰 풍랑을 만나게 됩니다. 제자들 대부분이 갈릴리 어부 출신으로, 매일 배에서 생활했던 사람들이기에 물

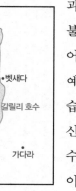

갈릴리 지역

고라신
가버나움 • • 벳새다
가나 •
디베랴 •
갈릴리 호수
• 나사렛
• 나인 가다라

과 일기에 대해 누구보다도 잘 알고 있었습니다. 그럼에도 불구하고 광풍으로 배가 심하게 흔들리는 통제하지 못할 어려움 속에 처하게 되니 겁에 질려 떨었습니다. 제자들은 예수님께서 이런 상황 가운데 무엇인가 해주시기를 원했습니다. 그렇지만 예수님은 그들이 광풍 속에서도 자신을 신뢰해주기를 바라셨습니다. 허둥대는 제자들을 보며 예수님께서 일어나셔서 바다를 잔잔하게 하셨습니다. 귀신이나 질병을 이기는 능력을 보여주셨던 예수님은 자연을

다스리는 만물의 주(主)이심을 보여주셨습니다.

12. 거라사의 귀신 들린 자와 혈루증 여인을 살리심

배로 갈릴리 호수를 건너는 데에는 보통 2시간 정도 걸립니다. 예수님 일행은 바다 건너편에 도착하여 그곳에 있는 거라사인의 지방에 들어가셨습니다. 거라사 지역에 살았던 주민 대부분은 이방인이었습니다. 마태는 "귀신 들린 두 사람이 무덤 사이에서 나왔다"고 기록하고 있습니다. 마가와 누가는 귀신 들린 사람을 한 사람으로 언급하고 있는 반면, 마태는 귀신 들린 사람이 둘이었다고 기록하고 있습니다. 이러한 기록의 차이에 대해 여러 가지 견해가 있지만 마가와 누가는 주님을 좇기를 원했던 한 사람에게 초점을 맞추어 기록했다는 견해가 지배적입니다. 아마도 마태는 고침을 받은 두 사람 모두에게 관심을 가진 반면, 마가와 누가는 고침을 받고 복음 전파자가 된 한 사람에게 초점을 맞춘 것으로 보입니다.

혈루증 앓던 여인은 주님께서 자주 오시는 가버나움에서 주님을 기다리고 있었습니다. 그때에 예수님은 거라사를 떠나 그녀가 있는 곳으로 오셨습니다. 그녀는 무리 틈을 헤치고 예수님의 뒤로 간 후 자기의 손으로 예수님의 옷자락을 만졌습니다. 그 순간 그녀는 자기의 몸에서 흐르던 피가 멈추었다는 것을 알았습니다. 예수님은 우리의 연약함과 질병을 대신 지신 분입니다. 자신의 몸에서 치유의 능력이 나갔다는 것을 아시고 예수님은 그녀를 부르신 후 인자하게 말씀하셨습니다. "딸아! 네 믿음이 너를 구원했다! 평안히 가라!" 그녀의 육체를 고쳐주시며, 마음과 영혼에 평안을 주셨습니다. 진정한 치유는 육신뿐 아니라, 마음과 영혼의 평안이 수반되어야 합니다.

13. 12제자 파송

예수님은 제자들에게 기도하라고 말씀하신 후에 복음 전파를 위해 제자

🍃 **열매 맺기**

왜 귀신들이 돼지 떼에 들어가도록 허락하셨을까?

주님은 짐승들을 사랑하지 않으셨을까? 성경학자들은 이에 대해 몇 가지 대답을 하고 있다. 첫째, 아직 귀신들을 멸망시킬 최후의 심판이 이르지 않았기 때문에 잠정적인 활동을 허락하셨다. 둘째, 귀신들의 잔인성과 그들의 목적이 파멸과 죽음이라는 것을 보여주기를 원하셨다. 셋째, 동물들의 죽음을 통해서 거라사의 이방인들에게 귀신의 정체를 밝히고 주님을 믿게 하기 위해서였다. 주님께서 귀신의 요청을 허락하신 이유는 이러한 세 가지 이유가 복합적으로 작용한 것으로 보인다.

들을 세상으로 파송하셨습니다. 제자들을 파송하시면서 그들에게 '더러운 귀신을 제어하고, 모든 병과 약한 것을 고치는 권능'을 주셨습니다. 복음 전파는 사탄과의 영적 전쟁이기 때문에 예수님은 제자들에게 악한 영을 제어하는 권세를 부여하셨습니다. 마가는 예수님께서 제자들을 파송하실 때에 두 명씩 짝지어 보내셨다고 기록하고 있습니다(막 6:7). 또 "돈을 받지 말고 거저 주라!"라고 명하셨습니다. 우리는 가난해서 다른 사람들에게 줄 것이 없다고 생각할 때가 있습니다. 그러나 우리는 하나님의 크신 은혜를 받은 사람들입니다. 우리에게는 천국 복음이 있으며, 주님의 이름으로 무엇이든지 구할 수 있는 권세가 있습니다.

14. 헤롯에게 목 베인 요한

예수님이 태어났을 때 헤롯은 대헤롯입니다. 대헤롯이 죽자 세 명의 아들에게 나라를 나눠주었습니다. 유대는 아르켈라오스가 분봉 왕이 되어 다스렸습니다. 갈릴리에는 헤롯 안티파스가 분봉 왕이 되어 자기 동생의 아내였던 헤로디아와 결혼했습니다. 세례 요한은 모범이 돼야 할 왕이 스스로 율법을 어기는 것을 보고 그를 찾아가서 엄히 책망했습니다. 그러자 헤로디아는 자기를 음녀 취급하는 요한을 그대로 둘 수 없어서 요한을 제거할 기회만을 노리고 있다가 헤롯 안티파스의 생일에 딸 살로메로 춤을 추게 하고 "세례 요한의 머리를 쟁반에 담아달라"는 요구를 하게 했습니다. 헤롯은 술에 취한 상태에서 정욕적인 자극을 받아 충동적으로 내뱉은 말로 인해 잠시 번민에 빠지지만 결국 요한의 머리를 자르라 지시합니다. 우리가 스스로 한 맹세라도 그 맹세가 옳지 않은 일이며, 양심을 파괴하는 것이라고 판단되면 즉시 용서를 구하고 그 맹세를 취소해야 합니다. 더욱이 그 맹세가 하나님 앞에 죄가 되는 것이라면 더욱 과감하게 취소해야 합니다.

6개월 집중 제자훈련 코스

🌿 뿌리내리기 _성경의 전체를 알아봅니다

　예수님의 3년차 공생애 사역은 A.D. 29년 3월 초에서 그해 9월 말까지 약 6개월 기간이었습니다. 그 기간에 예수님께서 제자훈련에 집중하시며 갈릴리 지역과 이방 지역을 순회하셨습니다. 1년 뒤면 예수님이 이 땅에 계시지 않기 때문에 제자들에게 좀 더 많은 것을 보여주고 싶었고 많은 시간을 제자들과 함께 보내고 싶었던 것입니다. 또한 예수님께서는 앞으로 제자들이 무슨 사명을 감당해야 하는지 알리기를 원하셨습니다. 이제 1년 뒤면 예수님이 승천하시고, 12명의 제자가 교회를 세워야 합니다. 그래서 예루살렘에 내려가지 않으시고 제자들을 집중 훈련시켰던 기간이었습니다.

　예수님은 3년차 때 너무나도 분주하게 이곳저곳을 움직이셨습니다. 따라서 예수님의 행적을 모두 따라가려면 꽤나 힘들 것입니다. 중요한 것은 작은 사건이 아닌 큰 흐름을 이해해야 한다는 것입니다. 예수님의 일련의 공생애를 파노라마처럼 안내하겠습니다.

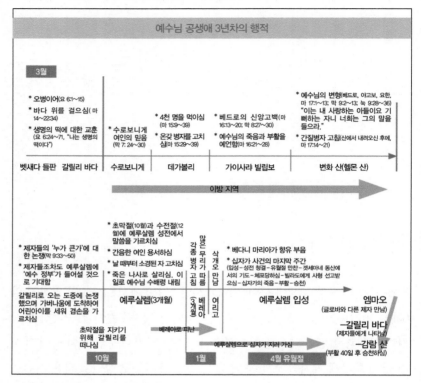

예수님 공생애 3년차의 행적

3월

* 오병이어(요 6:1~15)
* 바다 위를 걸으심 (마 14~22:34)
* 생명의 떡에 대한 교훈 (요 6:24~71, "나는 생명의 떡이다")
* 수로보니게 여인의 믿음 (막 7: 24~30)
* 4천 명을 먹이심 (마 15:9~39)
* 온갖 병자를 고치심 (마 15:29~39)
* 베드로의 신앙고백 (마 16:13~20; 막 8:27~30)
* 예수님의 죽음과 부활을 예언함(마 16:21~28)
* 예수님의 변형(베드로, 야고보, 요한, 마 17:1~13; 막 9:2~13; 눅 9:28~36) "이는 내 사랑하는 아들이요 기뻐하는 자니 너희는 그의 말을 들으라."
* 간질병자 고침(산에서 내려오신 후에, 마 17:14~21)

벳새다 들판   갈릴리 바다 | 수로보니게 | 데가볼리 | 가이사랴 빌립보 | 변화 산(헬몬 산)

이방 지역

* 제자들의 '누가 큰가'에 대한 논쟁(막 9:33~50)
* 제자들조차도 예루살렘에 '예수 정부'가 들어설 것으로 기대함
* 초막절(10월)과 수전절(12월)에 예루살렘 성전에서 말씀을 가르치심
* 간음한 여인 용서하심
* 날 때부터 소경된 자 고치심
* 죽은 나사로 살리심. 이 일로 예수님 수배령 내림
많은 병자가 따름 | 각종 무리가 고침 | 삭개오 만남
* 베다니 마리아가 향유 부음
* 십자가 사건의 마지막 주간 (입성-성전 청결-유월절 만찬-겟세마네 동산에서의 기도-체포당하심-빌라도에게 사형 선고받으심-십자가의 죽음-부활-승천)

갈릴리로 오는 도중에 논쟁했으며 가버나움에 도착하여 어린아이를 세워 겸손을 가르치심 | 예루살렘(3개월) | (3개월) 베레아 | 여리고 | 예루살렘 입성 | 엠마오 (글로바와 다른 제자 만남)

초막절을 지키기 위해 갈릴리를 떠나심 **10월**
베레아로 피나 **1월**
예루살렘으로 십자가 지러 가심 **4월 유월절**

—갈릴리 바다 (제자들에게 나타남)
—감람 산 (부활 40일 후 승천하심)

공생애 3년차를 이해할 수 있는 표입니다. 예수님의 3년차는 3월부터 9월까지 약 6개월 동안 갈릴리와 이방 지역을 두루 다니시면서 12제자와 함께 제자훈련 사역을 하신 것입니다. 3년차의 특징으로 예수님은 유월절(4월)에 예루살렘으로 내려가지 않으시고 갈릴리에 계셨습니다(요 6:3~4). 그리고 10월에 비로소 예루살렘으로 내려가십니다. 10월에 있는 초막절과 12월에 있는 수전절을 지키기 위해서였습니다. 12월 25일에 있는 수전절에 예수님이 회당에서 설교하시다가 "나와 내 아버지는 하나다"는 말씀을 하십니다. 그 후 신성 모독죄를 지었다 하여 긴급수배령이 떨어집니다. 그래서 예수님은 요단 동편 땅 베레아 지역으로 몸을 피하셔서 3월까지 많은 기적

과 이적을 행하십니다.

그러다가 4월 초, 돌아가시기 일주일을 남겨놓으시고 예루살렘에 다시 돌아오십니다. 유월절을 지키고 돌아가시기 위해서였습니다. 인간이신 예수님께서 십자가에서 고통 가운데 죽으셔야 한다는 그 사실에 발걸음이 얼마나 무거웠겠습니까? 예수님은 결국 돌아가시고 3일 만에 부활하신 후 40일 만에 승천하십니다. 예수님의 공생애 2년차 사역은 갈릴리 민중을 위한 사역이었다면, 3년차 사역은 한마디로 집중 제자훈련 사역이었습니다.

🍃 신약 숲으로 _성경의 중심내용을 알아봅니다

예수님 공생애 3년차의 사역

1. 오병이어의 기적과 기도하러 산으로 가심

오병이어의 기적은 4복음서 모두에 기록되어 있습니다. 벳세다는 갈릴리 바다 건너편 요단 강 동편 땅으로, 한적한 들판입니다. 거기에 장정만 5천 명, 아이들과 여자까지 합하면 2만 명가량이 모였습니다. 그 당시 주변에 있던 마을인 가버나움이나 벳새다의 인구가 모두 2~3천 명 정도였다는 점을 생각하면 남자만 5천 명이라는 것은 엄청나게 많은 숫자였습니다. 예수님의 명성을 듣고 각지에서 모여든 무리의 수가 이처럼 많았던 것입니다.

오병이어의 기적 후에 제자들은 "이는 참으로 세상에 오실 그 선지자라"고 말했습니다(요 6:14). 무리는 오병이어로 수많은 사람

🌱 **열매 맺기**
한적한 곳에서 기도하신 예수님(마가복음 3회 기록)
1. 안식일에 행한 이적으로 인해 무리가 흥분하여 주님을 찾을 때(막 1:35~39).
2. 오병이어의 이적을 통해 무리가 흥분하였을 때(막 6:45).
3. 최후의 만찬 후 겟세마네 동산에서(막 14:26~42).

을 먹여주신 예수님을 보고 '모세가 예언했던 그 선지자가 왔다!'라고 생각했기에 예수님을 왕으로 세우고자 했습니다. 예수님이 왕이 되시면 적어도 먹고사는 문제는 고민하지 않아도 될 것 같았습니다. 그러나 예수님은 그곳에서 나와 한적한 곳으로 가서 기도하시고 제자들을 먼저 가버나움으로 보내셨습니다.

2. 물 위를 걸으심

제자들은 예수님의 지시를 따라 밤에 갈릴리 바다 건너편을 향해 가고 있었습니다. 밤 사경은 로마식 시간 계산으로 새벽 3~6시로, 이때 풍랑이 일고 폭풍우가 치기 시작합니다. 제자들은 강력한 북풍으로 인한 강한 파도와 싸우고 있었습니다. 요한은 이를 제자들이 노를 저어서 육지에서 십여 리쯤 나아갔다고 기록하고 있습니다. 주님은 이 거리를 걸어서 제자들이 있는 곳으로 가셨습니다. 제자들은 갑자기 이상한 물체가 자기들 쪽으로 걸어오는 것을 발견합니다. 가뜩이나 파도로 인해 지치고 공포심에 사로잡혀 있던 제자들은 크게 놀랍니다. 아마도 "저승사자다, 물귀신이다"라고 생각하지 않았을까요? 왜냐하면 유대인들은(탈무드) 밤의 영들이 사람들을 찾아와서 재난을 갖다 준다고 생각하기 때문입니다.

마가는 예수님께서 제자들이 탄 배를 "지나가려고 하셨다"고 기록하고 있습니다. "안심하라! 나니 두려워 마라!" 이러한 주님의 말씀은 가시덤불에서 모세에게 하셨던 하나님의 말씀과 비슷합니다. 베드로는 그 음성이 주님의 음성이라는 것을 알고 자기도 물 위를 걸을 수 있게 해달라고 요청했고 그래서 바다 위를 걸을 수 있었습니다. 그러나 베드로는 연약해서 끝까지 주님을 바라보지 못했고 불어오는 바람과 파도를 바라보다 바다에 빠지고 맙니다. 주님은 급히 그의 손을 잡아 건져주시며 "믿음이 적은 자여! 왜 의심하였느냐?" 하고 책망하십니다. 우리도 예수님을 놓치는 순간 세상 가운데의 물속에 빠져들어 갈 수밖에 없습니다.

살다 보면 믿음이 약해질 수 있습니다. 뜻하지 않은 풍랑을 만날 때 우리의 믿음이 바닥을 드러낼 때가 있습니다. 믿음이 있는 줄 알았는데 어느 순간 한계에 부딪혀 바닥을 드러냅니다. 나 자신이 아주 괜찮은 신앙인인 줄 알았는데 아주 시시한 신앙인이라는 사실을 깨닫고 절망합니다. 그때는 너무나도 당황스럽고 힘겹습니다. 그럴 때 어떻게 해야 합니까? 그럴지라도 "나 주 없이 살 수 없습니다"라는 한결같은 고백이 필요합니다. 주님만이 내 생명이시며, 주님만이 내 힘이십니다. 그래서 다시 한 번 주님을 바라봐야 합니다. 그러면 주님께서는 어떠한 풍랑 속에서도 지켜주실 것입니다.

우리의 인생이 경주에 비유하자면, 철인 4종 경기예요. 장애물도 많고, 심장이 터질 것 같고, 그만두고 싶을 때도 있습니다. 그때 주님의 손을 붙들고 뛰어간다면 이길 수 있는 용량과 믿음을 주실 것입니다. 제자들은 기쁨으로 주님을 영접했으며, 주님을 보고 "진실로 하나님의 아들입니다!"라고 고백했습니다.

3. 생명의 떡에 대한 교훈

가버나움에 도착하자 벳새다에 있던 무리가 예수님을 또 쫓아옵니다. 그들의 관심은 늘 먹고사는 것이었습니다. 그러나 주님의 관심은 늘 영생과 생명이었습니다(요 6:27, 35). 스스로 자신이 영생을 얻게 하는 생명의 떡이라고 말씀하셨지만, 그들은 별로 관심을 보이지 않았습니다. 특히 주님이 자신의 살과 피를 먹고 마셔야 한다고 말씀하셨을 때 "이 말씀은 도무지 이해할 수 없는 어려운 말씀이다"라며 많은 제자가 떠나 다시는 주님과 함께 다니지 않았습니다(요 6:66). 예수님은 12제자에게 "너희도 나를 떠나려느냐?"라고 질문하십니다. 그때 베드로는 "주여! 영생의 말씀이 주께 있사오니 우리가 누구에게로 가오리이까?"(요 6:68)라고 대답하지요.

지금도 예수님 곁에 수많은 군중이 모여 있습니다. 하지만 오늘도 교회를 찾아 나오는 사람들이 다 생명을 얻기 위함이 아니라는 사실을 알 수 있습니다. 여전히 예수님의 능력과 힘을 빌어서 잘 먹고 잘살기 위해서 오는 사람이 있다는 것입니다. 진짜 같은 가짜 신앙인이 무척 많습니다. 그런데 주님은 아세요. 내가 주님 곁에서 무엇을 얻기를 원하는지 내가 정말 주님 앞에서 간절히 사모하고 바라는 것이 무엇인지를 생각해보세요. 그것이 주님을 향한 말씀과 생명, 사명이 아니라면 가짜예요. 주님 곁에는 늘 군중과 제자들이 있었지만, 주님은 제자들을 구분하셨습니다. 가짜와 진짜가 늘 교회 안에 섞여 있어요. 그런데 위로가 되는 것은, 오늘의 진짜가 내일의 영원한 진짜가 된다는 보장이 없고, 오늘의 가짜가 영원한 가짜라는 보장도 없다는 것입니다. 이 시대를 살아가는 하나님의 사람들이여, 썩을 양식을 위해서 그것이 인생의 전부라고 여기면서 살지 마십시오.

4. 수로보니게 여인의 믿음

주님은 가버나움을 떠나 북서쪽으로 약 20리쯤 떨어진 베니게(현재의 레바논)에 있는 항구 도시인 두로와 시돈 지역으로 가십니다. 주님의 사역에 있어서 이방인의 땅으로 가신 일은 매우 중요한 사건입니다. 여러 가지 가르침과 이적을 보고도 끝내 거부하는 유대인들에게 발걸음을 돌리신 것이고, 마지막 남은 시간을 무리에게 방해받지 않고 개인적으로 제자훈련에 전념하기를 원하셨기 때문입니다(막 7:24~30).

여기서 귀신 들린 딸을 둔 수로보니게 여인을 만납니다. 마태는 그녀가 '가나안 여인'(마 15:22)이라고 기록하고 있고, 마가는 이 여인이 헬라인으로서 '수로보니게' 족속이었다고 기록하고 있습니다. 수로보니게 사람은 수리아 사람과 페니키아 사람의 혼혈인입니다. 여인은 자신의 귀신 들린 딸을 고쳐달라고 간절히 예수님께 청합니다. 그러나 예수님은 가혹하리만큼 거절하십니다. 그래도 그 여인은 돌아가지 않고 끈질기게 예수님께 애원하여서 그 딸이 고쳐지는 기적을 이루게 됩니다.

자존심을 내려놓고 한줌의 은혜를 간구한 이 여인의 믿음을 보시고 예수님께서 "여자야! 네 믿음이 크도다! 네 소원대로 되리라!" 하시며(마 15:28) 이방인의 땅에서 놀라운 믿음을 가진 사람들을 만나시고 기뻐하십니다. 그녀의 믿음을 보고 감격하셨다는 것입니다. 하나님의 마음을 감격시키는 겸손하고 헌신된 믿음을 갖기 바랍니다. 이 사건은 유대인들이 복음을 거부함에 따라, 장차 복음의 은혜가 이방인들에게 전파될 것을 예고하는 사건이라고 할 수 있습니다.

5. 온갖 병자를 고치시고 4천 명을 먹이심

주님은 두로에서 시돈을 지나서 데가볼리로 가셨습니다. 그리고 데가볼리 근처의 갈릴리 바다 해변으로 가셨습니다. 주님은 이때 산 위로 올라가셨으며, 큰 무리가 여러 가지 병자들을 데리고 나아왔고, 예수님은 그 병자들을 일일이 고쳐주셨습니다. 여자와 아이들을 빼고 장정만 약 4천여 명이 사흘을 예수님과 함께 있으며 허기졌을 때, 이전 벳새다 광야에서 5천 명을 먹이신 사건과 비슷한 이적을 이방 땅 데가볼리 근처의 갈릴리 해변에서 또 행하셨습니다.

벳새다에서 일어난 사건은 유대인들을 위해 행하신 것이었고, 이번 사건은 이방인을 위해 행하신 것이었습니다. 첫 번째 사건은 모든 복음서 기자들이 기록하고 있지만, 두 번째 사건은 마태와 마가만이 기록하고 있습니다. 주님은 제자들이 가지고 온 떡 일곱 개와 생선을 가지고 축사하시고 나누어주니, 약 4천 명이 음식을 배부르게 먹고도 남은 음식이 일곱 광주리나 되었습니다. 주님은 믿음으로 자기를 찾아온 사람들을 유대인과 이방인으로 구별하지 않으셨습니다. 유대인이라 할지라도 복음을 거절하면 그들을 떠나셨고, 이방인이라 할지라도 주님을 영접하면 그들과 함께하셨습니다.

6. 베드로의 신앙고백

주님은 제자들과 함께 팔레스타인의 가장 북쪽에 있는 가이사랴 빌립보로 가셨습니다. 이곳은 헤롯이 황제를 위해 짓고, 황제의 이름을 붙인 도시로서 황제 숭배가 절정에 이른 금신상과 반짝거리는 대리석으로 화려한 도시였습니다.

예수님의 제자들은 이런 화려한 문화와 권력이 있는 곳에서 아마도 혼이 다 빠졌을 것입니다. 특히 가이사랴의 신상 앞에서 그들은 아연실색합니다. 그들은 예수님이 전부인 줄 알았는데, 이곳에 오니까 예수님보다 훨씬 더 위대해 보이는 것이 있었습니다. 상대적으로 예수님은 너무나도 초라해 보였을 것입니다.

그들은 아마도 주춤거리며 지금까지 예수님을 따르던 자신에 대해서도 고민하였을 것입니다. "예수는 누구이고 예수를 따르는 나는 과연 누구인가? 내가 저런 사람을 위해서 모든 것을 다 버리고 좇았단 말인가? 내가 잘한 선택인가?"라며 고민했을 것 같습니다. 그런 고민하는 모습을 예수님은 역력히 보시고 이런 질문을 합니다. "얘들아, 사람들이 나를 누구라 하느냐?" 갑작스런 예수님의 질문에 제자들은 당황하기 시작합니다. "예, 세례 요한이라고 합니다. 엘리야라고 합니다. 선지자 중의 한 명이라고 이야기합니다." 그러자 곧바로 귀납법적으로 이렇게 질문합니다. "그러면 너희는 나를 누구라고 생각하느냐?" 그 질문에 모두

머리를 숙이며 감히 대답을 못합니다. 그 화려한 금신상 앞에서 그렇게 고백하기가 어려웠던 것입니다. 그때 수석 제자 베드로가 "주는 그리스도시요, 살아 계신 하나님의 아들이십니다"라고 고백합니다. 주님은 크게 기뻐하시고 그 고백 위에 교회를 세우겠다고 선언하십니다.

참 신앙은 내 상황과 상관없이 예수님이 그리스도이심을 고백하는 것입니다. 그리고 진정한 믿음이 무엇인지 아십니까? 예수 그리스도가 내 인생에서 어떤 분인지 알고 분명히 인정하고 믿는 것입니다. 내가 어떤 상황에 있을지라도 주님을 향한 한결같은 신앙고백은 달라져서는 안 됩니다. 힘들고 고달프고 어렵고 죽을 것 같아도 내가 한결같이 고백할 수 있는 주님이어야 합니다. 반대로 내가 너무나도 좋고 이보다 더 좋을 수 없는 상황에 있을지라도 주님은 같은 주님이어야 합니다. 내 상황과 환경에 좌지우지되지 아니하고 늘 언제나 같은 주님이어야 합니다. 이렇게 고백할 수 있는 것이 위대한 신앙입니다.

한국의 수많은 순교자는 예수님이 네 인생에 누구냐고 물어볼 때 목에 칼이 들어와도 "주는 그리스도이십니다"라고 고백했습니다. 그 순교의 피가 이 땅에 뿌려졌기 때문에 이렇게 우리 교회들이 건강하게 세워져 있습니다. 이것이 참 신앙인 것입니다. 좋을 때나 슬플 때나 목에 칼이 들어올지라도 한결같은 고백이 있어야 합니다. 신앙에 목숨 걸 준비가 되어 있는 이런 사람 때문에 한국교회가 달라지고, 하나님 나라가 든든히 서게 될 줄 믿습니다.

주님은 황제의 도시에서 진정한 통치자는 로마 황제가 아니라, 자신임을 분명히 가르쳐주셨습니다. 주님은 베드로에게 "내가 네게 천국의 열쇠들을 주겠다"고 말씀하셨습니다. 천국의 열쇠는 제사장으로서의 열쇠가 아니라, 천국 복음을 사람들에게 전하고, 그것을 가르치는 천국의 서기관으로서의 임명장이라 할 수 있습니다.

복음서의 내용은 베드로의 신앙고백 사건을 중심으로 양분되어 있습니다. 전반부는 주로 '예수님이 누구인가?'에 대해서 언급하고 있으며 '베드로의 신앙고백'을 그 절정으로 하고 있습니다. 후반부는 예루살렘을 향해 올라가는 과정과 예루살렘에서 수난을 받고 죽으셨다가 부활하시는 것에 대해 기록하고 있습니다. 후반부 기사의 강조점은 주님을 따르는 사람들에게 요구되는 '제자도'입니다.

7. 첫 번째로 죽음을 예언하신 예수님

예수님은 베드로의 고백 끝에 처음으로 자신의 죽음과 부활에 대해 말씀하십니다. 예수님은 베드로의 고백을 듣고 비로소 마음이 놓였습니다. "이때로부터 예수 그리스도께서 자기가 예루살렘에 올라가 장로들과 대제사장들과 서기관들에게 많은 고난을 받고 죽임을 당하고 제삼일에 살아나야 할 것을 제자들에게 비로소 나타내시니"(마 16:21). 죽음에 대한 첫 번째 예언이었습니다. 베드로는 칭찬을 듣고 그 칭찬의 여세를 몰아서 예수님께 항변합니다.

> 예수께서 돌이키시며 베드로에게 이르시되 사탄아 내 뒤로 물러가라 너는 나를 넘어지게 하는 자로다 네가 하나님의 일을 생각하지 아니하고 도리어 사람의 일을 생각하는도다 하시고(마 16:23).

이 상황이 너무나도 재미있습니다. 베드로는 칭찬받은 후 "역시 내가 수석이야!" 하며 우쭐거렸을 겁니다. 그리고 충성할 마음을 갖고 있는데 예수님께서 고난을 받고 죽임을 당하신대요. 그러자 베드로는 "절대 그럴 수 없습니다. 제가 막겠습니다!"라고 말합니다. 그 한마디에 찬물을 확 끼얹었습니다. "사탄아 물러가라!" 사탄은 베드로를 통해서 주님을 동정하는 척하면서 하나님의 구원 계획을 무너뜨리려고 했습니다. 예수님은 우리에게 희생과 고통을 통해서 값진 승리가 주어진다고 가르치십니다. 그러나 사탄은 우리에게 희생과 고통 없이도 축복을 얻을 수 있다고 말합니다. 십자가를 부인하고 영광과 승리를 얻으려는 사람은 언제든지 하나님의 일에 방해가 될 것입니다.

8. 변화 산 사건

가이사랴 빌립보에서 베드로의 신앙고백과 예수님의 죽으심과 부활에 대한 예언이 있은 후 예수님은 기도하시러 변화 산으로 가셨습니다. 마태와 마가는 이 사건이 "너희 중에 살아서 인자가 권능으로 임하는 것을 볼 자가 있다"고 말씀하신 날로부터 6일이 지난 때였다고 기록하고 있습니다. 그러나 누가의 기록(눅 9:28)을 보면 이때가 그날로부터 8일이 지난 때였다고 말하고 있습니다. 아마도 누가는 말씀하신 날과 변화 산에 오른 날을 포함해서 8일이라고 계산했으며, 마태와 누가는 그 사이에 있는 6일만 계산한 것으로 보입니다.

예수님께서는 제자들 중 특별히 베드로, 야고보, 요한만을 데리고 기도하러 한적한 곳으로 오르셨습니다. 거기서 예수님은 빛과 광채가 나는 신적 모습으로 변화되셨습니다. 그의 죽음과 부활 이후에 들어가게 될 영광을 나타내주신 것입니다.

변화는 미래의 한 모습입니다. 주님은 십자가를 앞에 두고 세 제자들에게 십자가 너머에 있는 주님의 찬란한 영광을 미리 보여 주셨습니다. 그러나 세 제자들은 변화 산에

🌱 열매 맺기
변화 산의 위치
가이사랴 빌립보에서 북쪽으로 32km 정도 떨어진 곳에 있는 헬몬 산(약 9,300피트)이라고 추측한다.

서 주님의 영광스러운 모습을 보고 이미 주님께서 영광을 받으셨으며, 하나님 나라가 임했다고 착각을 했습니다. '이제부터 예수님의 시대가 시작되는구나. 드디어 예루살렘에 내려가셔서 예수님은 왕이 되시겠구나' 하는 동상이몽을 하게 됩니다.

9. 귀신 들린 소년을 고치심

주님과 세 제자들은 산에서 내려와서 나머지 제자들이 있는 곳으로 갔습니다. 누가는 주님께서 산에서 내려온 날은 주님께서 산에 올라가신 '다음 날'이라고 기록했습니다(눅 9:37). 세 제자들이 산 위에 있는 동안 산 아래 있던 나머지 제자들은 큰 곤경을 겪고 있었습니다. 부모가 데리고 온 귀신 들린 소년을 고치지 못했기 때문입니다. 이전에 제자들이 전도를 위해 파송받을 때 그들에게 '더러운 귀신을 제어하고, 모든 병과 약한 것을 고치는 권능'을 주셨습니다(막 6:7; 눅 9:1). 그들은 귀신을 쫓은 경험도 있었지만(눅 10:17) 그 아이로부터 귀신을 쫓아내지 못했습니다. 그들은 귀신 앞에서 무능력했습니다. 주님은 그 소년을 고쳐주신 후에 제자들과 함께 집으로 들어가셨습니다. 그때 제자들은 조용히 주님께 가서 이렇게 물었습니다. "우리는 어찌하여 그 귀신을 내쫓지 못했나이까?" 이때 예수님이 하신 말씀을 마태는 "너희 믿음이 작은 까닭이니라 진실로 너희에게 이르노니 만일 너희에게 믿음이 겨자씨 한 알 만큼만 있어도 이 산을 명하여 여기서 저기로 옮겨지라 하면 옮겨질 것이요 또 너희가 못할 것이 없으리라"(마 17:20)라고 기록하였고, 마가는 조금 다르게 "이르시되 기도 외에 다른 것으로는 이런 종류가 나갈 수 없느니라"(막 9:29)라고 기록했습니다. 제자들이 영적 능력을 잃어버린 이유가 믿음과 기도의 부족 때문이었습니다.

🍃 열매 맺기
예수님의 신적 광채
마태는 이에 대해 "그들 앞에서 변형되사 그 얼굴이 해 같이 빛나며 옷이 빛과 같이 희어졌더라"고 기록했으며, 마가는 "그들 앞에서 변형되사 그 옷이 광채가 나며 세상에서 빨래하는 자가 그렇게 희게 할 수 없을 만큼 매우 희어졌더라"고 기록했다. 그리고 누가의 경우에는 "기도하실 때에 용모가 변화되고 그 옷이 희어져 광채가 나더라"고 기록했다.

10. 두 번째로 예수님의 죽음과 부활을 예언

예수님께서는 변화 산에서 내려오셔서 갈릴리를 거쳐 계속 남쪽으로 내려오시며 예루살렘으로 향하십니다. 이 여행이 주님 생애의 마지막으로, 제자들을 집중적으로 훈련시키셨습니다. 주님은 가이사랴 빌립보에서 베드로의 신앙고백이 있은 후에 자신이 고난을 당하고 죽을 것과 그 후에 다시 살아나실 것을 말씀하셨습니다. 그리고 변화 산에서 내려오신 후 갈릴리에서 다시 한 번 "인자가 사람들의 손에 넘겨 죽임을 당하고 죽은 지 삼일 만에 살아나리라"라고 말씀하십니다. 그러나 제자들은 이 말씀을 깨닫지 못하고 묻기도 두려워했습니다(막 9:32). 제자들은 계속되는 이적들을 보고, 가르침을 들었지만 여전히 영적으로 무지하였습니다. 마가는 이 사건 후에 주님께서 소경을 고쳐주신 일을 기록했습니다. 학자들 중에는 이 사건이 주님께서 영적 소경인 제자들을 고쳐주실 것을 암시하는 사건이라고 말하기도 합니다.

11. 벳새다에서 맹인을 고치심

주님은 제자들과 함께 갈릴리 바다를 건너서 갈릴리 동북쪽에 있는 벳새다에 가셨습니다. 벳새다는 헤롯 빌립이 다스리던 지역이었습니다. 주님께서 제자들과 함께 벳새다에 들어가셨을 때에 몇 사람이 소경 한 명을 주님께 데리고 왔습니다. 벳새다에서 소경을 고친 사건은 〈마가복음〉에만 기록되어 있습니다. 마을 사람들이 주님께 소경을 데리고 와서 안수하여 고쳐주시기를 요청하고 있습니다. 주님은 그 소경의 손을 잡고 마을 밖으로 나가셨습니다. 〈마가복음〉을 보면 주님께서 이와 같이 비공개적인 장소로 환자를 데리고 가서 이적을 베푸신 일이 세 번 기록되어 있습니다(막 5:35~43, 7:31~37, 8:22~26).

주님은 그 소경을 고치신 후 "마을로 들어가지 말고 그의 집으로 가라"고

명하셨습니다. 주님은 그가 마을에 가서 자신이 고침을 받은 일을 소문내기를 원하지 않으셨습니다. 많은 사람이 찾아오면 제자훈련이 방해받을 수 있기 때문이었습니다.

12. 갈릴리로 돌아오는 길에 제자들이 서로 다툼

주님은 가버나움에서 제자들에게 "너희가 길에서 서로 토론한 것이 무엇이냐?"고 물으셨습니다. 갈릴리로 오는 길에 제자들끼리 다투었기 때문입니다. 예수님은 변화 산을 내려오시며 예루살렘으로 갈 것을 말씀하셨습니다. 그 말을 들은 제자들은 '드디어 올 것이 왔구나' 하면서 좋아합니다. '3년 동안 고생한 보람이 드디어 오겠구나. 예수님이 예루살렘으로 내려가셔서 반정부 혁명을 일으키시면 헤롯 정부도, 종교 지도자들도 다 뒤집어지고, 로마 황제는 쫓겨날 것이고, 예수님 정부가 들어설 것이며, 우리 12명이 한 자리씩 하겠구나' 하면서 제자들끼리 서로 다투며 파벌을 나누었던 것입니다.

베드로 옆에 모여 "너 나랑 잘 알았잖아. 네가 국무총리 되면 나 뭐 하나 시켜줘", "베드로는 성질 더럽고 무식해서 국무총리감이 못돼" 하며 싸우기 시작했습니다. 서로 "오른쪽이다, 왼쪽이다, 누가 크냐" 하며 싸운 것입니다. 예수님이 그 모습을 볼 때 얼마나 속상하고 안타까웠을까요. 나는 죽으러 가는데 철없는 제자들은 착각 속에 서로 높은 자리 차지하겠다고 싸우고 있으니 얼마나 한심하고 답답하셨을까요.

주님은 섬김을 받으러 오신 것이 아니라, 섬기러 오셨습니다. 또한 자기 목숨을 많은 사람의 대속물로 주기 위해 오셨습니다. 그러기에 제자들에게도 '섬기는 법'을 가르쳐주시기를 원했습니다. 사탄의 나라는 교만의 나라이지만, 하나님 나라는 '섬김과 종의 도'를 기초로 한 나라입니다. 하나님 나라는 남을 섬기기 위해 종이 되어 자기 목숨을 희생하신 그리스도를 기초로 해서 세워진 나라입니다. 하나님 나라는 희생과 섬김으로 세워진 나라입니다. 이것이 주님께서 제자들에게 가르쳐주시기를 원했던 '제자의 도'였습니다. 철없는 제자들의 행동을 보시고 예수님은 실물교육을 시킵니다. 어린아이를 한 명 세우시고는 겸손에 대해서 가르치십니다. "너희 중에서 어린아이 같지 않으면 결코 천국에 들어갈 수 없다"라고 말씀하시며 어린아이와 같은 겸손과 순진함을 알라고 하십니다.

세상은 우리에게 다른 사람 머리를 밟고라도 높아져라, 자기 PR시대에 교만만이 살 길이라 외치지만 주님은 "너희 모든 사람 중에 가장 작은 그가 큰 자니라"(눅 9:48)라고 말씀하십니다.

예루살렘 지역에서 사역(3개월)

예수님의 공생애 3년차는 6개월간 갈릴리와 이방 땅을 다니면서 집중 제자훈련을 시키셨습니다. 나머지 6개월은 예루살렘 지역에서 3개월, 그리고 베레아 지역에서 3개월을 보내십니다. 예수님은 갈릴리에서 예루살렘으로 향하는 마지막 여행 중에 제자들에게 진정한 제자도의 의미를 가르치시고, 자신이 당할 고난에 대해 말씀하셨습니다.

1. 초막절(장막절, 수장절)에 성전에서 가르치심

주님은 최후로 예루살렘에 입성하기 전에도 절기를 지키기 위해 예루살렘을 방문하셨습니다(요 7장). 이 방문은 초막절을 지키기 위함이었습니다. 주님은 명절의 중간에 성전에서 말씀을 가르치셨습니다. 유대인들은 그 가르침을 듣고 심히 놀랐습니다. 초막절의 마지막 날 주님은 서서 큰 소리로 이렇게 외치셨습니다. "누구든지 목마르면 내게로 와서 마시라! 나를 믿는 자는 성경에 이름과 같이 그 배에서 생수의 강이 흘러나리라!" 이것은 믿는 자가 받게 될 성령을 말씀하신 것입니다. 대제사장들과 바리새인들은 예수

🌿 **열매 맺기**

초막절
애굽을 탈출한 이스라엘 백성이 40년 동안 광야에서 장막 생활한 것을 기념하는 절기이며, 매년 9~10월 15일부터 일주일간 지켰다.

님의 체포를 위해 경찰 수비대를 파견했지만, 주님을 체포하지 못하였습니다. 그들은 주님의 가르침을 듣고 감동하여 "이때까지 그 사람이 말하는 것처럼 말하는 사람은 없었다"고 고백합니다.

2. 간음한 여인을 용서하심

주님은 감람 산에 가서 밤을 지내신 후, 다음 날 아침에 다시 성전에 들어가 무리를 가르치셨습니다. 그때 서기관과 바리새인들이 간음 현장에서 잡힌 여인을 끌고 와 "이 여자를 돌로 칠까요? 말까요? 주님, 죽일까요? 말까요?" 하며 어떻게 할지에 대해 묻습니다. 레위기 20장 10절, 신명기 22장 22~24절에 보면 간음죄를 범한 자들을 돌로 쳐 죽이라고 기록되어 있습니다. 죽이지 말라고 하면 율법에 의한 법을 어기게 되고, 죽이라고 하면 로마법을 어기는 겁니다. 주님은 말없이 몸을 굽히신 후에 손가락으로 땅에 글을 쓰셨습니다. 예수님께서 왜 땅에 글을 쓰셨으며 그 내용이 무엇이었는지에 대해서는 알 수 없지만, 그들의 흥분된 마음을 가라앉히고 냉정하게 생각해볼 수 있는 기회를 주시기를 원하셨을 것입니다.

그들은 쾌재를 불렀을 것입니다. '어떤 선택이든 우리가 이길 것이다'라고 기대하고 있을 때 주님은 자리에서 일어나셔서 "너희 중에 죄 없는 자가 먼저 돌로 치라" 하고 말씀하셨습니다. 그들에게 돌로 치는 일을 허락하셨지만, 돌을 던질 수 있는 사람의 자격을 제한하셨습니다. 유대법에 따라 공개적으로 사람을 처형하는 경우 죄인의 죄를 증언할 증인이 먼저 돌을 들어 죄인에게 던졌습니다. 그러므로 먼저 돌을 들어서 친 사람은 그 죄에 대한 증인으로서의 책임을 져야 했습니다. 이 말을 하신 후에 주님은 다시 몸을 굽히신 후, 손가락으로 땅에 글을 쓰셨습니다. 이때 주님께서 간음한 여인을 고발했던 사람들이 지은 죄의 목록을 땅에 기록한 것으로 전해지고 있습니다.

당시에는 어떤 사건이 일어나면 현장에 있던 사람들 중에 연장자, 또는 장로들이 그 사건에 대한 책임을 져야 했기에 그들은 책임을 피하기 위해서 신속하게 그 자리를 떠났습니다. 그리고 장로들이 떠나자 그곳에 모여 있던 사람들 모두가 자리를 떠나고 여인과 예수님만 남게 되었습니다. 주님은 "나도 너를 정죄하지 않는다. 가서 다시는 죄를 범치 마라"고 하셨습니다. 주님은 우리의 죄를 해결하기 위해 자신의 목숨을 버리셨기에 용서받은 사람들이 더 이상 죄에 머물기를 원하지 않으셨습니다.

3. 날 때부터 소경인 자를 고치심

주님께서 길을 가시다가 날 때부터 소경된 사람을 만납니다. 공관복음에는 주님께서 소경을 고치신 일이 여러 번 기록되어 있지만 날 때부터 소경된 사람을 고치신 일은 〈요한복음〉에만 기록되어 있습니다. 제자들은 궁금했어요. "저 사람이 소경된 것은 누구의 죄 때문입니까? 부모의 죄입니까? 저 사람의 죄입니까?" 당시에 모든 인간의 불행은 죄로 인해 일어난 것이라고 생각했습니다. 제자들은 '죄가 아니면 사망이 없고, 죄가 아니면 고난이 없다'는 원리를 생각하고 있었습니다. 예를 들면 부모가 태중에 죄를 짓거나 태아가 뱃속에서 죄를 지으면 장님이 된다고 합니다. 그런데 예수님은 "저 사람이 장님이 된 것은 죄 때문이 아니다. 부모의 죄도, 본인의 죄도 아니다. 하나님께서 하실 일을 나타내시기 위해서다"라고 말씀하십니다.

내가 당하는 고난은 내 죄의 결과가 아닐 수도 있다는 것입니다. 하나님의 영광을 드러내기 위함일 수도 있다는 것입니다. 예를 들어 욥이 당한 고난이나, 요셉이 당한 고난은 죄 때문이 아니었습니다. 그 사람이 얼마나 소중하고 귀한지, 그 사람을 통해서 하나님은 영광받고 싶으셔서 고난을 주시기도 하신다는 것입니다. 지금 고난 가운데 있습니까? 타고난 운명이라고 생각하지 마십시오. "나는 지지리 복도 없지. 웬수 같은 남편 만나서 이러지도 저러지도 못하고, 새끼들도 웬수고…"라고 한탄하고 있습니까?

하나님은 너무도 귀한 우리를 통해서 드러날 영광을 기대하시는 겁니다. 많고 많은 사람 중에 나를 통해서 하나님이 영광받고 싶어 하신다는 것입니다. 그렇기 때문에 고난이 죄의 결과가 아니라, 힘듦과 어려움이 아니라, 유익이 될 수 있습니다. 이 고난은 하나님의 영광을 드러내게 될 것입니다. '내가 너무 존귀해서 나에게 고난이 있구나. 하나님이 영광받으시길 원해서 나를 사용하시는구나. 내가 너무 귀해서 나를 믿으시고 나에 대한 기대가 있기 때문에 나를 통해 영광받으시길 원하시는구나'라고 생각하며 하나님의 마음을 바라보시기를 바랍니다.

4. 70인 전도단을 둘씩 짝지어 베레아로 파송하심

주님께서 십자가에 못 박히실 시기가 빠르게 다가오고 있었지만 아직 방문하지 못한 마을이 많이 남아 있었습니다. 그래서 주님은 70명의 제자를 세우시고, 그들을 둘씩 짝지어 예수님께서 가려는 마을로 앞서 보내셨습니다. 전에도 12제자를 선택해서 복음을 전파하도록 파송하신(눅 9:2) 적이 있었으며, 후에 사마리아에도 몇 명의 제자들을 보내서 주님의 방문을 예비하게 하시기도 했습니다. 예루살렘에서 초막절을 지키시며 3개월간 사역하셨던 주님은 다시 요단 강 동편 베레아 지역에서 사역하시기를 선언하셨기에 70인 전도단을 먼저 보내신 것입니다. 주님은 십자가에 달리시기 6개월 전부터 집중적으로 예루살렘과 요단 강 동편 베레아 지역에서 복음을 전하셨습니다. 세상을 떠날 때가 얼마 남지 않은 시점에서, 할 일은 많은데 일꾼이 적으니 추수할 주인에게 일꾼을 보내달라고 기도하도록 지시하셨습니다. 기도는 복음을 확장하는 데 필요한 가장 강력한 수단이기 때문입니다.

70인의 제자들은 그곳에서 주님의 이름으로 큰 승리를 경험하고 기뻐하며 "주의 이름으로 귀신들도 우리에게 항복했다"고 보고했습니다. 주님은 제자들에게 "너희 이름이 하늘의 생명책에 기록된 것을 기뻐하라"고 권고하시며 눈에 보이는 은사와 능력에 도취되기보다는, 영원히 변치 않는 하나님의 구원을 받은 은혜를 기뻐해야 함을 강조하셨습니다.

5. 마리아와 마르다의 호의

주님의 일행이 예루살렘에서 나와 요단 동편 베다니 지역으로 향하시며 베다니 마을로 들어가셨습니다. 베다니 마을은 예루살렘에서 3km 정도 떨어진 곳에 있으며 감람 산 동쪽 기슭, 예루살렘에서 요단 동편 지역(베레아)으로 가는 간선 도로변에 있었습니다. 그러므로 주님은 예루살렘으로 가는 길이나, 예루살렘에서 나와 요단 동편으로 가실 때에 종종 이 마을에 들리곤 하셨습니다. 주님의 일행이 베다니에 들어갔을 때, 마르다라는 여인이 나와서 주님을 맞이했습니다. 마르다는 마리아의 언니였고, 또한 나사로의 동생이었습니다(눅 10:39; 요 11:19~20, 12:2~3). 나사로는 죽었다가 주님의 기도로 다시 살아난 사람이었으며(요 11~12장), 마리아는 주님의 몸에 값진 향유를 부은 여인이었습니다. 이렇게 마르다의 가족은 주님과 친밀한 관계를 유지하고 있었습니다.

마리아는 주님께서 방문하셨을 때, 주님의 발 아래 앉아서 말씀을 들었습니다. 마르다는 주님이 드실 음식을 준비하는 일로 분주한데 동생 마리아가 돕지 않으므로 마음이 상했습니다. 주님은 많은 일로 분주해하는 마르다에게 "몇 가지만 하든지, 혹 한 가지만이라도 족하다"고 말씀하셨습니다. 물질적인 음식을 대접하느라고 마음이 분주해있는 마르다를 보시고 그녀에게 영적인 일에 더 관심을 가질 것을 권고하신 것입니다. 주님은 이제 세상을 떠날 날이 얼마 남지 않았다는 것을 아셨기에 조금이라도 하나님의 뜻을 더 가르쳐주고 싶어 하셨습니다. 주님께서 곧 세상을 떠나시면 더 이상 그들이 주님의 말씀을 들을 수가 없기 때문이었습니다.

6. 안식일에 18년 된 병자를 고치심

사마리아

요단강

2

베레아

1

여리고•

엠마오• •예루살렘
        벳바게• •베다니
        베들레헴•

사해

주님은 요단 동편 베레아 지역의 회당을 순회하시며 사역하셨습니다. 베레아 지역의 한 회당에는 18년이나 귀신 들려 고통당하던 한 여인이 있었는데, 허리가 굽어져서 혼자 일어서거나 머리를 들기가 어려웠습니다. 그녀는 아픔과 고통으로 집에서 쉬어야 했지만, 집에 누워 있지 않았습니다. 계속되는 고통 중에서도 안식일에는 회당을 나왔습니다. 오래된 고통 중에서도 여전히 하나님의 집을 사모하는 이 여인을 주님은 "아브라함의 딸"이라고 부르시며 "여자여! 네가 네 병에서 놓였도다"라고 선포하셨습니다. 그러고 나서 그녀의 머리에 손을 얹고 안수해주시자 즉시 그녀의 허리가 펴지게 되었습니다. 그러나 회당장은 주님께서 안식일에 그녀의 병을 고치신 것을 보고 분노했습니다. 주님은 회당장과 같은 종교 지도자들을 가리켜 "외식하는 자들"이라고 부르셨습니다. 하나님께서 사람들에게 안식일에 쉬라고 하신 명령은, 선과 자비를 베푸는 일마저 중단하라는 것은 아닙니다. 하나님은 안식일에 사람들이 창조주 하나님을 기억하며 이웃을 위해 선을 베풀며 살기를 원하십니다.

7. 수전절에 성전에서 '목자와 양'에 대하여 설교하심

예수님은 12월 25일 수전절을 맞이하십니다. 수전절은 400년 침묵기인 B.C. 166년, 셀레우코스 왕조 안티오코스 4세가 종교를 탄압하고 성전을 훼방할 때 마카베오가 조직을 이끌고 안티오코스 4세를 물리치고 성전을 다시 복원한 날을 기념하는 절기(하누카)입니다. 〈요한복음〉을 보면 주님은 십자가에 달리시기 전 마지막 6개월 동안에 예루살렘을 여러 차례 방문하셨습니다(요 7:2, 10:22). 마지막 장막절 기간(요 7:2)과 수전절 기간을 예루살렘에서 보내셨습니다. 겨울인 12월 중순에도 예수님은 수전절을 지키기 위해서 예루살렘 성전으로 오셨습니다(요 10:22). 성전 안 솔로몬 행각에서 활동하고 계셨습니다. 이 행각은 지붕도 있었고, 그 양편에는 기둥이 받치고 있기에 쌀쌀한 겨울 추위를 피하는 데 다소 도움이 되었습니다. 이 행각을 거니실 때 유대인들이 몰려와서 주님을 에워싸고 "언제까지 우리 마음을 의혹케 하려느냐? 정말 그리스도라면 분명히 정체를 밝히라"고 요구합니다. 주님은 "내가 이미 너희에게 말했지만 너희가 믿지 않았다. 내 양은 내 음성을 듣는다"라고 말씀하시며 "나와 아버지는 하나이니라"는 폭탄 발언을 하셨습니다.

> 내 양은 내 음성을 들으며 … 내가 그들에게 영생을 주노니 … 내 손에서
> 빼앗을 자가 없느니라 … 나와 아버지는 하나이니라(요 10:27~30).

> 우리가 너를 돌로 치려는 것이 아니라 신성모독으로 인함이니 네가 사람
> 이 되어 자칭 하나님이라 함이로라(요 10:33).

결국 예수님은 예루살렘에서 수배령이 떨어집니다. "그들이 다시 예수를 잡고자 하였으나 그 손에서 벗어나 나가시니라"(요 10:39). 예루살렘에서의 사역의 문은 거의 닫혔기에 다시 요단 강 건너편 베레아 지역으로 향하셨습니다. 주님은 짧은 기간 동안에 베레아 지방에서 많은 영적 열매를 거둘 수 있었습니다. 70인 전도단을 먼저 보냈었기 때문에 베레아 지방의 사람들은 예수님에 대한 소문과 소식을 잘 알고 있었습니다.

8. 예루살렘을 향한 탄식

베레아 지방 순회 사역 도중 어떤 바리새인들이 예수님께 나와 "헤롯이 주님을 죽이려는 음모를 꾸미고 있습니다"(눅 13:31)라고 알려주었습니다. 그때 주님이 말씀하셨습니다. "너희는 가서 저 여우에게 이르되 오늘과 내일은 내가 귀신을 쫓아내며 병을 고치다가 제삼일에는 완전하여지리라 하라 그러나 오늘과 내일과 모레는 내가 갈 길을 가야 하리니 선지자가 예루살렘 밖에서는 죽는 법이 없느니라"(눅 13:32~33). 이 말씀을 하신 후에 주님은 예루살렘을 향해 탄식하셨습니다. 여기서 '예루살렘'은 예루살렘의 종교 지도자, 백성, 나아가 이스라엘 민족 전체를 가리키고 있습니다. 결국 이스라엘은 마지막으로 주어진 주님의 은총을 거부함으로 마지막 회개의 기회를 잃고 말았습니다. A.D. 70년, 예수님의 예언대로 예루살렘은 로마의 티투스가 끌고 온 14개 군단에 의해 함락되고 파괴되었습니다.

9. 십자가를 지고 쫓는 제자의 길

다시 예수님은 예루살렘을 향해(눅 14:1~17:10) 발걸음을 옮기십니다. 올라가시는 길에도 역시 회당에서 가르치시고 안식일에 병자도 고치십니다(눅 14:1~6). 주님은 요단 강 동편 지역의(베레아) 사역을 통해서 백성에게 큰 인기를 얻었습니다. 그러므로 예루살렘으로 올라가시는 길에는 '거대한 무리'가 따르고 있었습니다. 그들은 예수님께서 메시아일지도 모른다는 생각으로 주님을 통해 얻게 될 영광을 기대하고 주님을 따랐습니다.

> 수많은 무리가 함께 갈새 예수께서 돌이키사 이르시되 무릇 내게 오는 자가 자기 부모와 처자와 형제와 자매와 더욱이 자기 목숨까지 미워하지 아니하면 능히 내 제자가 되지 못하고 누구든지 자기 십자가를 지고 나를 따르지 않는 자도 능히 내 제자가 되지 못하리라(눅 14:25~27).

주님을 따르는 길은 부귀영화의 길이 아니라, 자기 목숨까지 버릴 수 있어야 갈 수 있는 길입니다. 그러므로 주님을 따르려는 사람들은 순간적인 열정이나, 이기적인 목적으로 따라서는 안 됩니다. 그러면 반드시 중도에 포기하게 될 것이기에 먼저 지불해야 될 희생과 대가를 계산해보고 자신을 따르라고 요구하셨습니다. 비록 제자들이 세상에서 많은 희생을 해야 하지만, 후에 천국에서 얻게 될 영광에 비하면 이런 희생은 아무것도 아닙니다.

10. 죽은 나사로를 살리심

마리아와 마르다로부터 나사로가 죽게 되었다고 소식을 듣게 됩니다. 그러나 예수님은 오히려 자신이 계신 곳에서 이틀을 더 머무르시다 제자들에게 "유대로 다시 가자"고 말씀하십니다. 주님은 나사로가 있던 '베다니'로 가자고 하지 않고 '유대'로 가자고 말씀하십니다. 제자들은 "랍비여! 방금도 유대인들이 돌로 치려 했는데, 또 그곳으로 가시려 하나이까?(요 10:31)"라고 묻습니다. 그때 디두모라 하는 도마가 다른 제자들에게 "우리도 주와 함께 죽으러 가자(요 11:16)"라고 말합니다.

예수님은 지체하여서 3일 뒤에 죽은 나사로를 찾아갑니다. 그 당시 유대인들은 사람이 죽으면 영이 3일 동안 떠다닌다고 생각했습니다. 그리고 4일째가 되면 영이 완전히 떠나간다고 생각했습니다. 그러기에 사람이 죽고 4일이 지나면 시체가 썩고, 냄새가 나고, 완전히 죽었다고 생각을 했습니다. 그런데 예수님은 나흘 만에 오셨고, 죽은 나사로를 살리신 것입니다. 그것은 그 당시의 사람들에게 대단한 시각적 효과를 거둡니다. 주님이 얼마나 큰 권능을 가지셨는지를 보여준 사건이었습니다.

그러면서 "나는 부활이요 생명이다. 나를 믿는 자는 영원히 죽지 아니하리라"는 놀라운 말씀을 하십니다. 나사로를 살리신 사건은 예수님이 죽으시기 약 3개월 전에 행하셨던 일입니다. 이 사건으로 많은 유대인이 주님을 믿게 되었고, 사회문제로까지 대두되자 대제사장들과 바리새인들의 최고 회의가 소집되었습니다.

아마도 이 회의는 공식 산헤드린 회의가 아닌, 임시 공회였을 것입니다. 이 모임을 주도한 사람은 대제사장이었습니다. 대제사장들과 바리새인들은 수많은 이적을 행한 예수님에 대한 처리 문제를 놓고 깊이 토론했습니다. 그들은 사람들이 주님을 메시아로 알고 소요가 일어나서, 로마 정부가 자신들을 탄압할 것을 크게 염려했습니다. 산헤드린의 대다수 회원이 예수님 처리 문제로 갈팡질팡하는 것을 보고 대제사장 가야바는 "한 사람이 백성을 위하여 죽어서 온 민족이 망하지 않게 되는 것이 너희에게 유익한 줄을 생각하지 아니하는도다"라고 말합니다. 그는 예수님을 해치려는 악한 의도로 이러한 말을 했지만, 성령은 그의 발언을 통해서 속죄의 죽음의 필요성을 언급하게 하셨습니다.

이방 땅 베레아 지역에서의 사역

예수님은 유대 땅에서 수배령이 내려졌기 때문에 이방 땅(베레아)에 머무르게 되셨습니다. 이곳에서 각종 병자들을 고치셨고 십자가의 도와 〈누가복음〉에 소개된 많은 비유(잃어버린 양 비유, 불의한 청지기 비유, 잃어버린 아들의 비유 등)들을 말씀하시면서 이방 땅인 베레아 지역에 사는 세리와 죄인들에게 복음을 전하셨습니다.

1. 10명의 문둥병자를 고치심

예수님은 베레아 지역에서 사역하시던 중 사마리아와 갈릴리의 경계 지역을 지나고 계셨습니다. 한 마을에서 10명의 문둥병자를 만나셨는데, 그 중 사마리아인도 있었습니다. 당시 관습에 의하면 유대인과 사마리아인은 함께 있을 수 없었지만 모두 사회로부터 버림받은 후 서로 용납하며 함께 지내고 있었습니다. 그들은 주님께 나아와 "예수 선생님이여! 우리를 긍휼히 여기소서"라고 간구합니다. 이에 주님은 그들을 고치기 위해서 어떠한 조치도 취하지 않으시고 "가서 제사장들에게 너희 몸을 보이라" 하셨더니 그들이 가다가 깨끗함을 받았습니다(눅 17:14). 그들을 고쳐주지도 않고 무조건 제사장에게 가서 몸을 보이라고 지시하셨는데, 이 명령을 순종한 것은 쉬운 일이 아니었을 것입니다. 그들은 즉시 순종하여 제사장에게 가다가 도중에 몸이 나은 것입니다. 그들 중에서 한 사마리아인은 주님께 돌아와서 감사를 드렸습니다. 주님은 그 사마리아인에게 "일어나 가라! 네 믿음이 너를 구원하였느니라"고 선포하셨습니다. 주님의 축복을 받고 감사하는 자에게는 더 큰 축복이 계속해서 주어질 것입니다.

2. 소경 바디매오를 고치심

이제 예수님은 예루살렘으로 들어가시려고 유대 땅으로 오셨습니다. 여리고는 요단 강에서 약 5km, 예루살렘에서 약 8km 정도 떨어진 지점으로, 수많은 순례자가 절기 때마다 이곳을 거쳐서 예루살렘으로 올라갔습니다. 여리고에서 예루살렘으로 가는 길은 산으로 막혀 있었고, 매우 가파르고 험준한 길이었습니다. 이곳에서는 순례자들이 많이 지나가는 때를 이용해, 그들에게 구걸하려는 걸인들을 흔히 볼 수 있습니다. 마가는 일반적으로 병자의 이름을 기재하지 않는데, 여기는 특별히 '디매오의 아들인 바디매오'라고 기록하고 있습니다. 이러한 것을 보면 디매오나 바디매오가 마가 당시의 기독교인들에게 잘 알려진 인물이었던 것으로 보입니다. 그는 눈을 떠서 보게 된 후에 즉시 하나님께 영광을 돌리고 주님을 따랐습니다. 이로 인해 예수님이 '다윗의 자손'으로 오신 메시아이심이 분명하게 증거됩니다. 무리는 예루살렘에 다가설수록 더 열광하기 시작했습니다. 마침내 주님을 따르는 사람들은 큰 무리를 이루기 시작했습니다.

🌿 **열매 맺기**

소경 바디매오를 만난 사건
마태는 주님께서 여리고에서 떠나갈 때로, 마가는 주님께서 여리고에 나가실 때로, 누가는 여리고에 가까이 오셨을 때로 각각 기록하고 있다. 이러한 기록들을 종합해보면 예수님께서 여리고에 도착해서 그곳에서 잠시 머무셨다가 떠나려고 할 때에 일어난 것으로 보인다. 또 마태는 소경 둘이라고 기록하고, 마가와 누가는 한 소경이라고 기록하고 있다. 마가와 누가는 그 두 명 중에서 성도들에게 잘 알려진 바디매오에게 초점을 맞추어 기록한 것으로 보인다.

3. 삭개오와의 만남

여리고는 유대에서 가장 비옥한 땅으로, 헤롯 궁전이 있고 돈이 제일 많았던 곳입니다. 삭개오는 당시 유대인들에게 고리대금을 하고 돈을 많이 뜯어서 그 돈을 로마나 헤롯에 갖다 주는 매국노였습니다. 예수님께서는 삭개오를 만나서 그의 집에 들어갑니다. 그리고 "인자가 온 것은 잃어버린 자를 찾아 구원하려 함이니라"(눅 19:10)라고 말씀하십니다. 그리고 "오늘 구원이 이 집에 이르렀으니, 이 사람도 아브라함의 자손이라"고 선언하십니다. 예수님은 유대인의 관원이나 바리새인이나 종교 지도자들을 찾으러 온 것이 아니라, 가장 소외되고 배고프고 가난하고 죄 있는 자들을 찾으러 오셨습니다. 그러기에 그동안 쉴 새 없이 전국을 다니시면서 잃어버린 영혼을 찾아다니셨습니다. 각 도시와 마을을 다니시며 복음을 전하셨고, 각종 질병을 고치시고, 귀신을 내쫓으시면서 잃어버린 영혼을 찾으셨습니다. 병자에게 의사가 필요하듯이 죄인에게는 주님이 필요했습니다. 주님은 죄인들을 사랑하셨으며, 그들을 위해서 자기 목숨을 속죄제물로 드리셨습니다. 예수님은 십자가에 돌아가시기 일주일 전에 예루살렘에 들어가시게 됩니다.

예루살렘에서 보낸 예수님의 마지막 주간

예수님께서 3년차 공생애에서 마지막으로 예루살렘을 입성하신 것은 돌아가시기 일주일 전, 4월 어느 일요일이었습니다. 예수님께서 예루살렘에 입성하시는 순간, 군중은 종려 나뭇가지를 흔들면서 왕이 오신다고 외칩니다. 그러나 그들은 예수님이 자신들이 원하는 정치적 왕이 아님을 알고 한 순간 십자가에 못 박으라고 소리치는 우매한 군중이 됩니다.

예수님은 어린 나귀를 타고 입성하셨습니다. 군중은 길 위에 옷을 펴고 종려 나뭇가지를 흔들며 다윗의 자손이라고 환호합니다. 성경에 보면 예수님은 두 번 우십니다. 베다니 나사로의 무덤에서, 또 예루살렘에 입성하시며 그 멸망을 바라보면서 우십니다.

입성 후 유월절에 예수님은 성전에 들어가십니다. 화요일은 예수님이 성전에 들어가셔서 말씀을 가르치시면서 산헤드린 공회원들과 논쟁이 벌어집니다. 부활에 대해서 사두개인이 질문하고 율법에 대해서 바리새인이 질문했습니다. 이에 예루살렘이 멸망할 것이고 자신이 재림할 것임을 예언하십니다. 수요일은 기록이 없고, 목요일에 예수님은 제자들과 최후의 만찬을 가지게 됩니다. 그리고 제자들의 발을 씻기고 성만찬을 행하셨습니다. 이후에 제자들과 겟세마네 동산에 오르셔서 밤새워 기도하십니다. 그리고 베드로가 세 번 부인할 것을 예언하십니다. 밤에 예수님은 체포를 당하셔서 대제사장 안나스에게 새벽까지 심문을 당하십니다. 금요일에는 산헤드린이 고소를 합니다. 성전을 헐고 3일 만에 다시 지을 수 있다는 죄명으로 신성모독죄와 사회 혼란죄를 적용합니다. 또 유대인의 왕이라고 했다면서 반역 죄목을 덧붙입니다.

로마 사람들이 가장 예민하게 생각하는 '유대인의 왕'이라는 반역 죄명으로 로마 총독 빌라도에게 갑니다. 빌라도는 아무리 봐도 죄를 찾을 수가 없었기에 분봉 왕 헤롯에게 다시 넘깁니다. 결국 오거니 가거니 하면서 금요일 저녁에 예수님은 십자가에 달리시게 됩니다. 예수님이 운명하실 때 성전의 휘장이 찢어졌고, 주일날 새벽 예수님이 부활하셨습니다.

부활 이후 제자들과의 만남

1. 제자들에게 나타나심

안식 후 첫날 저녁, 두려움에 문을 굳게 닫고 있던 제자들에게 나타나셔서 평강을 선언하시고 성령을 받으라고 하셨습니다. 예수님께서 자신의 두 손과 옆구리를 제자들에게 보여주시는 것에는 중요한 의미가 있습니다. 그 후에 부활하신 예수님을 만난 도마는 현실적인 인식을 원하였습니다. 그리고 "나의 주님이시요 나의 하나님이시니이다"라고 고백을 합니다.

예수님께서는 눈으로 보지 못하고도 믿는 자들에게 더 큰 복이 있을 것이라고 말씀하십니다. 만약 도마의 현실적인 인식이 없었다면 그는 아마도 예수님의 부활을 가볍게 여겼을지도 모릅니다. 그러나 그가 현실적으로 인식하면서 그는 복음서에서 가장 강력한 증언자가 되었습니다.

2. 예수님이 갈릴리 해변에서 일곱 제자에게 나타나심

예수님을 잃은 일곱 제자는 예루살렘에서 갈릴리로 도착한 후 생계를 위해 고기를 잡으러 바다로 나갔습니다(〈요한복음〉에서만 갈릴리 바다를 '디베랴'라고 부릅니다). 날이 새도록 수고를 하였지만 아무것도 잡지 못하고 빈 그물만 올리는 그들에게 "그물을 배의 오른편에 던지면 잡으리라" 하는 예수님의 명령이 들립니다. 그러나 놀랍게도 그들은 명령에 순종한 후까지도 예수님을 알아보지 못했습니다. 예수님을 먼저 알아본 사람은 예수님께서 사랑하시는 자로(요 21:7, 아마도 요한으로 보고 있다)그가 베드로에게 그 사실을 말했을 뿐이었는데 베드로는 언제나 그랬듯이 충동적으로 행동하여 예수님을 향해 몸을 던집니다. 배에서 해안까지의 거리는 약 50칸 정도였습니다. 그 후 예수님께서는 해변에 숯불을 피워놓으시고 제자들을 위해 조반을 준비하셨습니다.

조반 후 예수님은 베드로에게 "네가 이 사람들보다 나를 더 사랑하느냐?"라고 세 번 질문하시고 베드로의 답을 들으신 후, 그에게 양을 먹이라는 목회자적 사명을 주십니다. 베드로가 주님을 완전히 부인했음에도 불구하고 예수님의 용서를 받고, 새로운 책임을 부여받았으며, 사도의 직분을 맡게 된 것입니다. 이 사실은, 예수님을 부인하고 죄책감에 빠져 있는 오늘날의 그리스도인들에게 진정한 소망을 주고 있습니다. 예수님은 우리에게 오직 회개와 사랑만을 요청하실 뿐입니다.

담아가기

첫 사람 아담의 죄로 말미암아 모든 인류가 죄 가운데 있습니다. 죄가 인간의 본성과 따로 떨어져 있는 것이 아니라 인간의 내면 성향이 되었음을 말하는 것입니다. 바로 그런 이유 때문에 바울은 "모든 사람이 아담 안에서 죽었다"(고전 15:22)라고 말합니다. 한 사람으로 인해 죄의 바이러스가 모든 인류와 서로 네트워크로 연결되었기 때문입니다. 아담이 시험에 직면해 이기지 못하고 실패한 결과가 아담과의 연합을 통해 우리에게 흘러오듯이, 시험에서 이기시고 죽음에서 이기신 예수 그리스도의 승리가 그분과의 연합을 통해 우리에게 흘러들어옵니다.

우리 모두는 본성상 아담 안에 있습니다. 그러나 믿음으로 "그리스도 안에 있습니다." 우리가 믿음과 회개로 주님께 나아갈 때 성령께서 우리를 예수 그리스도께 연합시켜주십니다. 만약, 당신이 믿음으로 그리스도 안에 있다면 자신 있게 사십시오. 당신은 하나님의 자녀이기 때문입니다. 하나님의 자녀요, 하나님의 가족이기 때문입니다. 그리고 마지막 날 영원한 생명을 얻게 될 때 당신은 그분과 같이 될 것입니다. 이것이 예수 그리스도와 연결되어 있는 네트워크의 힘입니다.

사 도 후반기

교회 확장기

교회 형성기

예수님 생애기

400년 중간기

구원의 방향성을 아는 것이 소명

●　　　　　　　　　사도행전 1~12장까지를 교회 형성 시기라고 구분합니다. 베드로와 빌립을 중심으로 한 초대교회가 어떻게 시작되었으며, 어떻게 복음이 확장되었는지를 알려줍니다. 이 시기에는 복음이 예루살렘을 넘어 온 유대를 거쳐 사마리아와 땅끝까지 이르는 복음의 역동(逆動)도 소개하고 있습니다. 교회의 처음 시작은 성령이 오심으로 시작되었고, 교회의 확장은 성령의 인도하심에 따라 진행됨을 알려줍니다. 따라서 〈사도행전〉은 성령행전으로, 전도자들의 심장 소리가 들리고 그들의 땀 냄새가 날 정도로 생동감이 있습니다. 〈사도행전〉은 순수한 역사를 기술한 것이 아니라, 신앙의 눈으로 본 초대교회 역사를 기술했습니다.

복음이 예루살렘을 넘어 열방으로

🍃 뿌리내리기_성경의 전체를 알아봅니다

창세기 12장에서 하나님은 아브라함을 부르셨습니다. 그로 인해 큰 나라를 세우고 그 나라를 통해서 열방을 축복하게 하시겠다는 목적이셨습니다. 그러기에 아브라함으로 시작된 이스라엘의 존재 목적은 그들만 잘 먹고 잘 사는 것이 아니라, 열방을 축복하는 제사장 나라로 세워지는 것이었습니다. 그러나 그들은 사명을 감당하지 못하고 실패했습니다. 오순절 성령강림, 성령세례와 성령충만으로 인해 하나님의 구속 활동은 특수한 백성들(이삭과 야곱, 혈통을 따른 아브라함의 자손들)에서 모든 백성에게로 옮겨집니다. 그리고 성령강림으로 교회가 탄생해 새로운 시대가 열립니다. 교회는 하나님의 백성이자 영적 이스라엘입니다. 교회는 성령을 통해 전 세계 선교를 위한 능력을 부여받았습니다. 이것은 〈창세기〉가 시작했던 보편적 역사(창 1~11장, 12장부터 이스라엘 역사)가 다시 회복되었음을 보여줍니다.

다락방에 모인 120명의 성도가 새로운 공동체를 형성합니다(예루살렘 교회의 시작). 이 교회가 열방을 축복하는 사명을 감당하게 되었다는 것을 알

🍃 열매 맺기

성령세례와 성령충만

오순절의 특별한 충만은 〈사도행전〉과 바울의 서신들에서 기술된 충만과 서로 다르다. 그리스도인들에게는 한 번의 성령세례와 반복되는 성령충만이 있다. 성령세례를 통해 우리는 구원받은 하나님의 자녀가 되는 것이고, 성령충만은 우리로 하여금 성령의 권능으로 주님을 섬기며 사역할 수 있게 한다. 그러므로 사도행전 2장을 읽을 때 우리는 누가가 묘사한, 그 엄청난 기적을 인식하는 동시에 또 그것을 되풀이 되지 않는 단회적인 사건으로 인정해야 한다.

122 신약의 숲을 걷다

수 있습니다. 사도행전 1장부터 12장까지는 최초의 교회인 예루살렘 교회가 든든히 세워져가는 것을 기록하고 있고, 13장부터 28장까지는 안디옥교회를 통해 복음이 이방 땅에 전해지며, 그 지역에도 교회가 세워지고 열방을 구원하고 축복하는 도구로 사용됨을 보게 됩니다.

　오순절 성령을 받은 제자들과 120문도를 통해서 교회가 세워지고 그 성도들이 열방을 향해 흩어지면서 자기와 같은 사람들을 만들기 시작합니다. 내가 제자가 되었듯이 다른 사람들을 제자 삼아 재생산하고 교회를 세워나갑니다. 이 복음의 바통을 믿음의 선진들이 받아 계속 이어서 달리며 후대뿐 아니라 열방까지 전달했기에 우리의 손에도 복음의 말씀이 들려지게 된 것입니다. 우리 역시 이 복음을 들고 열방을 향해 뛰어가야 합니다. 그리고 다른 누군가와 후손들에게 이 복음의 바통을 넘겨야 합니다. 이것은 믿음의 이어달리기요, 비전과 사명의 이어달리기입니다. 그러다가 주께서 부르시면 영광스럽게 가는 겁니다. 교회는 능력으로 충만하게 되어 이 땅의 어둠의 권세를 정복하고 진정한 하나님 나라를 세워나가야 합니다. 우리는 왕 같은 제사장이요, 세상으로 보냄받은 그리스도의 소명자들입니다. 이것이 〈사도행전〉과 신약 전체를 이해하는 패러다임입니다.

🍃 숲 길잡이 _성경의 전체를 표로 알아봅니다

시기	교회 형성기				1차 전도여행	2차 여행	3차 여행	로마로의 복음 확장기	4차 여행
초점	예루살렘에서의 복음 전파		유대와 사마리아의 복음 전파		땅끝까지의 증인				
구절	1——2		8——10——13		—15—	—16—	—19——21—	—24——26—	—28
구분	교회의 능력	교회의 성장	교회의 박해	교회의 확산	바울의 1차 여행	예루살렘 공의회	바울의 2차 여행	바울의 3차 여행	바울의 체포	바울의 재판	바울의 투옥
	교회의 확립		교회의 확산								
중심 인물	베드로		베드로 빌립		바울						

중심 교회	예루살렘 교회		안디옥 교회
복음 대상	유대인	사마리아인	이방인
장소	예루살렘	유대와 사마리아	땅 끝
기간	2년 (A.D. 33~35)	13년간 (A.D. 35~48)	14년(A.D. 48~62)

"오직 성령이 너희에게 임하시면 너희가 권능을 받고 예루살렘과 온 유대와 사마리아와 땅끝까지 이르러 내 증인이 되리라"(행 1:8). 이 말씀은 복음의 확장 방향이었습니다. 〈사도행전〉은 복음이 예루살렘에서 유다로, 사마리아로 땅끝까지 복음이 방향성 있게 전진하는 것을 보여주고 있습니다. 1장부터 12장까지는 예루살렘 교회가 주축입니다. 그리고 13장부터 마지막 28장까지는 안디옥 교회를 주축으로, 이방인 선교의 전초기지가 되었습니다. 예루살렘 교회가 유대인 교회라면 안디옥 교회는 최초의 이방인 교회입니다. 복음의 대상 또한 1장부터 12장까지(전반부)는 유대인과 사마리아인이었으나, 13장부터 마지막까지는 이방인입니다.

🍃 신약 숲으로 _성경의 중심내용을 알아봅니다

예루살렘에서의 복음 전파

예수님께서는 부활하신 후 40일간 세상에 신령한 영체로 시간과 공간을 초월하여 다니시며, 부활하신 것을 확인시켜주시고 의심하지 말라고 하셨습니다. 또 40일 동안 제자들을 찾아다니시며 한결같이 축복하신 것이 평강의 축복이었습니다(눅 24:36). 그리고 예루살렘을 떠나지 말고 약속하신 성령을 기다리라고 말씀하셨습니다(눅 24:49; 행 1:4~5). 제자들은 예수님의 명령을 따라서 성령이 뭔지는 모르지만 그것을 위해 예루살렘에 모여 있었습니다. 제자들은 "성령이 뭘까? 성령이 왜 올까? 아마 성령이 오는 때가 예루살렘이 회복되는 때일 것이야. 성령이 오시면 정말로 예수님의 정부가 들어서는 거야" 하며 숙덕거렸습니다. 제자들의 관심은 여전히 나라의 독립이었습니다. 그리고 이스라엘이 독립하고 예수님의 정부가 들어서면 '한 자리 정도는 차지할 수 있겠지'라는 권력에 대한 기대감이 있었습니다.

그래서 누군가가 질문합니다. "주님, 예수님 나라가 들어설 때가 바로 성령이 올 때입니까?"(행 1:6~7). 다시 말하면 "성령을 기다리라고 했는데 성령이 올 때 예수님의 혁명 정부가 들어선다면 저희가 지금부터 준비하겠습니다"라는 뜻이었습니다. 그러자 주님은 "때와 시기는 아버지 권한이며 너희는 오직 성령이 너희에게 임하시면 예루살렘과 온 유대와 사마리아와 땅 끝까지 이르러 내 증인이 되라"라고 동문서답 같은 말씀을 하십니다. 그리고 하늘로 홀연히 승천하셨습니다. 그들은 허망한 마음이 들었으나 예수님의 언약을 믿고 예루살렘에서 성령을 기다립니다.

'증인이 되라'는 선교적 대사명(행 1:8)이 〈사도행전〉 전체의 핵심 구절입니다. 〈사도행전〉에서 제자가 된다는 것은 성령의 권능을 받고 증인이 된다는 의미입니다. 증인이라는 말은 〈사도행전〉에서 39번 나오며, 〈누가복음〉과 〈사도행전〉의 모든 부분을 연결합니다. 신약성경 전체에서 누가만 그의 복음서와 역사서 두 곳에서 예수님의 승천에 대하여 기록하였는데 예수님께서는 하늘로 가신 그대로 재림하실 것입니다. 어떤 다른 예수님이 아니라, 육체로 부활하신 주님께서 그 모습 그대로 돌아오신다는 것입니다.

예루살렘 교회의 탄생

오순절 절기에 예수님을 따르던 120명이 마가의 다락방에 모여 기도에 힘썼을 때, 약속한 성령님이 그곳에 임하셨습니다(행 2:1~4). 그리고 사람들이 각기 다른 말로 방언하기 시작합니다. '성령이 말하게 하심을 따라' 각기

🌿 **열매 맺기**
〈사도행전〉 핵심 구절

"예루살렘과 온 유대와 사마리아와 땅끝까지"라는 구절은 〈사도행전〉의 나머지 부분에서 연대기적으로 기술된 사건들의 순서를 어느 정도 잘 드러낸다. 예루살렘은 2장 42절~8장 3절/ 유대와 사마리아는 8장 4절~12장 24절 / 땅끝은 12장 25절~28장 31절에 연차적으로 기록되어 있다.

'다른 방언'은 아마 다른 지역 사람들이 사용하는 보통 언어였을 것입니다.

오순절을 지키기 위해서 열방에 흩어져 있던 디아스포라 유대인들이 모여들기 시작합니다. 그때 여러 지방에서 온 순례자들이 각자 자기 지역의 언어로 하나님의 큰일을 들었습니다. 오순절을 맞이하여 이스라엘 땅은 물론 세계 전역에서 예루살렘에 모여든 수많은 경건자는, 형식에 묻혀 죽어버린 유대교가 아닌, 생동감 넘치는 새로운 복음을 듣기 위해 사방에서 제자들에게로 운집했습니다.

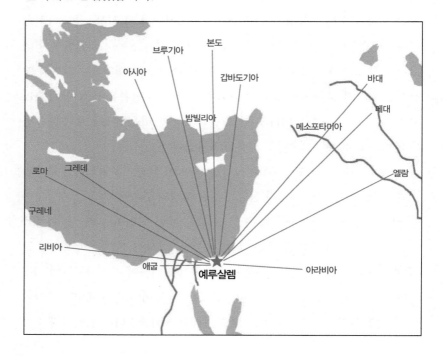

그때에 갑자기 하늘에서 세찬 바람이 부는 듯한 소리가 나더니, 그들이 앉아 있는 온 집안을 가득 채웠다. 그리고 불길이 솟아오를 때 혓바닥처럼 갈라지는 것 같은 혀들이 그들에게 나타나더니, 각 사람 위에 내려앉았다. 그들은 모두 성령으로 충만하게 되어서, 성령이 시키시는 대로, 각각 방언으로 말하기 시작하였다(행 2:2~4, 새번역).

'바람'과 '영'(pneuma)이란 말은 헬라어로 같은 단어인데, 예수님께서 니고데모에게 성령과 바람에 대해 말씀하실 때 사용하신 단어이기도 합니다. 시내 산에 나타났던 불은 거기에 오신 하나님의 임재를 상징하였으며(출 19:18), 여기에 나오는 '불의 혀'도 그와 유사하게 성령충만을 받은 사실을 상징합니다.

만약 지금도 교회 안에서 불의 혀같이 갈라지는 것이 나타나고, 이상한 바람 소리가 나면서, 기도만 하면 방언이 막 터진다면 얼마나 교회가 강력해질 수 있을까요? 아마도 세상이 교회를 폄하(貶下)하지 못할 것입니다. 그런데 우리는 눈에 보이는 기적과 이적을 보고자 하는 지나친 열망 때문에 일상에서 진정한 기적을 바라보지 못합니다.

일상에서의 진정한 기적은 바로 삶의 변화입니다. 내 일상의 변화들도 엄청난 기적인데, 눈앞에 보이는 기적 때문에 삶의 기적을 모를 때가 많다는 것입니다. 무엇이 기적입니까? 껌처럼 눌어붙은 죄악의 쓴뿌리가 제거되는 것이 기적 아닙니까? 난폭했던 아버지와 남편이 하나님 은혜로 돌아와서 자상한 아버지와 남편이 되는 것이 기적 아닙니까? 평생 불상 앞에서 절하던 아버지가 하나님의 은혜로 하나님 앞에 돌아오는 것이 기적 아닙니까? 하나님을 모르는 사람이 하나님 앞에서 무너지고 기도하는 법을 배우고, 하나님의 은혜를 알게 된다면 이것이 기적 아닙니까? 우리는 이런 일상의 기적을 앉은뱅이가 일어서는 기적보다 덜하다고 생각합니다. 소경이 눈뜨는 것이 큰 기적입니까? 기도하는 무리 속에 맹렬한 바람 소리만이 기적일까요? 자기밖에 몰랐던 사람이, 예수님을 비방했던 사람이 기도하는 법을 배우고 은혜를 아는 것이 훨씬 기적이라는 것입니다. 우리는 하나님의 기적 가운데 있습니다.

사실 우리에게 구원받을 자격이 있습니까? 버려진 날 찾아오셔서 생명으로 불러주시고 하나님의 자녀 삼으신 것, 이것이 얼마나 큰 기적입니까? 우리가 그 기적의 주인공들입니다. 주님의 기적이 없었다면 지금 이 자리에 있을 수 없을 것입니다. 주위 사람의 얼굴을 보세요. 모두 기적의 사람들입니다. 우리의 삶을 변화시키는 하나님의 삶을 간과하지 마세요. 지금 이 시간에도 우리의 눈물의 기도 때문에 누군가가 변화되고 있어요. 우리의 간절한 부르짖음으로 인해 가정이 달라지고, 자녀가 달라지고, 남편이 달라지고 있어요. 조지 뮬러가 5만 번 응답받은 비결을 아십니까? 실은 우리도 역시 그만큼 응답받았습니다. 하지만 그는 알았고, 우리는 모른다는 점이 바로 차이점입니다. 그는 삶의 작은 변화들과 기적들을 응답으로 알고, 우리는 무뎌서 하나님의 은혜를 낱낱이 세지 못해서 5만 번이라는 것을 모르는 것입니다. 우리는 이미 하나님 앞에서 기적과 변화를 경험하였고, 5만 번보다 더 많은 기도의 응답을 받았습니다. 이것을 아는 것이 은혜입니다. 우리는 지금 성령님의 역사 가운데 있습니다. 성령님이 우리를 주장하시면서 우리를 변화시키고 계십니다. 이 성령님을 의지하시기 바랍니다.

오순절에 베드로의 설교와 교회의 역동성

오순절 성령충만을 받은 베드로가 일어나 설교하며 "구약에서 예언한 분이 바로 예수님이며 그분이 우리 주 그리스도이시다. 예수 그리스도는 부활하셨으며 하나님께서 존귀케 하셨다. 그를 믿는 자마다 죄 용서함을 받고 성령을 선물로 받게 될 것이다"라고 선포했습니다. 이 말씀을 듣고 유대인들은 마음에 찔림을 받고 "우리가 어찌할꼬?"(행 2:37~40) 하니, 베드로는 탄식하는 그들에게 회개하고 세례를 받고 죄 사함을 받으면 성령을 선물로 받게 된다고 외쳤습니다. 그날 회개하고 세례를 받은 자가 3천 명이라고 했습니다. 이것이 교회의 시작입니다.

당시 예수님을 만나본 적이 없는 디아스포라 유대인들과 수많은 사람은, 예수님을 배우지 못한 갈릴리 어부들을 선동해 다니는 광신자로 생각했습니다. 그가 행했던 이적들은 미리 각본에 따라 조작된 사기극인 줄 알았습니다. 그런데 그 예수님이 죽지 않고 다시 살아났다는 것입니다. 그리고 그분이 기다리던 그리스도(메시아)라는 것입니다. 성령을 받은 무리들이 예수님의 삶과 생명 교훈을 가지고 새로운 공동체(교회)를 세우기 시작합니다.

12명의 제자가 120문도가 되었고, 이어 3천 명이 되었습니다. 이 3천 명이 세계 열방으로 흩어져 선교사가 된 것입니다. 베드로가 설교를 잘해서가 아닙니다. 성령의 역사입니다. 예루살렘 교회는 살아 움직이는 생명 공동체로 세상이 감당치 못할 교회가 되었습니다. 가르침을 받고, 서로 교제하며, 떡을 떼며, 서로의 물건을 필요에 따라 나누고, 하나님을 찬양하고, 온 백성에게 칭찬을 받아 구원받는 사람들이 날마다 더했습니다(행 2:42~47). 이것이 1세기 초대교회의 모습이었습니다. 초대교회는 더욱 왕성해졌습니다.

베드로와 요한의 사역

1. 성전 미문의 앉은뱅이를 일으킴

베드로와 요한이 성전에 기도하러 올라가는 길에 미문에서 40년 동안 앉은뱅이로 구걸하며 비참한 삶을 산 자를 보게 됩니다. 미문은 예루살렘 성전의 8개 문 가운데 가장 아름다운 문입니다. 베드로와 요한에게 한두 푼의 돈을 요구하자 베드로가 "은과 금은 내게 없거니와 내게 있는 것으로 네게 주노니 일어나 나사렛 예수의 이름으로 걸으라"라고 선포하자 그가 걷기도 하고 뛰기도 했습니다(행 3:6).

앉은뱅이는 베드로와 요한에게 무엇을 요구했습니까? 평생 먹을 수 있는 돈이 아닌 하루를 지탱할 수 있는 동전을 원했을 것입니다. 오늘날 우리는 무엇을 얻기 원합니까? 순간의 갈급함을 채워줄 세상의 어떤 것들입니까?

당장 갈증을 해갈하고자 하지만 마시면 또 목마른 바닷물 같은 것은 아닙니까? 내 수준으로 하나님께 구하지 마세요. 한두 푼 얻었다고 해도 내일 또 궁핍해질 것입니다. 사람이 영적으로 철이 들면 예전에 하나님 앞에 떼쓰던 것들이 참 유치해지고, 부끄러워지며, 죄송해집니다.

주님 앞에 나와서 울고 기도하는데 주의 영광이 우리를 덮어 내가 뭔가 바라는 기도가 없어지고, 주님 그 자체만으로 마음에 감격이 되고, 은혜가 되고, 눈물이 나며, 통곡이 나옵니다. 어떤 기도를 했는지 몰라요. 그냥 "주님 사랑해요. 주님이 좋아요" 하며 내가 간절한 삶의 문제를 가지고 주님 앞에 나왔는데 기도 제목은 온데간데없어지고 주께서 주시는 기쁨만으로 가득 채워지는 역사가 있을 때가 있다는 것입니다. 이런 경험 해보셨습니까?

은혜의 순간을 경험할 때 내 삶이 참 풍성해지며, 예수님 믿을 맛이 납니다. 나 자신을 위한 한마디 기도도 하지 못한 채 그냥 주의 존전에 주께서 주신 기쁨 때문에 엉엉 울다 왔는데, 돌아와 보니 병의 근원이 말라 있습니다. 이것이 주께서 일으키신 삶의 기적입니다.

2. 베드로와 요한이 공회에 심문당함

베드로와 요한은 죽은 예수님을 들먹이면서 민중을 혼란시켰다는 이유로 공회에서 심문당하고 옥에 갇히게 됩니다. 그 당시 종교적 권위가 가장 높았던 대제사장이 묻습니다. "너희가 무슨 권세와 누구의 이름으로 이 일을 행하느냐?"(행 4:7). 이에 베드로가 대답합니다. "내가 너희에게 그런 권위를 주지 않았는데 누가 무슨 권위로 종교적인 일을 하느냐? 죽은 자 가운데서 살아나신 예수 그리스도의 이름으로 이 예수는 너희 건축자들이 버린 돌로서 집 모퉁이의 머릿돌이 되었다. 다른 이로서는 구원을 받을 만한 다른 이름을 우리에게 주신 일이 없음이라"(행 4:8~12). 대제사장보다 더 높은 권위로, 죽은 자 가운데서 살아나신 예수 그리스도의 이름으로 전한다고 말했습니다. 그러면서 다른 이로서는 구원을 얻을 자가 없다고 선포했습니다.

이에 대제사장이 말했습니다. "그들을 불러 경고하여 도무지 예수의 이름으로 말하지도 말고 가르치지도 말라"(행 4:18). 다시 베드로가 대답합니다. "하나님 앞에서 너희의 말을 듣는 것이 하나님의 말씀을 듣는 것보다 옳은가 판단하라. 우리는 보고 들은 것을 말하지 않을 수 없다"(행 4:19~20).

옛날에 계집종 작은아이 앞에서도 예수님을 부인했던 베드로가, 예수님을 죽인 산헤드린 공회 앞에서도 당당히 토를 달면서 예수님을 선포하고 있는 것입니다. 무엇이 베드로를 이렇게 변화시켰을까요? 그것은 베드로가 가진 신앙의 확신 때문입니다.

그는 예수님의 죽으심과 부활하심, 승천하심 사건을 자신의 사건으로 받아들이게 됩니다. 예수님의 생명이 나의 생명으로, 그분의 부활이 나의 부활로 여겨져 담대해질 수 있었습니다. "너희가 나한테 할 수 있는 일 중, 가장 큰 일은 나를 죽이는 일이다. 그러나 난 다시 살 것이다." 우리 역시 예수 그리스도의 죽으심과 부활하심이 나를 위한 사건으로 여겨지고 인정될 때에 신앙이 견고해지고 세상을 이기는 믿음의 소유자가 될 수 있습니다. 예수님이 돌아가시기 전의 베드로처럼 부족한 신앙인이 되지 맙시다. 지금 평안할 때는 내가 이전의 베드로인지 변화된 베드로인지 모릅니다. 그러나 결정적인 순간에 믿음이 요구되어질 때 드러나게 됩니다. 믿음의 야성을 가진 사람이 되길 바랍니다. 이런 야성적인 신앙은 소문이 납니다. "베드로와 요한이 산헤드린을 이겼다. 산헤드린도 우리를 어쩔 수 없더라. 우리를 내보내더라"라는 소문이 나자 예루살렘 교회는 더욱더 강건해지기 시작한 것처럼 말입니다.

강건해지는 예루살렘 교회 그리고 바나바

교회가 합심해서 기도했을 때에 성령충만함을 받습니다(행 4:23~31). 많은 사람은 오순절 절기가 끝난 후에도 자신들의 고향이나 처소로 돌아가지 않고, 사도들의 가르침을 받아 서로 교제하고, 떡을 떼며, 기도하기에 힘썼습니다. 이렇다 보니 매일 끼니때가 되면 수백에서 수천 명에 달하는 사람을 먹여야 했는데, 그곳에 모여든 사람들은 모두 자신의 소유를 아끼지 아니하고, 무리를 위해 내어놓았습니다. 예루살렘에 살던 사람은 자신의 집을 제공했고, 어떤 사람은 자신의 재물을 내어놓았습니다. 성령의 역사로 말미암아 그 많은 무리 가운데 아무도 핍절한 사람이 없었고 교인들 간에 물건을 서로 통용했습니다(행 4:32~35). 예루살렘 교회 교인들은 연합했을 뿐 아니라, 이타적이었습니다. 그들의 모습 속에서 우리는 소유에 대한 뚜렷한 기독교적 시각을 발견할 수 있습니다. 그것은 소유권이 아니라 청지기 정신입니다.

사도행전 4장에 처음으로 바나바가 등장합니다(행 4:36~37). 그는 구브로 섬에서 태어난 레위 족속 사람으로 본명은 요셉이며, '바나바'라는 이름은 사도들이 붙여준 별명입니다. 일반적으로 바나바는 예수 그리스도의 공생애를 직접 목격했을 것으로 생각됩니다. 12사도에는 들지 못했지만 그 다음의 70인 제자에 들었을 것으로 대부분의 학자는 동의하고 있습니다. 뿐만 아니라 베드로를 중심으로 한 예루살렘 교회의 일원으로서, 12사도 외에 바울과 더불어 사도로 불렸던 사람입니다. 그는 자신의 모든 소유를 팔아 교회에 헌납하는 등 초대교회의 형성에 결정적 역할을 했던 인물이었으며, 가족에 대한 언급이 전혀 없는 것으로 보아 평생 독신으로 온전히 복음 사역에 헌신한 것으로 보입니다.

바나바는 바울을 다른 사도들에게 소개했으며, 그와 같이 새롭게 세워진 안디옥 교회로 보냄을 받아 동역하였고, 구브로를 비롯한 소아시아 지방에서 복음을 전했습니다. 바울의 2차 전도여행에서 마가라고 하는 요한을 동행시킬 것인가의 문제로 의견이 엇갈려 결국 바울은 실라를 데리고 유럽

🌱 열매 맺기

바나바

구브로의 살라미에 있는 바나바의 수도원에서 출판된, 쿠마가 쓴 조그만 책자에는 다음과 같은 내용이 기록되어 있다. "구브로 태생의 바나바는 처음에는 주님의 제자인 70인 제자 중의 한 사람이었다. 그 후 바나바는 거룩한 복음을 전파하기 위해 많은 나라로 전도여행을 다녔다. 그러나 구브로에 다시 돌아왔을 때에 유대인들에게 살해당했다. 마가는 아무도 모르게 그의 시신을 살라미 교외에 있는 바위 절벽에 박혀 있는 빈 무덤에 안장했다."

지방으로, 바나바는 마가를 데리고 소아시아 지방으로 각각 전도여행을 떠나게 됩니다.

예루살렘 교회의 행전

1. 아나니아와 삽비라의 거짓 헌금

강건하고 아름다운 교회에 첫 번째 시험이 찾아옵니다. 이 땅의 유형 교회는 불완전합니다. 초대교회 역시 불완전했습니다. 아나니아와 삽비라가 거짓 헌금을 드려서 죽는 사건이 일어납니다. 당시에 교회가 성장하면서 많은 물질이 필요했습니다. 그때 바나바가 자기 재산을 다 팔아서 교회에 바치자 사람들의 입에서 "야, 대단하다. 믿음이 보통이 아니야. 우와!" 하면서 소문이 돌기 시작합니다. 이때 질투가 많았던 아나니아와 삽비라가 "여보, 우리도 죽기 전에 저런 명성 한번 들어봅시다" 하며 충동적으로 결정을 하고 "나도 내 재산을 다 드리겠습니다"라며 소문을 냅니다. 그러자 사람들이 "아나니아와 삽비라 가정도 대단한 믿음의 가정이야" 하며 칭찬했습니다.

그런데 땅을 팔아 돈이 수북이 쌓이자 욕심이 생겼습니다. "내가 어떻게 번 돈인데…. 그 잘난 칭송 듣자고? 한 주 지나면 다 잊힐 텐데. 그다음에 우린 뭘 먹고 사나?" 하며 걱정을 합니다. 그러자 삽비라가 "여보, 우리가 먹고 살 것 조금 남겨놓고 애들 교육비는 떼어놓고 드립시다"라고 말하자 못 이기는 척 아나니아도 동의합니다. 그리고 베드로에게 일부를 가져가 "이것이 전 재산이냐?"라는 질문에 "예, 전 재산입니다"라고 거짓말을 합니다. 재산을 다 드리지 않음이 문제가 아니었습니다. 아나니아와 삽비라는 교회에서 희생 없는 갈채와 헌신 없는 인정을 받기 원했습니다.

"어찌하여 사탄이 네 마음에 가득하여 네가 성령을 속이고 땅 값 얼마를 감추었느냐?" 아나니아와 삽비라가 엎드러져 혼이 떠나게 되고, 온 교회가 이 일을 듣고 다 두려워하였습니다. 그들의 사건은 예루살렘 교회에서 처음

열매 맺기

교회

교회를 뜻하는 신약성경의 헬라어 에클레시아(ekklesia)는 〈사도행전〉에서 흔히 사용된다. 〈사도행전〉과 신약의 다른 성경에서도 이 용어는 우주적 교회(모든 시대와 장소의 신자)나 예루살렘에서와 같은 지역 회중을 가리킨다(영어 'church'는 '주님에게 속한다'는 뜻을 지닌 헬라어 'kuriakov' (퀴리아코스)에서 유래되었다).

으로 패배를 보여준 일이었습니다.

성령은 교회 내에서의 일치를 창조하셨으나, 사탄은 그것을 파괴하려 했습니다. 사탄이 그리스도인의 마음을 가득 채울 수 있다는 사실은 우리를 놀라게 합니다. 죄의 독성은 영혼을 파멸시킵니다. 하나님은 죄를 싫어하십니다. 죄의 전염성이 얼마나 빠른지 아시기 때문입니다. 하나님은 교회의 순결성을 지키기 위해서 죄의 시작을 처음부터 근절하신 것입니다. 죄가 얼마나 무서운지 죄가 한번 틈을 타고 들어오면 그 전염성이 너무도 빠르기에 엄하게 다루신 것입니다. 유형 교회는 불완전합니다. 그렇기 때문에 우리는 이 교회를 위해서 기도해야 합니다. 주의 몸 된 교회를 위해서 우리가 무릎을 꿇고 얼마나 눈물을 흘려야 하는지 모릅니다.

2. 대제사장, 사두개인들이 예수님의 복음을 전하지 못하게 함

교회가 점점 흥왕해가고 사도들을 통해 표적과 기사가 이곳저곳에서 일어나자(행 5:12~15) 많은 민중이 모여들기 시작합니다. 그러자 대제사장들과 사두개인들이 예수님의 복음을 전하지 못하게 합니다. 그들은 사도들을 잡아 옥에 가두지만, 밤에 주의 사자가 옥문을 열고 사도들에게 성전에서 계속 말씀을 선포하라고 명령하셨습니다(행 5:18~20). 이 때문에 산헤드린에서 긴급회의가 소집됩니다. 산헤드린은 예수님도 죽이기로 결정했던 공회입니다. "보고만 있을 것인가?" "핵심 멤버 몇 명만 공개처형시키면 이 예수당은 없어질 수도 있을 것 같아요." 의견이 분분했습니다. 그때 당시 가장 존경받던 가말리엘이 말했습니다. "하나님께로 났으면 우리가 건드릴 수 없고 하나님께서 나지 않았으면 스스로 자멸할 것이니 가만 버려두자." 그리고 사도들은 불려가 채찍질당하며 예수의 이름으로 말하는 것을 금하게 하고 풀려나니 그들은 예수님의 이름을 위하여 능욕받는 일에 합당한 자로 여기심을 기뻐하면서 공회 앞을 떠났습니다(행 5:33~41).

초대교회 사도들이 이렇게 영적으로 강건한데, 그 성도들도 역시 얼마나 영적으로 뜨거웠겠어요. 능욕받는 것을 기뻐하고, 자랑스러워하며, 면류관으로 여깁니다. 이렇게 뜨거운 교회, 성령충만한 교회를 아무도 건드리지 못했습니다. 이 땅 가운데 교회가 거룩히 서기 위해서는 영적인 야성이 회복돼야 합니다.

7명의 집사를 임명

예루살렘 교회가 급속도로 성장하면서 교회의 모든 대소사를 사도들이 다 관여할 수가 없었어요. 그래서 지도자들은 말씀과 기도하는 일에 전무하고, 구제하고 봉사하는 일은 7명의 집사를 선출하여 그들에게 맡깁니다. 당시 7명의 집사를 뽑게 된 배경은 구제에 대한 불만과 갈등이 주원인이었습니다. 헬라파 유대인 과부들과 히브리파 유대인 과부들 간에 다툼이 생겼습니다. "왜 우리는 적게 주고 저쪽은 쌀을 많이 주냐?" 하며 불평등한 구제 문제 때문에 다툼이 일어났습니다. 집사의 자격은 "성령과 지혜가 충만하여 칭찬받는 사람"(행 6:3)이었습니다(집사라는 호칭은 나중에 붙여졌음).

당시 교회에는 히브리파 유대인과 헬라파 유대인 두 개의 집단이 있었어요. 유대인들은 일찍이 바벨론 포로 – 페르시아 – 헬라 – 로마로 이어지는 식민 통치로 많은 사람이 각 나라로 흩어져 살게 되었습니다. 로마의 폼페이우스 장군도 예루살렘을 정복한(B.C. 63년) 후에 유대의 많은 사람을 로마로 끌고 갔는데, 이들 중 일부는 A.D. 69년에 돌아왔습니다. 본토 유대 땅에서 태어났지만 본토를 떠나 외국에 흩어져 살았거나, 혹은 외국에서 태어나 그곳에서 살다가 본토로 돌아온 유대인들이 있었는데, 이들을 디아스포라 유대인이라 부릅니다. 이들은 주로 헬라어를 사용했습니다. 그래서 히브리 말을 사용하는 유대인을 히브리파 유대인, 헬라어를 사용하는 유대인을 헬라파 유대인이라 불렀습니다. 디아스포라 유대인 중 일부가 오순절 사건 이

🍇 **열매 맺기**

히브리파 vs 헬라파

• 히브리파 유대인: 제자들과 팔레스타인 태생의 유대인들 (모국어인 아람어와 히브리어를 사용)

• 헬라파 유대인: 오순절에 예루살렘 순례자로 와서 개종한 많은 그리스도인. 그들의 주요 언어는 헬라어였다(디아스포라 유대인).

후 그리스도인이 되었는데 이들을 헬라파 유대인이라고 합니다. 그들은 교회 안에서 팔레스타인에 거주하는 정통 히브리파 유대인들과 갈등이 많았습니다.

예루살렘 교회의 첫 번째 순교자, 스데반

이방인의 공회가 7명의 집사 중 한 명이었던 스데반을 고소합니다(행 6:1~15). "스데반이 모세와 하나님을 거역하고 모독하는 일을 했다. 또 성전과 율법을 거스르는 말을 했으며, 사람들에게 거짓 증거를 해서 민중을 소요케 했다"는 죄명을 씌웠습니다.

공회에서 대제사장이 "그게 사실이냐?"라고 묻습니다. 그때 답변한 것이 스데반의 설교입니다(행 7장). 스데반이 설교했기 때문에 고소한 것이 아니라, 그들이 고소했기 때문에 공회에 나가서 자신을 변호한 것이 스데반의 설교입니다. 〈사도행전〉에 나오는 많은 설교 중에 가장 긴 설교가 이 스데반의 설교입니다. 스데반은 아브라함으로부터 시작해서 요셉을 거쳐 모세까지 구약을 요약하면서 하나님의 구원사를 설교했는데, 그의 설교는 세 가지로 정리할 수 있습니다.

첫째는, 이스라엘의 역사는 하나님께서 주도권을 가지고 인간을 역사하시는 구원의 역사라는 것입니다. 둘째는, 이 역사 속에서 이스라엘 백성이 하나님의 은혜를 깨닫지 못하고, 하나님이 보내신 지도자를 배반하고, 우상을 섬기는 일을 상기시켰습니다. 그리고 그것을 강렬하게 비판하고 책망했다는 것입니다. 셋째는, 자신은 아브라함과 모세를 하나님의 사람으로 생각하는 이스라엘 백성 중 하나이며, 자신을 고소한 것과는 다르다고 합니다.

이때까지는 유대교와 기독교는 분리된 종교가 아니라 동일한 종교로 간주되었습니다. 그리스도인들은 여전히 유대교 성전에 갔습니다. 또한 백성들에게 유대교를 떠나야만 한다고 설교한 것이 아니라, 율법과 선지자들이 예언한 모든 것의 성취로서 예수님을 받아들여야 한다고 설교하였습니다. 그러나 스데반의 설교로 인해 이런 양상은 극적으로 변하게 됩니다.

이 설교를 들은 공회원은 마음에 찔려 이를 갑니다(행 7:54). 스데반이 하나님의 영광과 예수님께서 하나님 우편에 서신 것을 보고 말합니다. "보라 하늘이 열리고 인자가 하나님 우편에 서신 것을 보노라…." 그러자 그들이 일제히 일어나서 귀를 막고 그를 성전 밖으로 끌어내서 돌로 쳐 죽입니다. 그 당시에는 사람을 죽이려면 로마의 인준을 받아야 했습니다. 그러나 예외는 있었어요. 유대인의 종교법을 어긴 자에 대한 처형은 묵과하고 모른 척해주었어요. 그러나 형사, 민사 같은 것은 로마의 허락을 받아야 했어요. 그때 그 죽음을 보면서 마땅히 여겼던 사람, 사울이 등장합니다. 사울이 스데반의 순교를 지휘하지는 않았지만 그 현장에 있어 그것을 목격하고 마땅히 여겨 그 죄에 동참했습니다. "그래, 그놈 잘 죽었다. 죽을 놈이 잘 죽었군" 하며 고개를 끄덕거렸던 사람이 사울입니다.

산헤드린 공회는 그리스도인들을 눈엣가시처럼 여기며 어떻게 하면 저들을 없앨 수 있을까 고민해왔습니다. 그런데 누군가가 그리스도인을 고소했고 죽일 만한 이유가 생긴 것입니다. 그래서 스데반을 죽이고 계속해서 핍박하기 시작합니다. 그러나 이러한 박해가 교회를 위축하게 한 것이 아니라, 오히려 복음이 더 확산될 수 있게 했습니다. 모여 있는 물을 탁 치면 물이 사방으로 흩어지듯이 성령을 받은 성도들이 열방을 향해 흩어지면서 그들이 또 다른 교회를 세우기 시작했기 때문입니다. 결론적으로 스데반의 순교는 복음이 전 세계로 확대되는 시발점이 되었습니다.

이방인들에게 복음을 전하기 시작

1. 사울이 교회를 박해

사도행전 8장 1절을 보면, '박해'라는 말이 〈사도행전〉에서 처음으로 사

다소 사람 사울은 이방 도시에서 태어난 로마의 시민이었다. 그는 혈통을 보나 평생 동안 받은 교육, 애국심, 신앙을 보나 완전한 유대인이었다. 그는 예루살렘에서도 가장 고명한 학자들 문하에서 교육을 받고, 조상 대대로 전해 내려오는 율법과 관습에 따라 훈육을 받았기 때문에 그의 조국에 대한 자부심과 이에 따른 편견이 대단하였다. 그는 청년 때에 이미 산헤드린의 존경받는 의원이 되었으며, 그 당시 기독교인들을 체포하는 사냥허가증을 대제사장으로부터 받은 사람이었다.

용됩니다. 이 박해는 주로 예루살렘에 있는 헬라파 그리스도인들을 겨냥했을 것입니다. 사울은 굉장히 악랄한 사람이었습니다. 끄나풀을 풀어놓고 그리스도인이 있다는 제보를 듣기만 하면 각 집집마다 찾아들어가 모두 잡아냈습니다. 사울은 살인면허증을 가지고 그들을 찾아 잡아들이든지 죽이든지 했던 사람입니다. 그래서 그리스도인들은 공개적으로 만나지도, 예배를 드리지도 못했습니다.

스데반의 죽음은 예루살렘 교인들을 사마리아와 지중해 전역의 디아스포라 유대 사회로 흩어지게 만드는 결과를 가져왔습니다. 역설적이지만, 하나님께서는 스데반의 죽음과 박해를 통해 오히려 교회가 지중해 연안 전역으로 퍼져 나가며 확장되는 놀라운 결과를 이끌어내셨습니다. 사도행전 1장 8절의 명령을 즉각적으로 순종하지 않았던 제자들이 오히려 박해를 통해 선교의 시대에 한걸음 나아가게 된 것입니다. 교회 최초의 선교 사역은 박해로부터 시작됩니다. 120문도에게 성령을 주셔서 그들에게 유대와 사마리아와 땅끝으로 가라 명하셨지만, 그들은 나가지 않았어요. 여전히 유대교적 사관을 가지고 이방인들을 껄끄러워했습니다. 흩어지지 않은 그들을 하나님은 박해라는 이름으로 흩으셨습니다.

2. 빌립의 증거와 사울의 회심

빌립은 스데반이 죽고 예루살렘의 그리스도인들이 박해를 당하자 사마리아 성으로 내려가서 전도하기 시작합니다(행 8:4~13). 사마리아에서 낮은 자부터 높은 자까지 모두 따르던 마술사 시몬도 복음을 받아들이고 세례를 받는 등 수많은 사람이 복음을 받아들입니다. 사마리아 사람 가운데 주님을 믿기로 결심하고 세례를 받은 사람들이 많다는 말을 듣고 예루살렘 교회에서 베드로와 요한을 파송합니다. 두 사도가 사마리아 성도를 위해 성령받기를 기도하고 안수하매 그들이 성령을 받았습니다. 마술사 시몬은 베드로와 요한이 사람들에게 안수하자 성령받는 것을 보고, 자신도 그 능력을 얻고자 하여 돈을 주고 사려 했습니다. 그러자 베드로가 엄히 책망하며, 성령은 인간이 마음대로 할 수 있는 분이 아니라고 밝힙니다. 마술사 시몬은 성령을 삼위일체 하나님으로 이해하지 못하고 하나님과 분리된, 초자연적인 능력을 제공하는 어떤 영적인 존재로 생각한 것입니다. 내가 성령을 부리는 것이 아니라, 내가 성령의 도구로 살아가는 것입니다.

또 빌립은 성령의 인도하심을 따라 광야에 가서 에티오피아 내시 간다게에게 예수 그리스도의 복음을 증거하고 그에게 세례를 베풉니다(행 8:26~40). 이렇게 성령의 역사하심을 따라 복음은 예루살렘과 유대와 사마리아, 에티오피아 등으로 점차 두루 퍼지게 됩니다. 기억할 것은 일차적으로 복음이 확장되는 원인은 박해였습니다.

예루살렘 교회의 박해를 통하여 주님은 이방 선교의 문을 여시고, 이제 이방 선교에 가장 적합한 인물인 사울을 준비해놓으심으로 구원 계획을 펼쳐 보이십니다. 사울은 교회를 잔멸하고 각 집에 들어가 남녀를 끌어다가 옥에 넘기던 유대교 열심분자였습니다. 그는 공문(범인 송환장)을 받아 살기등등하게 그리스도인을 결박하러 다마스쿠스 수리아의 수도 다메섹(갈릴리 북쪽 수리아) 가까이에 이르렀을 때 엄청난 사건을 경험합니다. 홀연히 하늘의 빛이 그를 둘러 비추자, 땅에 엎드려 주님의 음성을 듣게 됩니다. "사울아, 사울아, 네가 왜 나를 박해하느냐?" "주님, 누구시니이까?" "나는 네가 박해하는 나사렛 예수라!"(행 22:7~9).

여기서 사울이 부른 "주님"(퀴리오스)은 예수님을 말한 것이 아니라, '나를 쓰러트린 당신은 누구입니까?'라는 극존칭 3인칭 단수입니다. 그는 눈이 멀어 3일 동안 식음을 전폐하며 어둠 속에서 기도하게 됩니다. 하나님은 아나니아를 부르셔서 사울에게 찾아가서 사명을 주라고 말씀하십니다(행 9:15). 아나니아가 안수할 때 사울은 눈이 열리고 성령충만을 받게 됩니다.

하나님이 박해자 사울을 전도자 바울로 세우신 이유가 있습니다. 그는 '이방인과 이방 임금을 위해 택한 그릇'이었던 것입니다. 그때부터 박해자 사울은 전도자 바울로 바뀌게 됩니다. 사울은 다메섹에서 예수님이 하나님의 아들 그리스도이심을 전하게 됩니다. 당시 사람들은 사울을 보고 "세상 오래 살고 볼 일이다. 아마 사울이 우리를 속이는 거다. 저 속임수에 넘어가지 마라." 또는 "아니, 사울이 어떤 사람인데 유대교를 버리고 예수를 믿는단 말인가? 저 사람이 미쳤든지, 아니면 예수 이야기가 진짜인가?"라고 소곤거렸습니다. 이런 소문이 유대인들 사이에서 떠돌자, 그들 역시 사울을 죽이기 위해 혈안이 되었습니다.

그리스도인의 박해자 사울이 그리스도인 바울이 될 줄은 아무도 몰랐습니다. 그러므로 우리는 사울의 회심을 통해 깨닫고, 불신 가족, 불신 이웃의 구원을 위해 포기하지 말고 기도해야 합니다.

베드로의 사역과 고넬료 가정의 구원

룻다와 욥바 지역에서 베드로가 순회 사역을 함으로써 복음이 유대 지역을 넘어 점차 이방 지역으로 확대되어 갑니다. 특히 베드로가 당시 유대인들 사이에 부정한 직업으로 취급받아 상종하지 않던 피장(피혁 제조업자) 시몬의 집에 머물렀다는 사실은, 복음이 이방인은 물론 천민에게도 전파되어 나감을 선포하고 있습니다. 베드로는 룻다에서 중풍병자 에니아를 고치고(행 9:32~35), 욥바 지역에서 죽은 다비다(도르가)를 살립니다(행 9:36~43).

〈사도행전〉을 이해하는 중요한 사건이 베드로가 고넬료 가정을 구원하는 것입니다. 가이사랴에 사는 이방인 백부장 고넬료가 환상을 봅니다(행 10:1~8). 그는 경건하여 온 집안과 더불어 하나님을 경외하며 백성을 많이 구제하고 하나님께 항상 기도하는 사람이었습니다(행 10:1~2).

어느 날 천사가 나타나 "네 기도와 구제가 하나님 앞에 상달되어 기억하신 바가 되었으니 네가 지금 사람들을 욥바에 보내어 베드로라 하는 시몬을 청하라"라고 말합니다(행 10:4~5). 고넬료의 기도뿐만 아니라 그가 백성들을 구제한 사실도 하나님 앞에 상달하여 기억하신 바 되었음을 알 수 있습니다. 그러므로 욥바에 있는 베드로를 청하라고 합니다.

그 당시 베드로도 기도하는 중 환상을 봅니다(행 10:9~16). 하늘에서 그릇 같은 보자기가 내려왔는데 그 안에 유대 전통적으로 볼 때 정결하지 않고 깨끗하지 않은 짐승들이 들어 있었습니다. 그걸 먹으라고 이야기합니다. 베드로는 먹을 수 없다고 합니다. 세 번 이런 일이 있은 후 주님께서 이렇게 말씀하십니다. "깨끗하게 하신 것을 네가 속되다 하지 말라"(행 10:15). 이를 의아하게 생각하던 때, 마침 고넬료가 보낸 사람이 베드로를 찾아왔습니다. 아마 베드로가 환상을 보지 않았다면 고넬료 집에 가지 않았을 것입니다. 그러나 환상을 보면서 주님의 마음을 깨닫고 고넬료를 따라서 그 집에 가서 설교를 하게 됩니다. 설교를 들은 모든 사람이 예수님을 믿고 성령충만을 받게 됩니다. 구원이 유대인에게만 있는 것이 아니고, 하나님을 경외하고 의를 행하는 자에게 차등이 없다는 것입니다.

이 사건은 굉장히 의미 있는 사건입니다. 왜냐하면 이방인에게 처음으로 복음이 전파되었기 때문입니다. 물론 빌립이 사마리아에게 복음을 전도했겠지만 베드로의 의미는 훨씬 컸습니다. 예수님의 제자였고, 예루살렘 교회의 목회자요 수장입니다. 예루살렘 교회에서 분쟁과 시비를 막을 수 있는 사람은 베드로였습니다. 하나님께서 처음 이방 선교의 길을 여시기 위해 사울을 사용하신 것이 아니라 베드로를 사용하셨습니다. 베드로를 앞세움으로써 시비를 없애고 이방 선교의 정당성을 확증시켰습니다. 만약 사울이 눈 뜨자마자 이방인에게 가서 복음을 전했다면 예루살렘 교회가 사울을 가만히 내버려두지 않았을 것입니다. 누가는 예수님의 제자가 아니라 이방인 의사입니다. 그렇기 때문에 이방인 선교에 대한 관심이 많았어요. 그래서 이방 선교에 정당성은 신앙의 원조 베드로가 뚫었고 그 길을 바울이 갔을 뿐입니다. 이것을 〈사도행전〉의 저자 누가는 말하고 싶었던 것입니다.

안디옥 교회가 세워짐

유대에 있는 사도들과 형제들이 베드로가 무할례자(이방인)의 집에 들어가서 먹고 마셨다 비난하자 베드로가 예루살렘 교회에 올라가 보고합니다(행 11:1~18). 베드로는 이방인 선교에 대한 이해가 부족한 유대인 출신 성도들에게 전 과정을 소상히 밝히며 그것이 성령으로부터 기인한 사건임을 변론했습니다.

> 하나님이 우리가 주 예수 그리스도를 믿을 때에 주신 것과 같은 선물을 그
> 들에게도 주셨으니 내가 누구이기에 하나님을 능히 막겠느냐(행 11:17).

이 말에 모두 잠잠히 하나님께 영광을 돌리게 됩니다. 선교 역사에 있어 중대한 결단이 내려진 것입니다. 이때부터 이방인 선교가 공식화됩니다. 스데반의 순교를 기점으로 시작된 박해는 예루살렘 성도들을 흩어지게 하여 베니게, 구브로, 안디옥에 있는 헬라인들에게도 복음을 증거하게 합니다.

> 주의 손이 그들과 함께 하시매 수많은 사람들이 믿고 주께 돌아오더라(행
> 11:21).

이 소식을 들은 예루살렘 교회는 바나바를 파송합니다. 그때 바나바는 고향 다소에 은거하고 있던 바울을 찾아서(한 집 한 집 뒤져가며 세밀히 찾는 것) 안디옥으로 데려와 함께 사역했습니다. 바나바는 처음부터 바울에게 특별한 관심을 가지고 그를 사역의 현장으로 이끈 장본인입니다. 그리고 마침내

열매 맺기

안디옥

로마 제국 시리아 주의 수도로 당시 로마, 알렉산드리아에 이어 로마 제국에서 세 번째로 큰, 인구 50만의 대도시이다. 이곳에 교회가 세워짐으로 예루살렘 교회가 유대인 교회의 중심이 된 것같이, 안디옥 교회는 이방인 교회의 중심지가 되었다.

이방 땅 안디옥에 이방인들을 주축으로 한 교회가 설립됩니다. 그 후 바나바가 다소에 있는 바울과 함께 무리를 가르쳤고, 제자들이 안디옥에서 비로소 그리스도인이라 일컬음을 받게 됩니다(행 11:26).

유대 지역 성도들이 가뭄으로 경제적 위기에 빠졌을 때, 안디옥 교회가 헌금을 모아 보낸 것을 보면, 예루살렘 교회와 긴밀한 교제를 유지하였음을 알 수 있습니다(행 11:29~30). 안디옥에서 초대교회 성도들이 그리스도인(Christian)이라 불리기 시작한 것은 그리스도교(기독교)가 유대교와 다르다는 것을 공식적으로 드러낸 것입니다. 스데반 집사의 순교로 일순간 교회가 어려움을 겪는 듯 보였지만, 하나님의 섭리와 인도하심으로 오히려 복음이 땅끝까지 전파되는 계기가 마련된 것입니다.

우리도 당장 눈앞에 보이는 어려움, 환난, 고난이 있지만 합력하여 선을 이루시는 주님을 믿고, 확고한 신앙으로 신실하게 살아가면, 내가 알지 못한 크고 비밀한 일을 주님께서 준비해놓으시고 가장 선한 길로 인도해주실 것입니다.

야고보의 죽음과 헤롯의 죽음

헤롯 가문은 3대에 걸쳐 예수님과 교회를 대적합니다. 대헤롯은 아기 예수를 죽이려 했고, 베들레헴의 유아 학살을 주도했습니다. 또한 그 아들 헤롯 안티파스는 세례 요한을 죽였고, 예수님을 심문하고 조롱했습니다. 안티파스의 아들, 헤롯 아그립바 1세는 유대인들의 환심을 사기 위해 직접 교회 탄압에 나서, 요한의 형제 야고보 사도를 처형하고 베드로 사도를 투옥시킵니다. 할아버지였던 대헤롯이 에돔인이었기에 그는 유대인에 대한 열등감이 있었습니다. 그리하여 유대교 정치 지도자들이 기독교인들을 박해하니까 정치적 입지를 든든히 하기 위해 같이 박해합니다. 옥에 갇혔던 베드로는 사형당하기 전날, 하나님이 기적적으로 개입하셔서 천사를 보내 베드로를 탈옥시킵니다. 그는 가장 먼저 순교당할 수도 있었으나, 대사도로서 교회를 든든히 하고, 복음을 전파해야 하는 사명이 남아 있었기 때문입니다.

교회를 탄압하던 헤롯 아그립바 1세는 가이사랴 해변도시 이방인들의 축제마당에 나타나 멋지게 연설을 합니다. 그런데 백성들이 헤롯 왕에게 경의를 표하며 "이것은 신의 소리요 사람의 소리가 아니다"라고 외쳤습니다. 하지만 헤롯 왕은 교만하게 영광을 하나님께로 돌리지 아니하다가 벌레에게 먹혀 급사하였습니다(행 12:23). 역사가 요세푸스는 축제에 참석했던 헤롯 왕이 중병에 걸려 5일 후에 갑자기 죽었다고 전합니다. 세상의 참 주인은 헤롯 왕도 로마 황제도 아니고, 하나님이십니다. 아그립바 1세가 죽자 그의 어린 아들(아그립바 2세)이 대를 잇는데 거의 A.D. 100년경까지 유대 통치자로 다스리게 됩니다. 이후에 등장하는 헤롯은 모두 아그립바 2세를 일컫는 것입니다.

담아가기

오순절에 거대한 무리가 예루살렘에 모였습니다(행 2:5). 성령께서 임하셨을 때 그 무리 가운데 3천 명이 예수 그리스도를 믿게 되었습니다. 그 사람들은 자신들의 고향에 돌아가서 예수님에 관한 이야기를 하기 시작했습니다. 그리하여 또 다른 사람들이 그리스도를 믿게 되면서, 그들은 삼삼오오 모여 교훈과 격려를 받았고, 하나님께 예배를 드렸습니다. 이것이 교회의 시작입니다.

교회를 통해 영혼을 얻으시는 하나님의 열정은 예루살렘을 넘고 유대를 넘어 사마리아를 거쳐 땅끝까지 전해지고 있습니다. 우리를 부르신 이가 저와 여러분을 제자라 명하시며 한 장의 사명서와 함께 우리를 세상에 파송하십니다. "가서 제자 삼으라!"

여러분 인생의 방향은 어디입니까? 우리는 사명자입니다. 사명자는 방향성을 잃지 않습니다. 방향성을 알고 죽을 듯이 살아가는 것이 우리의 소명입니다.

사도 후반기

교회 확장기

교회 형성기

예수님 생애기

400년 중간기

04

역동적인 성령

●　　　　　　　　〈사도행전〉의 후반부(행 13~28장)는 거의 사도 바울의 사역을 중심으로 기록하고 있습니다. 스데반의 죽음을 기점으로 박해가 시작되면서 교회는 흩어지고 복음은 급속도로 확장되기 시작합니다. 사울은 교회 박해자였지만, 다메섹 도상에서 부활하신 예수님을 만난 후 복음 전도자 바울로 살게 됩니다. 바울은 수차례의 전도여행을 통해 아시아와 당시 세계의 심장인 로마까지 복음을 전했습니다. 세 번의 전도여행과 로마로 이송되는 여행이 〈사도행전〉 후반부의 전체 내용입니다. 그리고 성경에는 직접적인 언급은 없지만 바울이 로마 감옥에서 잠시 풀려나 마케도니아 지역으로 전도여행을 떠난 것으로 알려져 있습니다. 그래서 학자들은 그 기간을 바울의 4차 전도여행이라고 부르기도 합니다.

바울의 1차 전도여행과 종교회의

🍃 뿌리내리기_성경의 전체를 알아봅니다

🍃 열매 맺기
바울의 1차 전도여행 개관

• 본문: 사도행전 13~14장
• 기간: A.D. 47~49년(2년간)
• 지역: 갈라디아
• 특징: 선교 후 안디옥 교회에서 선교 보고, 예루살렘 종교회의에 참석.

🍃 열매 맺기
바나바와 바울의 선교 전략

1. 선교 사역을 위해 팀을 구성하였다(팀 사역).
2. 도시로 갔다.
3. 먼저 유대인 회당에서 복음을 전하고, 유대인들이 듣지 않을 때는 이방인들에게 복음을 전했다.

사도행전 13장은 드디어 1차 전도여행이 시작하는 장입니다. 바울(사울)과 바나바는 안디옥 교회에서 이방 선교사로 정식 파송을 받아 전도여행을 시작합니다. 1차 선교여행은 바나바가 선교여행의 중심 인물로 출발하지만 중간에 (행 13:13) 리더가 바울(사울)로 바뀝니다. 바울과 바나바는 어느 지역에 도착하든지 먼저 유대인들의 회당에 들어가서 복음을 전했습니다. 그러나 유대인들이 듣지 않을 때는 이방인들에게 가서 복음을 전하는 순서로 진행했습니다. 곧장 이방인에게 가는 것이 아니었습니다.

1차 전도여행은 2년의 시간이 소요됐고, 수리아 안디옥에서 시작해 '더베'라는 곳에서 유턴합니다(갈라디아 지역). 다시 돌아오면서 자신들이 세웠던 교회를 재방문하고 장로를 세우고 교회를 굳게 했습니다.

헬라인들이 주축이 된 안디옥 교회의 지도자는 바나바와 바울이었습니다. 그 외에 니게르라 하는 시므온과 구레네 사람 루기오와 분봉 왕 헤롯의 젖동생 마나엔 등이 있었습니다. 그들이 하나님께 예배하며 금식할 때, 주의 성령이 당신의 뜻을 분명히 계시하셨습니다. 그들은 성령의 지시를 좇아 바나바와 바울을 선교사로 파송하기로 하고 모든 영적·재정적 후원을 감당했습니다. 최초의 선교팀은 바나바, 바울 그리고 마가(요한) 세 사람으로 구성되었습니다.

🍃 **열매 맺기**

마가(요한)

마가(요한)는 바나바의 조카로서 수행원으로 동행했는데, 밤빌리아 버가로 가는 도중에 여행을 중도포기하고 돌아간다. 이 일로 나중에 바나바와 바울이 불화하는 원인이 되기도 한다. 마가(요한)는 〈마가복음〉의 저자이기도 하다.

🍃 숲 길잡이 _성경의 전체를 표로 알아봅니다

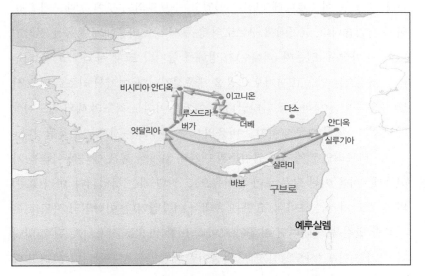

🍃 **열매 맺기**

바울의 1차 전도여행 순서

안디옥 – 실루기아 – 살라미 – 바보 – 버가 – 비시디아 안디옥 – 이고니온 – 루스드라 – 더베 – 루스드라 – 이고니온 – 비시디아 안디옥 – 버가 – 앗달리아 – 안디옥

바울은 안디옥에서 출발해서 바나바의 고향인 구브로 섬의 살라미와 바보에 들러서 복음을 전하고 버가로 갑니다. 버가에서 루스드라로 갔다가 비시디아 안디옥을 거쳐 이고니온을 지나 더베까지 갑니다. 더베에서 유턴해서 다시 앗달리아 항구에서 배를 타고 안디옥으로 돌아오는 데 2년이 걸렸습니다. 여러분은 저와 함께 지팡이를 짚어가며 같이 바울 일행을 따라가 보겠습니다.

🍂 신약 숲으로 _성경의 중심내용을 알아봅니다

구브로 사역

바울 일행은 안디옥에서 실루기아 항구로 가서 배를 타고 구브로 섬(사이프러스)에 도착합니다. 구브로는 바나바의 고향으로, 지중해 3대 도시 중 하나이며, 중동과 소아시아 중간에 위치한 섬입니다. 구브로 섬의 살라미 회당에서 복음을 전하고 수도 바보에 이르게 됩니다(바보는 살라미에서 170km 거리). 바보는 아프로디테 신전이 있었고, 구브로의 수도이기 때문에 화려한 도시였습니다. 그곳에서 구브로의 총독 서기오 바울에게 복음을 전하려 했을 때 마술사 '엘루마'(바예수)가 방해를 합니다. 그때 사울(바울)은 엘루마를 소경으로 만들고 서기오 바울을 개종시킵니다. 여기서 최초로 다소 사람 사울의 이름이 바울로 나타납니다. 이것은 아마도 최초의 해외 전도여행에서 얻게 된, 첫 개종자 서기오 바울의 이름에서 따온 것으로 추측됩니다.

많은 히브리인은 자기의 원이름과 더불어 로마식 혹은 헬라식 이름을 가졌는데, '바울'이란 말은 로마식 이름으로 '작다'라는 뜻입니다. 마가(요한)의 경우도 마가는 로마식, 요한은 유대식 이름입니다. 이방인의 사도로 본격적인 발걸음을 내디딘 사울이 로마식 이름 바울을 사용하게 된 것입니다. 누가는 이후 〈사도행전〉에서 바울이란 이름만을 사용합니다. 그리고 다시 배를 타고 버가로 갑니다.

버가

버가는 밤빌리아의 수도입니다. 그때 마가(요한)는 예루살렘으로 돌아갑니다(행 13:13). 밤빌리아 옆에 있는 긴 타우루스 산맥은 봉우리가 높고 골이 깊은 산맥입니다. 게다가 산적이 많아, 나이도 어리고 이방 선교에 대한 확신도 부족했던 마가는 그 험난한 산맥을 넘을 용기가 없었습니다. 마가

🍂 열매 맺기

버가

소아시아 남쪽에 있는 밤빌리아의 버가는 지중해의 해안 지방으로 로마의 한 주였으며, 밤빌리아의 수도이다.

(요한)가 돌아가자, 후에 그의 문제로 바울과 바나바 사이에 시비가 생깁니다. 바울은 "이제부터 내가 다시는 마가를 데리고 여행을 가지 아니하리라"라며 심중에 마가를 선교에 부적절한 자로 낙인찍습니다.

마가가 돌아가고부터 전도여행의 주도권을 바울이 잡습니다. 누가는 바보에서부터는 '바나바와 사울'이라고 하지 않고 '바울과 동행하는 사람들' 또는 '바울과 바나바'(행 13:13)라고 말합니다. 이후에도 바나바는 등장하지만, 〈사도행전〉은 바울 사도를 중심으로 기록됩니다. 대사도 베드로가 사라지듯, 바나바도 선교 역사 기록의 전면에서 사라집니다. 세례 요한이 예수님께 자리를 비켜주듯, 예루살렘 교회의 핵심 인물이요, 선교 역사의 1세대였던 바나바는 자신이 지원하고 세워줬던 믿음의 형제에게 중심 인물의 자리를 내어주고 참으로 아름다운 이름을 첫 교회의 역사에 남긴 채 퇴장합니다. 버가에서 비시디아 안디옥으로 가게 됩니다.

비시디아 안디옥 – 이고니온

비시디아 안디옥은 비시디아 변경에 가까웠으며 수리아의 안디옥과 구별하기 위해 이렇게 불렀습니다. 바울의 일행은 비시디아 안디옥에 도착했을 때 유대인들에게 설교할 기회를 얻게 됩니다(이것은 기록된 바울의 첫 설교이다). 그는 스데반과 같이 하나님께서 이스라엘을 다루신 방법에 대해 구약의 역사적 토대를 설명했습니다. 예수님은 구약의 예언을 성취한 그리스도라는 것입니다(행 13:23). "너희가 죽였던 그 예수가 바로 다윗의 자손인 메시아였다. 예수 그는 하나님이셨다. 그런데 너희들이 그를 죽였다." 스데반의 설교와 굉장히 흡사합니다. 그러자 그 설교를 듣고 비시디아 안디옥의 유대인들은 반박하고 비방합니다(행 13:44~52). 바울은 예수님이 주인 되시고 생명 되심을 말했는데 너희가 받지 않았기 때문에 내가 너희를 버리고 이방인들에게 가겠다고 선언합니다(행 13:46). 바울은 먼저 유대인의 회당에 들어가서 복음을 전하고 그들이 받아들이지 않으면 이방인들에게 말씀을 전했습니다. 이방인들은 그 말씀을 듣고 기뻐하며 믿는 자들의 수를 더해갔습니다. "주의 말씀이 그 지방에 두루 퍼지니라"(행 13:49). 유대인들이 유력자를 선동하여 그들을 박해하자 발에 티끌을 털고 그 도시에 교회 또는 장로를 세우고 갈라디아의 수도인 이고니온으로 갑니다. 그곳에서 유대인들은 이방인들을 선동해 바울과 바나바를 돌로 치려 합니다. 그러자 바울과 바나바는 오래 머물지 못하고 루스드라로 피해 갑니다.

루스드라 사역

루스드라는 이고니온에서 남쪽으로 약 32km 지점에 있는 성읍입니다. 그곳에서 바울은 나면서 앉은뱅이인 병자를 일으킵니다. 이 이야기는 사도행전 3장에서 베드로와 요한이 앉은뱅이를 고친 사건을 상기시킵니다. 그러자 그 지역 사람들은 기적을 일으킨 바울과 바나바를 향해 '제우스'와 '헤르메스'라고 신격화하며 그들에게 제사를 드리려 했습니다. 그리스 신화에 나오는 제우스와 헤르메스는 부자지간인데, 이들이 인간의 옷을 입고 이 땅에 왔으나 사람들이 그들을 알아보지 못하자 화가 나서 사람들에게 고난을 줬다는 전설이 있었습니다. 때문에 바울과 바나바가 눈앞에서 기적을 행하자 '그 제우스와 헤르메스가 또 나타났나보다' 하고 그들을 숭배하고 제사를 드리려 했던 것입니다. 그때 바울과 바나바는 "우리도 여러분들과 같은 성정을 가진 사람이라 여러분에게 복음을 전하는 것은 이런 헛된 일을 버리고 천지와 바다와 그 가운데 만물을 지으시고 살아 계신 하나님께로 돌아오게 함이라"(행 14:15)라고 외칩니다.

비시디아 안디옥과 이고니온으로부터 유대인들이 바울과 바나바를 죽이려고 루스드라까지 와서 그들을 향해 돌을 던집니다. 안디옥에서 루스드라까지는 70km인데 유대인들은 바울을 핍박하기 위해 이와 같이 먼 거리에서도 찾아온 것입니다. 돌로 친 후 죽은 줄 알고 성 밖으로 내다버립니다. 그러나 죽지 않았습니다. 바울이 그렇게 돌에 맞고도 죽지 않고 일어나 스스로 성으로 들어갈 수 있었던 것은 기적이 아닐 수 없습니다.

바울은 주님을 위해 고난받는 것을 마땅히 여기고 기쁘게 생각했기 때문에 다시 일어나서 다른 지역에 가서 복음을 힘 있게 전파할 수 있었습니다. 그리고 마지막 더베로 갑니다. 더베는 루스드라에서 동남쪽으로 27km 지점에 있으며, 바울의 1차 전도여행의 종점입니다. 바울은 많은 사람을 더베에서 제자로 삼았지만, 성경은 선교 사역에 대해 간결하게 기록하고 있습니다. 다시 이미 복음을 전했던 사역지들을 차례로 돌아보며 사역합니다.

다시 거기서 배를 타고 안디옥으로 갈 수 있었지만 자신들이 세웠던 교회들, 루스드라와 이고니온과 비시디아 안디옥을 재방문하며 제자들의 마음을 굳게 하여 믿음이 흔들리지 않게 하였습니다. 또한 하나님 나라에 들어가려면 많은 환난을 겪어야 한다고 경고하며 장로들을 택하여 금식 기도하게 하는 사역을 하였습니다.

안디옥 교회에서 1차 전도여행 보고

바울은 안디옥 교회에서 선교 보고를 합니다. 그런데 바울이 전도여행으로 안디옥을 떠나 있을 때에 안디옥 교회에 심각한 혼란이 생깁니다. 율법주의적 전통에 젖어 있던 유대 기독교인들이 유대로부터 올라와서 안디옥 교회 사람들을 향하여 심각하고 혼란스러운 말을 합니다. "너희가 은혜로 믿음으로 구원을 받는 것이 아니다. 그것만 가지고 되는 것이 아니라 할례를 다 받아야지만 구원을 받는다." 쉽게 말하면 '육체적 할례를 받아서 유대인이 되어야지만 구원을 얻는다'라는 말입니다. 안디옥 교회 성도들은 바울과 바나바에게 배운 것과 다르기에 혼란이 생겼고 바울과 바나바는 이 문제를 중재하고 해결하기 위해 예루살렘 교회로 갑니다.

예루살렘 공회

예루살렘 교회와 안디옥 교회 지도자가 모여서 종교회의를 하게 됩니다. 예루살렘 공의회는 기독교 역사상 최초의 종교회의였습니다. 바울과 바나바가 예루살렘 지도자들 앞에서 1차 전도여행의 결과를 보고하자 바리새파 출신의 신자들이 이방인 신자들에게도 언약의 증표인 할례를 시행하고 모세의 율법을 준수하게 해야 한다고 재차 주장합니다. 이방인들의 관습과 상황에 비추어볼 때, 이들의 주장을 따르기란 쉬운 일이 아니었습니다. 따라서 이들의 주장대로 이방인에게 할례와 율법 준수를 강요한다면, 사실상 복음 전도는 요원한 것이 될 수밖에 없었습니다. 바울은 유대 전통주의자들이 주장했던 "할례를 받지 않으면 구원이 없다"는 논증에, 할례가 아닌 은혜로 인한 믿음이 구원을 가능하게 하는 것이라고 반박했습니다. 이 예루살렘 공의회의 결정에 따라 이방인 선교가 결정적 타격을 받을 수도 있었습니다. 그래서 예루살렘 교회의 지도자들은 이 문제를 두고 많은 토론을 벌였습니다. 그때 베드로가 고넬료의 경험을 예로 들면서 보충 발언을 했습니다(행 15:6~11).

구원은 오직 예수 그리스도를 믿는 믿음으로만 가능하다고 선포했습니다. 바울과 바나바는 선교여행 중에 나타난 성령의 역사와 이방인의 복음 영접을 증명함으로써 유대인과 이방인이 동일한 구원의 은혜 안에 있음을 강력히 주장했습니다. 그러자 종교 지도자였던 야고보는 이렇게 결론을 냅니다. "구원은 율법의 규례나 할례가 아닌 믿음으로 얻는다. 단 이방 제도의 관습만은 피하도록 편지를 통해서 권면하자"(행 15:20). 이방 제도의 관습 '목 매어서 피 채 먹는 것'은 짐승을 거꾸로 매달아 밑에서부터 잘라서 피를 받아 피와 같이 고기를 먹는 음식문화였다고 합니다. 그렇게 하지 말라는 것입니다.

하나님의 사람이기 때문에 세상 가운데서 구별함을 받는 것이 마땅합니다. 야고보는 예루살렘 교회의 가장 영향력 있는 지도자이며 예수님의 동생으로 존경받는 위치에 있었으므로 그의 발언은 매우 큰 영향을 끼쳤습니다. 예루살렘에서 공회 결과(편지)를 안디옥 교회에 전달했습니다(행 15:30~35). 사도행전 15장에 예루살렘 공회가 이방 선교에 있어서 매우 중요한 의미를 가지는 이유는 이방인들은 할례를 받을 필요가 없고, 오직 예수 그리스도를 믿음으로 구원받는다는 것을 공식적으로 채택한 회의였기 때문입니다.

갈라디아서
은혜로 인한 구원

🍃 뿌리내리기 _성경의 전체를 알아봅니다

🌿 열매 맺기
갈라디아

북갈라디아와 남갈라디아로 나눌 수 있다. 〈갈라디아서〉의 배경은 B.C. 275년경 침략한 켈트족이 정착하면서 형성되기 시작한 북쪽 지역이라는 설과, B.C. 275년 로마인들이 갈라디아 주를 만들 때 덧붙여진 남쪽 지역이라는 두 가지 설이 있다. 하지만 바울이 주로 남갈라디아를 돌며 전도여행을 했기에 남갈라디아가 배경이라는 설이 유력하다.

갈라디아는 소아시아(지금의 터키)의 중앙에 위치한 로마의 한 주였습니다. 〈갈라디아서〉는 갈라디아 성도들이 그리스도 안에서 누리는 자유를 율법의 속박으로 바꾸도록 가르쳤던 거짓 교사, 곧 유대인 율법주의자들이 야기한 문제에 대해 변론하고 있습니다. 행위를 강조한 거짓 복음을 폐지하고, 믿음을 통해 은혜로 얻는 구원을 논증하기 위해 이 서신서를 기록했습니다. 그러기에 이 서신은 '그리스도인의 자유에 대한 대헌장'이라고 불렸습니다. 기록 연대에 대해서 여러 가지 학자들의 견해가 있지만, 정통된 견해는 A.D. 53~56년, 예루살렘 공의회가 끝나고 안디옥으로 올라가는 여정 어디쯤에서 갈라디아 교회를 생각하면서 편지를 썼다고 봅니다. 사도 바울의 서신서 중에서 첫 번째 서신서가 아마 〈갈라디아서〉일 것입니다.

바울 일행은 1차 전도여행의 2년 동안 갈라디아 지역에 복음을 전하고 교회를 세웠습니다. 바울이 안디옥에 돌아왔을 때 유대에서 유대인들이 올라와 믿음으로만 구원받을 것이 아니라 율법과 할례를 받아야 구원을 받는다고 이야기를 했습니다. 이 때문에 논쟁이 생기고 급기야 예루살렘 종교회의가 열려 "행위도 율법도 할례도 아닌 믿음으로만 구원받는다"는 사실을 천명하게 됩니다. 그래도 유대주의 기독교인들은 이 선언에 대해 계속해서 불만을 갖습니다. 그 결과 바울의 반대파들이 생기기 시작합니다.

안디옥 교회만 그런 것이 아니라 방금 전도하고 온 갈라디아 교회도 마찬가지로, '구원받은 백성이 되기 이전에 유대인이 되어야 한다'라는 것을 가르쳐 혼란이 시작됩니다. 갈라디아 교회 교인들은 개종한 지 얼마 되지 않은 초신자들이었고, 신앙적으로도 성숙하지 못했을 뿐 아니라, 남갈라디아 지역에는 많은 유대인이 거주하고 있어서 바울의 '이신득의' 교리에 대한 배타적인 태도를 마음에 간직하고 있었고, 이방인 개종자들도 이신득의' 복음에 대한 깊이 있는 이해가 부족하였습니다. 따라서 바울이 이곳을 떠난 후 율법주의를 신봉하는 거짓 교사들의 가르침에 이들은 쉽게 미혹되었던 것입니다.

이들은 자신들의 주장을 합리화하기 위해 바울의 사도권을 부인하였습니다. 그래서 바울이 시급하게 갈라디아 교회를 향해서 붓을 들어 편지를 쓴 것이 〈갈라디아서〉입니다. 그는 자신의 사도권을 부정하는 사람들에게 "나는 하나님으로부터 직접 사도로 임명받은 사람이다"라고 자신을 변증했습니다. 그리고 본론에 들어가서 "구원은 행위나 율법이나 할례로 받는 것이 아니라, 믿음으로 받는다. 그리고 너희들은 구원받은 백성들이기 때문에 삶도 생활도 거룩해야 된다"라고 기록하였습니다.

🍃 숲 길잡이 _성경의 전체를 표로 알아봅니다

초점	복음의 정당성과 복음의 변호	복음이란 무엇인가	복음을 어떻게 적용할 것인가
구절	1~2장	3~4장	5~6장
구분	바울의 사도직 바울의 권위	율법의 속박과 은혜의 자유	성령의 열매
주제	자유의 입증 (율법과 자유)		자유의 적용 (구체적인 권면)

갈라디아서 1~2장은 자신의 사도직과 사도된 권위를 정당화합니다.

> 사람들에게서 난 것도 아니요 사람으로 말미암은 것도 아니요 오직 예수
> 그리스도와 그를 죽은 자 가운데서 살리신 하나님 아버지로 말미암아 사
> 도 된 바울은(갈 1:1).

너희들이 가장 존경하는 베드로를 내가 면전에서 책망했다고 말합니다. 초기 문서에는 따귀 때렸다고 나오는데 그건 잘못된 것입니다. 3~4장은 은혜의 복음을 설명합니다.

> 또 하나님 앞에서 아무도 율법으로 말미암아 의롭게 되지 못할 것이 분명
> 하니 이는 의인은 믿음으로 살리라 하였음이라 율법은 믿음에서 난 것이
> 아니니 율법을 행하는 자는 그 가운데서 살리라 하였느니라(갈 3:11~12).

구원은 은혜로 인한 믿음받는 것이며 의롭다 칭함이나 율법도 아닌 믿음으로 받는 것이기에 너희 갈라디아인들은 율법이 아닌 믿음으로 구원을 받은 자들이라는 것입니다. 5장 마지막에서는 구원받은 자는 자유인이기 때문에 삶의 위치가 있다고 합니다. 성령 안에서 자유한 자들이지만 그 자유

에 책임이 따른다는 것입니다. 그것은 육체의 소욕을 따라서 살 것이 아니라 성령을 따라서 살아야 한다고 가르칩니다.

🍃 신약 숲으로 _성경의 중심내용을 알아봅니다

바울의 논쟁과 투쟁(복음 VS 율법)

〈로마서〉와 〈갈라디아서〉는 약간 교리적입니다. 〈갈라디아서〉는 '구원은 행위가 아닌 믿음으로 받는다'라며 구원에 대한 분명한 입장을 밝힙니다. 바울의 이러한 견해를 반대하는 유대주의 그리스도인들은 자신의 입지를 세우기 위해 '사울은 사도도 아니다. 그가 전한 복음은 복음도 아니다'라며 바울의 사도직과 복음을 문제 삼게 됩니다. "바울은 율법 파괴자다", "바울은 역사적 예수로부터 어떤 가르침도 받지 않았다", "역사적 예수를 알지 못하는 약점이 있다" 등은 모두 틀린 말은 아니에요. 바울은 갈라디아 사람들에게 자신의 사도성과 복음의 정통성을 주장합니다. 그리고 "내가 전한 복음은 사람에게 받은 것, 들은 것도 아니고 그리스도의 계시로 받은 복음이다" 하면서 거짓 교사들의 가르침에 넘어간 무리들을 책망합니다.

서두에 바울은 거룩한 분노로 가득 찼습니다. 거짓 교사들을 선동하자 귀가 얇은 갈라디아 성도들이 금방 넘어간 데 대해 무척 화가 납니다. 바울은 많은 이방 사람이 복음을 듣고 예수님을 믿어 교회가 흥왕하는 현장을 보고 왔는데, 정작 유대주의 기독교인들은 바울을 무시하고 잘못된 복음을 전하자 거기에 넘어간 그 사실 앞에 통탄하면서 편지 서문에 들어갈 감사함을 다 빼고 본론으로 들어갑니다. 바울은 〈갈라디아서〉 곳곳에서 성도들을 사도적 권위로 책망하고 권면합니다.

"어리석도다 갈라디아 사람들아…"(갈 3:1~5), "다른 복음을 따르는 것을

🍃 **열매 맺기**

바울의 사도직에 대한 논란

1. 바울은 역사적 예수를 알지 못했다.
2. 바울은 역사적 예수로부터 제자로 부름받지 않았다.
3. 바울은 교회를 핍박했던 박해자였다.

내가 이상하게 여기노라…"(갈 1:6~7), "다른 복음을 전하면 저주를 받을지어다…"(갈 1:8~9), "다시 그들에게 종노릇하려 하느냐…"(갈 4:9~12). 유대주의 그리스도인들과 바울의 주된 논쟁의 이슈는 '믿음이냐, 율법이냐'였어요. 바울은 믿음으로 구원받는다 하였고, 거짓 교사들은 할례와 율법 준수도 구원을 받는 조건이라고 하였습니다. 두 사상은 첨예하게 대립하였습니다. 복음을 위한 바울의 투쟁이 얼마나 결연한지를 알 수 있습니다.

천사가 전한다 할지라도 내가 전한 복음 외에 다른 복음을 전하면 이것은 저주를 받는다는 것입니다(갈 1:7~9). 이신득의, 이신칭의 사상이 복음의 순수성과 정통성이라는 것입니다. 그래서 구원받은 자들이 얻은 자유, 그 자유를 가지고 어떻게 살아야 할 것인가에 대해서 언급하고 있습니다. 〈갈라디아서〉의 핵심 구절은 "그리스도께서 우리를 자유롭게 하려고 자유를 주셨으니 그러므로 굳건하게 서서 다시는 종의 멍에를 메지 말라"(갈 5:1)로, 다시 죄의 구덩이에 들어가지 말라고 합니다. 그러면서 바울은 자유한 존재로서 책임을 이야기합니다. "진리에서 굳건히 서라. 서로 공동체 안에서 사랑하라. 성령 안에서 무시로 행하라. 모든 사람에게 선을 행하라." 이것이 성도들이 이루어야 할 네 가지 과업이라는 것입니다.

성령을 따라 행하라

성령을 받은 자는 그 책임이 반드시 따릅니다. 그 책임은 성령을 따라 사는 것입니다. "성령을 따라 행한다(Pneumati Peripateite)"라는 구절을 문자적으로 번역하면 "성령에 의해 계속 걸어간다"라는 의미를 담고 있습니다. 또한 걷는다는 것은 이 문맥에서는 "생활한다"는 것을 의미하기도 합니다. 따라서 일상생활 속에서 성령의 인도하심과 매 순간의 접촉을 강조합니다. '성령을 따라' 사는 일은 성도의 일상적이고 지속적인 행위가 되어야 합니다. 성령은 우리의 뜻이나 본성의 욕망이 상충될 때 하나님을 따를 수 있도록 힘을 주십니다.

> 너희 안에서 행하시는 이는 하나님이시니 자기의 기쁘신 뜻을 위하여 너
> 희에게 소원을 두고 행하게 하시나니(빌 2:13).

우리의 행위로는 구원을 얻을 수 없고 거룩하게 될 수도 없습니다. 성령을 따라 행할 때 그 결과는 무엇입니까? 육체의 욕심을 이루지 아니할 수 있습니다. 우리가 예수님을 영접해도 죄악된 본성은 여전히 존재합니다. 그러나 하나님은 우리가 성령의 통제 아래 죄악된 본성을 두게 함으로써, 그분이 그것을 변화시킬 수 있게 하십니다. 우리가 일상 속에서 성령을 좇아 살지만 육체의 소욕이 찾아올 때는 어떻게 합니까? 육체의 소욕을 억지로 누르거나 지우려하지 말고 성령을 따라 살면 자연히 없어집니다.

어두운 방에 어둠을 내보내기 위해서는 불만 켜면 됩니다. 육체의 소욕을 내가 어떻게 제어할지 고민하고 결심하지 말라는 것입니다. 단지 내가 성령을 좇아 살고 성령을 받으면 된다는 것입니다. "성령을 좇아 행하라 그리하면 육체의 욕심을 이루지 아니하리라"(갈 5:16). 끊어버리려고 노력하지 말고 적극적으로 성령을 향하다 보면 육체의 욕심이 끊어진다는 것입니다.

담배나 술을 끊으려면 잘 끊어지지 않습니다. 성령을 따라 행하세요. 성령에 취해 사십시오. 그러다 보면 언제부턴가 담배 냄새가 싫어집니다. 어떤 나무인가에 따라 열매가 달라집니다. 감이 열리기 때문에 감나무가 아니라 감나무이기 때문에 감이 열리는 것입니다. 예수님은 "그 열매로 나무를 아느니라"고 말씀하셨습니다(마 12:33). 내적인 실제가 외적으로 드러난다는 것입니다. 우리의 내적인 실제는 예수 그리스도의 성령입니다. 가장 좋은 신앙인은 내적으로 예수 그리스도의 생명과 성령을 가졌기 때문에 인격으로 드러나는 신앙입니다. 즉 신앙의 인격화입니다. 구원받은 자가 마지막으

🌱 **열매 맺기**

죄악된 본성을 다루는 방법

1. 자신이 이기적이고 죄악된 본성을 갖고 있음을 인정하라(렘 17:9).
2. 그 모든 성향과 더불어 이기적인 본성을 그리스도께 복종시키라(갈 2:20).
3. 자신의 생각과 행동, 정열과 능력을 모두 주께 맡겨라.
4. 이웃에 대한 섬김을 당신 삶의 가장 우선되는 것으로 삼아라.

성경은 이 과정을 성결의 훈련이라고 부른다(딤전 4:7).
– 《LAB 주석》, 성서 유니온 참조

로 노력해야 할 것이 바로 예수님을 닮는 것입니다. 일상적인 습관과 매너와 인격을 통해 내가 드러나는 것입니다. 하나님 앞에서 부족하고 설익었지만 그 열매를 키워야 합니다.

성령의 열매

본문에서 바울은, 열매는 나무의 성질에 따른 결과임을 말해주고 있습니다. 바울이 5장에서 소개한 열매는 다양한 의미를 가집니다. 성령으로 인한 것이라면 바울은 "성령의 행위"라고 말할 것 같지만, 성령의 열매로 성령의 결과물을 표현하고 있습니다. 열매는 단수로서 모든 열매가 하나의 단일체로 존재하는 것을 의미하며 나눌 수 없다는 것도 의미합니다.

성령의 열매는 성도의 삶 전반에서 드러나는 덕목입니다. 다시 말하면 성령의 열매는 구원을 얻은 성도 각 개인에게 성령 사역의 자연스러운 결과물로 마땅히 드러나는 것입니다. 그러면 성령의 은사와는 무엇이 다르냐고 묻는 분이 계십니다. 성령의 은사는 하나님의 무조건적인 은혜의 선물로서 성도 자신과 교회의 유익을 위해서 선택적으로 주신 것입니다. 따라서 하나의 수단이지 그것 자체가 목적은 아닙니다.

1. 사랑(아가페, agape)

예수님께서 보여주신 사랑은 자기희생적이며 불변하는 것입니다. 이는 성령받은 성도의 생활 가운데 가장 두드러지게 나타나야 하는 성품입니다. 왜냐하면 사랑은 하나님의 가장 근본적인 속성이기 때문입니다.

> 사랑하는 자들아 우리가 서로 사랑하자 사랑은 하나님께 속한 것이니 사랑하는 자마다 하나님으로부터 나서 하나님을 알고 사랑하지 아니하는 자는 하나님을 알지 못하나니 이는 하나님은 사랑이심이라(요일 4:7~8).

🖋 **열매 맺기**

성령의 결과물

열매가 결과물이라면 성장하기까지 시간이 걸리며 돌봐주고 가꾸어야 한다. 성령은 열매를 맺으신다. 우리가 할 일은 성령의 인도하심에 따라 우리 자신을 맞추는 것이다. 성도들은 노력을 통해서가 아니라 단순히 성령으로 충만함으로써 성령의 열매를 맺는다.

🖋 **열매 맺기**

성령의 9가지 열매

• 하나님과의 관계
–사랑, 희락, 화평
• 이웃과의 관계
–오래 참음, 자비, 양선
• 자신 안에서
–충성, 온유, 절제

죄인된 인간들을 구원하기 위해 아들을 보내신 것은 하나님께서 자신의 사랑을 입증한 것입니다(롬 5:1). 따라서 성령받아 하나님의 자녀가 된 우리는 하나님 사랑의 성품에 참여한 자이기에 무엇보다 사랑의 열매를 갖추게 되는 것입니다. 사랑은 성령의 모든 열매의 기초가 됩니다. 이 세상은 너무도 많은 감정을 사랑이라는 이름으로 명분화하고 정당화합니다. 이러한 사랑으로 하나님의 사랑을 말해서는 그분의 사랑을 알 수도, 경험할 수도 없습니다. 하나님의 사랑은 죽기까지 사랑한 자기희생적이요, 무조건적입니다. 따라서 성숙한 성도는 그 마음에 하나님의 사랑이 넘칠 뿐만 아니라 그 넘치는 사랑으로 마음을 다하고 목숨을 다하고 뜻을 다하여 하나님을 사랑하고 또한 이웃을 자기 몸같이 사랑하게 됩니다. 바로 이것이 성도가 지킬 큰 계명이라고 주님은 말씀하셨습니다.

> 예수께서 이르시되 네 마음을 다하고 목숨을 다하고 뜻을 다하여 주 너의 하나님을 사랑하라 하셨으니 이것이 크고 첫째 되는 계명이요 둘째도 그와 같으니 네 이웃을 네 자신같이 사랑하라 하셨으니 이 두 계명이 온 율법과 선지자의 강령이니라(마 22:37~40).

따라서 이웃에 대한 진정한 사랑은 언제나 하나님에 대한 사랑에서만 우러나오는 것으로서 하나님의 사랑에 종속됩니다. 그러므로 이 두 가지 사랑(하나님 사랑, 이웃 사랑)은 항상 병행되어야 합니다.

2. 희락(카라, chara)

인간은 하나님의 형상으로 지음받았기에 본능적으로 절대성과 영원성을 사모하는 마음이 있습니다. 그러나 죄의 오염으로 인해 하나님과의 관계가 단절된 후 우리는 참된 기쁨과 절대 만족을 얻을 수 없는 존재가 되었습니다. 아무리 이 세상에서 모든 것을 누린다 할지라도 하나님과의 관계가 회복되지 않는 한 결코 영혼의 기쁨(희락)이 없을 것입니다.

희락은 외부적인 환경에도 불구하고 내재하는 내적인 기쁨, 이 특성은 행복과 관련이 없으며 불행할 때에도 존재합니다. 성도의 기쁨은 무엇 때문에(For) 감사하는 것이 아니라, 주님 안에(In) 있기 때문에 기뻐할 수 있는 것입니다. 성령의 열매인 카라는 삶의 상황이 결핍되고 다소 만족스럽지 못하게 보일지라도 지속되는 깊고 풍성한 만족이고 기쁨인 것입니다. 성령 안에 거하는 자는 자신의 마음속에 항상 솟아나는 큰 기쁨을 가지고 있을 뿐 아니라 타인에게도 풍성한 기쁨을 줄 수 있습니다.

> 내가 너희에게 쓸 것이 많으나 종이와 먹으로 쓰기를 원하지 아니하고 오히려 너희에게 가서 대면하여 말하려 하니 이는 너희 기쁨을 충만하게 하려 함이라(요이 1:12).

3. 화평(에이레네, eirene)

역경 속에서도 지속되는 내적 고요함과 하나님의 주권과 정의에 대한 신뢰감은, 하나님께서 우주를 통치하신다는 진리에 대한 동의(同意)입니다. 생명과 진리의 영이신 성령으로 충만하게 된 성도는 근본적인 평안을 누리게 됩니다. 즉, 지금까지 삶을 우울하게 만들었던 불만과 염려와 불안이 사라지게 됩니다. 또한 마음에 화평을 가진 성도는 나아가 화평하게 하는 자가 될 수 있습니다. 이는 자신이 하나님의 자녀라는 증거입니다.

> 화평하게 하는 자는 복이 있나니 그들이 하나님의 아들이라 일컬음을 받을 것임이요(마 5:9).

성숙한 성도가 있는 곳에는 분쟁이 없어지며 평화가 찾아올 것입니다.

> 할 수 있거든 너희로서는 모든 사람과 더불어 화목하라(롬 12:18).

성령의 열매 중 두 번째인, 이웃과의 관계 속에서의 열매가 있습니다. 오래 참음, 자비, 양선입니다. 이 열매는 우리가 불신자들 앞에서도 하나님의 자녀임을 드러내는 지표 역할을 하기도 합니다.

4. 오래 참음(마크로쑤미아, makrothumia)

성령의 인도하심을 받은 성도는 장차 이루어질 구원을 믿음으로 바라봐야 합니다. 따라서 외부로부터 닥칠 환난과 핍박 가운데서도 실망하지 않고, 믿음으로 승리한 자에게 주어질 영광을 바라보면서 자신을 핍박하는 자를 미워하지 않는 것이 중요합니다. 그러기에 성도는 소망 중에 오늘을 참는 인내가 필요합니다. 왜 우리는 인내가 필요할까요? 하나님의 뜻을 행한 후에 약속을 받기 위함입니다.

> 너희에게 인내가 필요함은 너희가 하나님의 뜻을 행한 후에 약속하신 것
> 을 받기 위함이라(히 10:36).

하나님의 약속은 궁극적으로 영원한 생명과 구원이지만, 이 땅을 살아가면서 하나님께서 우리에게 주실 축복을 받기 위해서는 우리의 인내가 필요합니다. 그럼 인내의 뿌리는 어디로부터 올까요? 고린도전서 13장을 보면 인내의 뿌리는 사랑이라는 것을 알 수 있습니다.

"사랑은 오래 참고…"(고전 13:4)라는 말씀으로 시작해서 7절 끝에는 "모든 것을 참으며… 모든 것을 견디느니라"(고전 13:7)로 마무리하고 있습니

다. 사랑은 오래 참는 것에서 시작되고 모든 것을 견디는 것으로 끝이 납니다. 결국 오래 참음은 사랑의 열매인 것입니다.

우리의 인내 대상은 두 가지가 있습니다. 사람에 대해서 참고 환경에 대해서 견디는 것입니다. 오래 참는 것, 견디는 것, 인내하는 것의 보상이 언제일지는 모르지만 하나님께서는 정확하게 인내의 보상을 주실 것입니다. 하나님은 기다리는 사람에게 가장 좋은 것을 주시는 분이십니다. 끝까지 참고 견디는 자는 구원을 얻으리라 약속하신 것처럼 인내하는 모든 사람에게 아름다운 것을 반드시 주실 것입니다. 그렇다면 인내의 수준은 어디까지일까요? 얼마나 참아야 합니까? 성경은 예수님처럼 참으라고 말씀합니다.

> 믿음의 주요 또 온전하게 하시는 이인 예수를 바라보자 그는 그 앞에 있는
> 기쁨을 위하여 십자가를 참으사 부끄러움을 개의치 아니하시더니 하나님
> 보좌 우편에 앉으셨느니라(히 12:2).

우리의 인내 모델은 주님이십니다. 내 죄를 위해서 십자가의 고통을 참으신 예수님을 바라본다면 우리는 더한 어려움도 견더낼 줄로 믿습니다.

5. 자비(크레스토테스, chrestotes)

자비(kindness, 慈悲)는 약자에게 대하는 부드러운 성품을 가리킵니다. 자비는 하나님께서 우리를 '부드럽고 친절하게' 인도하셔서 구원으로 이끄시는 것을 표현할 때 사용합니다. 목자가 어린양을 돌볼 때 억지로 끌고 가거나 마구 때리거나 하지 않고, 말 안 들어서 화가 나더라도 참아주고 기다려주는 것 같은 '부드러움과 친절함'입니다.

우리는 천성적으로 나의 일, 나의 문제, 나의 계획에만 신경 씁니다. 그러나 자비의 성품을 가진 자는 생각을 확장하여, 주변 사람들의 행복과 안녕

에 진심으로 관심을 기울입니다. 예수님께서 십자가를 통해 우리를 불쌍히 여기신 것처럼 다른 사람을 불쌍히 여기는 마음이 바로 자비입니다. 동정하라는 것이 아니라, 상대를 판단하거나 정죄하지 않고 긍휼히 여기며, 언행에 경솔하지 않고, 다른 사람에 관대하며 성공을 빌어주는 것입니다.

하나님께서는 모든 인간, 심지어 배은망덕한 반역자들에게도 자비를 베푸셨습니다. 예수님께서도 우리에게 "오직 너희는 원수를 사랑하고 선대하며 아무것도 바라지 말고 꾸어 주라"(눅 6:35)라고 말씀하셨습니다.

> 너희가 만일 하나님의 인자하심에 머물러 있으면 그 인자가 너희에게 있으리라 그렇지 않으면 너도 찍히는 바 되리라(롬 11:22).

자비의 열매가 마음에 맺히면 이해 못하고 용서 못할 일이 없습니다. 어떤 사람이라도 선으로 이해할 수 있고 사랑으로 포용할 수 있지요. '누구는 이래서 좋고, 누구는 저래서 싫다' 하지 않습니다. 걸리거나 불편한 사람도 없고, 원수는 더더욱 없지요. 마치 어머니가 젖먹이 아이를 대하듯 모든 사람을 넉넉하게 포용할 수 있습니다. 설령 어떤 사람에게 큰 허물이 있다 해도, 혹은 중한 죄를 지은 것이 드러났다 해도, 판단이나 정죄보다 긍휼의 마음이 앞섭니다. 죄는 미워하되 사람은 미워하지 않고 상대를 이해해주며 그를 살리고자 하는 것입니다. 우리는 죄로 인하여 죽을 수밖에 없었던 나를 구원해주신 하나님의 은혜를 생각하고 모든 사람에게 자비를 베풀어야 합니다.

6. 양선(아가도수네, agathosune)

양선은 '어질고 착함'이란 뜻입니다. 이것은 자비보다 타인에 대해 더 적극적으로 선을 행하는 것을 가리킵니다. 다른 사람의 행복을 증진시키고자

다각적으로 행동하는 자비입니다.

> 우리는 그가 만드신 바라 그리스도 예수 안에서 선한 일을 위하여 지으심
> 을 받은 자니 이 일은 하나님이 전에 예비하사 우리로 그 가운데서 행하게
> 하려 하심이니라(엡 2:10).

이는 아주 놀라운 선언입니다. 우리는 그리스도 예수 안에서 지음을 받았을 뿐 아니라 선한 일을 위해 새로 태어났습니다. 우리는 하나님께서 선한 일을 위하여 지으신 자들입니다. 선한 일이란 소소한 일상에서 행하는 모든 것을 가리킵니다. 선을 행할 대부분의 기회는 평범한 일상에 있습니다. 내가 가진 은사, 재능, 직업 등 모든 상황은 다른 사람들을 섬김으로써 하나님을 섬기라고 그분께서 나에게 특별히 주신 것으로 여겨야 합니다.

베드로는 "각각 은사를 받은 대로 하나님의 여러 가지 은혜를 맡은 선한 청지기같이 서로 봉사하라"(벧전 4:10)라고 말했습니다. 현대를 사는 우리는 자칫하면 너무 바빠서 다른 사람을 돌아보지 못합니다. 그러나 나를 벗어나 주변 사람들의 필요를 살피고, 그들을 위해 시간과 생각과 노력의 대가를 지불해야 합니다. 선을 행할 기회는 우리 삶의 방해물이 아니라 하나님 계획의 일부이자 축복의 통로입니다.

"욥바에 다비다라 하는 여제자가 있으니 그 이름을 번역하면 도르가라 선행과 구제하는 일이 심히 많더니"(행 9:36). 선을 행하다 몇 번, 아니 수십 번 지치는 상황에 처할 때도 있습니다. 특히 도움을 받는 사람들이 그런 선한 행위를 당연한 것으로 여길 경우 더욱 그렇습니다. 그러나 진정한 양선은 수혜자의 감사나 보상을 바라보지 아니하고 오직 하나님만을 바라보는 것입니다.

7. 충성(피스티스, pistis)

'충성'(faithfulness)은 공동번역에서는 '진실'로, 표준번역에서는 '신실'로 번역했습니다. 영어로 믿음이 'faith'라면 충성은 'faithfulness'입니다. 충성이란 하나님의 일을 맡아서 신실하게 믿을 만하게 감당하는 자세를 말합니다. 본인이 맡은 일을 정성을 다해 최선으로 하는 것입니다. "시간을 선용하는 것이 충성입니다. 게으름은 인간이기에 어쩔 수 없는 성향이 아니라 하나님을 향한 불충성이요, 맞서 싸워야 할 내 속의 악입니다. 게으름은 충성하기 위해 제거되어야 할 대표적 악입니다."[1] 게으름을 이긴 자만이 충성의 성품, 충성의 열매를 얻을 수 있습니다.

1 김남준 목사 《거룩한 삶의 은밀한 대적 게으름》 본문 중 나오는 글

모든 인간은 근본적으로 거짓되며 이기적 존재이기 때문에 자연인으로서는 절대적 의미에서 충성된 사람은 없다고 할 수 있습니다. 그러나 성령을 받아 신실하신 하나님의 성품에 참여한 자는 하나님과 사람에게 충성을 다할 수 있습니다. 다니엘이 바로 여기에 해당합니다.

> 이에 총리들과 고관들이 국사에 대하여 다니엘을 고발할 근거를 찾고자 하였으나 아무 근거, 아무 허물도 찾지 못하였으니 이는 그가 충성되어 아무 그릇됨도 없고 아무 허물도 없음이었더라(단 6:4).

인간 세상에 대하여는 나라의 법을 하나님의 법 아래에서 준수하고, 사회에 대하여는 스스로를 철저히 헌신함으로 봉사하며, 자신을 희생함으로 이웃과 공동체의 유익을 도모하는 사람이 충성된 사람입니다.

예수님께서는 "지극히 작은 것에 충성된 자는 큰 것에도 충성되고 지극히 작은 것에 불의한 자는 큰 것에도 불의하니라"(눅 16:10)라고 말씀하셨습니다. 또 서머나 교회를 향해 "네가 죽도록 충성하라 그리하면 내가 생명의 관을 네게 주리라"(계 2:10)라고 말씀하셨습니다. 죽도록 충성하는 자에

게는 주님께서 "잘하였도다. 착하고 충성된 종아"라고 칭찬하시며 생명의 면류관을 주실 것입니다. 우리 모두가 각자에게 주신 재능을 최대한 개발하여 하나님께서 부여하신 자신의 사명을 성실하게 감당하고, 이러한 칭찬과 면류관을 받을 수 있기를 소망합니다.

8. 온유(프라우테스, prautes)

헬라어인 '프라우테스'는 '따뜻하고 부드럽다'는 뜻으로 '평온함', '쉼'으로도 번역할 수 있습니다. 온유는 자기중심적인 완고한 태도와는 상반된 것으로 타인에 대하여 상냥하고 부드러운 친절함을 가리킵니다. 이는 성령의 감동을 받은 성도의 내면에 자리 잡고 있는 사랑, 희락, 화평, 자비, 양선 등의 성령의 열매가 기본적 자질로 승화되어 외부적으로 나타난 것이라고도 볼 수 있습니다.

온유함은 다른 사람을 돕고자 허리를 구부리는 것입니다. 하나님은 우리를 돕고자 끊임없이 허리를 굽히십니다. 그분은 우리도 똑같이 하기를 원하십니다. 다른 사람의 권리와 감정에 민감해지기를 원하십니다. 진정한 온유는 강한 힘과 공존합니다. 강함이란 혈기와 자아가 살아 꿈틀거리는 것이 아닙니다. 사람이 원숙한 단계, 성숙한 단계, 정상급에 이르면 모두 온유해지고 순해집니다. 성경은 온유함을 그리스도의 대표적인 성품으로 소개하고 있습니다.

> 수고하고 무거운 짐 진 자들아 다 내게로 오라 내가 너희를 쉬게 하리라 나는 마음이 온유하고 겸손하니 나의 멍에를 메고 내게 배우라 그리하면 너희 마음이 쉼을 얻으리니 이는 내 멍에는 쉽고 내 짐은 가벼움이라 하시니라(마 11:28~30).

그리스도께서 이러한 온유함의 성품을 지니셨기에 사람들은 그분의 임재 가운데서 쉼을 누릴 수 있었습니다. 온유는 다른 사람들이 우리와 함께 있는 것을 편안하게 느끼게 합니다. 온유한 그리스도인의 주변에 있는 사람들은 쉼과 평안함을 누립니다. 온유한 사람은 다른 사람을 존중하며 깎아내리거나 업신여기거나 뒤에서 수군거리지 않습니다. 온유함과 밀접하게 연관된 성품은 '배려'입니다.

> 우리는 그리스도의 사도로서 마땅히 권위를 주장할 수 있으나 도리어 너희 가운데서 유순한 자가 되어 유모가 자기 자녀를 기름과 같이 하였으니 (살전 2:7).

> 온유는 온화한 태도로 다른 사람을 대하는 것이다. 그것은 다른 사람을 세심하게 신경 써 주는 것이며, 다른 사람의 권리에 대해 무감각해지지 않으려고 주의를 기울이는 것이다._빌리 그레이엄

9. 절제(엥크라테이아, egkrateia)

헬라어의 '엥크라테이아'는 '바른 자세', '자기 조절'이라는 뜻이며, 욕정을 눌러 자신의 의지를 주님의 주권 아래 복종시키고, 유익하지 않은 것을 제어하는 힘과 능력입니다. 절제는 질주하는 자동차의 브레이크와도 같습니다. 정욕이나 탐욕은 물론 기본적인 욕구까지도 보다 큰 뜻을 이루기 위하여 자제하는 능력을 말합니다. 절제는 영혼을 삼키려고 쳐들어오는 죄악된 욕망에 맞서는 믿는 자들의 방어벽입니다.

절제는 성령의 다른 열매들을 완성시키는 것입니다. 9가지 열매의 매듭이라고도 할 수 있습니다. 절제는 다른 열매들을 담는 바구니와 같습니다. 다른 열매가 꽃이라면 절제는 그 꽃들을 받치고 있는 받침대라고 할 수 있

습니다. 절제가 없는 희락은 너무 가볍습니다. 절제가 없는 화평은 태만이 될 것입니다. 절제 없는 오래 참음은 무감각 인생이 되게 합니다. 절제 없는 자비나 양선은 의존적 거지 근성을 만들 것입니다. 절제가 없는 충성은 과로를 가져올 것입니다. 절제가 없는 온유는 부드러움이 아니라 유약한 인간을 만들어낼 것입니다.

절제를 위한 첫 싸움은 우리의 마음속에서 일어납니다. 절제의 싸움은 사람마다 다릅니다. 어떤 사람은 육체적인 영역에서는 별 문제가 없는데 감정적인 영역에서는 취약할 수 있습니다. 다른 사람에게 해를 끼치지 않더라도 화, 분노, 원한, 비통함, 자기연민과 같은 절제되지 않은 감정들은 자신에게와 하나님과의 관계에 더 파괴적일 수 있습니다. 그것은 마음속에서 견고한 집을 짓고 살아, 암세포가 서서히 퍼지듯이 영혼에 퍼져 마침내 영적 생명을 삼켜버리기도 합니다. 생각에 대한 절제는 죄악된 생각, 즉 음욕, 탐욕, 질투, 야망이 마음에 들어오는 것을 거절하는 것만이 아니라, 하나님을 기쁘시게 하는 것에 마음의 초점을 두는 것입니다.

육체적인 욕망과 욕구, 생각, 감정, 말에 대해, 해서는 안 되는 것은 "아니오"라고 말하고, 해야 하는 것은 "예"라고 말할 수 있어야 합니다. 의지는 순종에 의해 강화됩니다. 따라서 "아니오"라고 자주 말할수록, 유혹 앞에서 주저 없이 "아니오"라고 말할 수 있게 됩니다.

또 무리에게 이르시되 아무든지 나를 따라오려거든 자기를 부인하고 날마다 제 십자가를 지고 나를 따를 것이니라(눅 9:23).

야고보서

행동이 믿음을 증명한다

🌿 뿌리내리기_성경의 전체를 알아봅니다

〈야고보서〉는 어느 특정한 교회를 수신인으로 하고 있지 않는 일종의 회람서신으로 유대적인 성향이 강한 유대계 기독교 공동체에서 기록되었다고 봅니다. 〈야고보서〉는 신약의 잠언으로 불리며, 예수님의 윤리적 가르침뿐 아니라 구약에서도 깊은 영향을 받았습니다. 〈야고보서〉의 중심 내용은 "행함이 없는 믿음은 그 자체가 죽은 것"(약 2:17)이며, 믿음에는 반드시 행함이 따라야 하며 믿음은 반드시 보일 수 있어야 한다고 강조합니다. 우리를 구원에 이르게 하는 믿음은 마음속으로 갖고 신념으로만 갖는 믿음이 아니라 매일의 삶을 통한 믿음입니다. 그러기에 행위가 없는 믿음은 가짜라고 말합니다.

저자로는 예수님의 동생 야고보입니다. 저자는 1장 1절의 "하나님과 주 예수 그리스도의 종 야고보"라는 표현으로 간단히 확인할 수 있습니다. 기록 연대로는 A.D. 46~49년[1] 예루살렘 공회가 끝난 즈음하여 여러 나라에 흩어져 있는 12지파들(약 1:1), 디아스포라 유대계 기독교인들에게 행함으로

🌿 **열매 맺기**

'야고보'라는 이름

당시 야고보라는 이름은 매우 일반적이었기에 신약에 "야고보"라는 이름이 적어도 5명이나 나와 있다. 그중 2명은 예수님의 제자였고, 하나는 예수님의 형제 야고보인데 전통적으로 〈야고보서〉의 저자는 예수님의 형제 야고보라고 추정한다.

[1] 야고보가 순교하기 전인 A.D. 62년경으로 보는 견해도 있다. 역사가 요세푸스 A.D. 62년경으로 추정한다. 하지만 최근에는 A.D. 46~49년경으로 보는 설도 상당한 설득력을 얻고 있다.

온전케 되는 믿음(약 2:17, 22)이란 무엇인가에 대해서 기록했습니다. 기록 목적으로는 기독교 박해로 여러 지역에 흩어져 살고 있던 유대계 기독교인들에 대한 안 좋은 소식을 야고보가 들은 후 서신을 통해 권면하기 위해서였습니다. '여러 가지 시련에 처해 있다'(약 1:2~4), '경건치 못한 부자들의 횡포와 학대로 고생하는 성도들이 많았다'(약 5:1~6), '교회 안에 일부 교인들이 형식과 위선에 빠져 있었다'(약 1:22~27, 2:14~26), '사랑이 식어가며 가난한 형제들을 멸시하였다'(약 2:1~9), '교회 안에 말과 행동이 거칠어지는 형제들이 있다'(약 3:4~10) 등의 이유에서 성도들에게 시련을 잘 견뎌 승리할 것을 격려하고, 아울러 하나님께로부터 오는 지혜를 통해(약 3:17~18) 영적으로 성숙하고, 믿음을 실천하며, 형제간에 화평하라고 권면합니다.

〈야고보서〉의 특징은 예수님의 어록과 구약을 많이 인용했다는 것입니다. 〈야고보서〉의 108절 가운데는 구약성경 22권으로부터의 참고나 언급이 있으며 산상수훈에서 구체적으로 표현된 그리스도의 가르침에 대해서는 최소 15회 언급됐습니다. 행위가 없는 믿음을 비판하기에 바울의 이신칭의 복음과 긴장관계로 보입니다. 그러나 윤리적 교훈이 많지만 믿음과 행함은 상충이 아니라 보완입니다. 행함을 통해 믿음이 온전해지고, 행함을 통해 내 믿음이 확인되는 것입니다. 믿음은 반드시 보일 수 있어야 하기에 구체적인 윤리적 교훈을 주고 있습니다. 형식적인 구조가 거의 없는 반면, 많은 교훈이 말씀을 행하는 자가 되는 방법을 설명하고 있습니다.

열매 맺기

행함도 구원의 조건일까?

야고보는 구원을 얻기 위해 행함이 있어야 한다고 말하지 않았다. 다만, 참된 믿음은 행함으로 그 증거를 보인다고 말했다(약 2:22). 그러면서 아브라함을 예로 들었다(23절). 아브라함이 이삭을 바친 행위가 그의 공로가 되어서 구원을 얻은 것이 아니라, 그의 구원은 이미 그가 부르심을 받았을 때(창 12장)부터이며, 단지 하나님은 그의 믿음이 행함으로 드러나서 확인되길 원하셨고, 그런 행함의 절정이 이삭을 바친 사건이다.

🍃 숲 길잡이 _성경의 전체를 표로 알아봅니다

믿음의 시험 (1:1~18)		믿음의 특징 (1:19~5:6)	믿음의 승리자의 역할 (5:7~5:20)
1) 시험의 목적 (1:1~12)	1) 믿음은 말씀에 (순종)한다(1:19~27).		1) 믿음은 그리스도의 재림을 기다리며 인내한다(7~12).
	2) 믿음은 (차별하지) 않는다(2:1~13).		
	3) 믿음은 (행동)으로 증명한다(2:14~26).		2) 믿음은 고통받는 자들을 위해 기도한다(13~18).
	4) 믿음은 (혀)를 다스린다(3:1~12).		
2) 유혹의 원인 (1:13~18)	5) 믿음은 (지혜)를 낳는다(3:13~18).		3) 믿음은 죄인을 돌아서게 한다 (19~20).
	6) 믿음은 (겸손)을 낳는다(4:1~12).		
	7) 믿음은 (하나님께 의지)한다(4:13~5:6).		

믿음의 시련이 결국 인내를 이루고 온전하고 부족함 없게 한다는 것입니다(약 1:2~4). 지금 고난을 겪고 있으신 분은 인내를 배우십시오. 그러면 결국 그 인내를 통해 온전하고 부족함 없는 하나님의 사람으로 빚어질 것입니다. 하나님의 사람은 그냥 만들어지지 않습니다. 붕어빵 찍어내듯이 찍어내지 않습니다. 하나님께서 하나님의 말씀을 깊이 묵상할 수 있는 시간을 허락하십니다.

내가 당하는 시험이 내가 잘못해서 겪는 고난이라면 어쩔 수 없지요. 당해야지 어떻게 하겠어요? 믿음의 시련이라면 소망 중에 인내할 때 성도로서 온전해지는 것입니다. 하나님 나라를 위해 살고, 공동체를 위해 살고, 나아닌 남을 위해 살라고 우리를 구원받은 하나님의 백성으로 부르셨음을 계속해서 강조합니다.

🍃 신약 숲으로 _성경의 중심내용을 알아봅니다

다섯 가지 죄악과 하나님의 궁극적인 목적

초대교회 때부터 어떤 사람들은 기독교 신앙을 그저 하나의 신앙 체계로 간주해왔습니다. 그들은 하나님을 믿고 예수님에 대한 신앙고백을 한 성도들이었습니다. 그러나 그들은 세상과 뚜렷이 구별된 그리스도인의 삶을 전혀 살고 있지 않았습니다. 본문의 저자 야고보는 교회 안에 있는 성도들 몇몇을 살피면서 걱정스러운 여러 가지 유형들을 보았던 것 같습니다. 그들의 삶과 인격 속에는 거룩함과 믿는 자로서의 구별은 전혀 없는 것처럼 보였습니다. 그래서 편지를 통해 교회 안에 있는 죄의 유형들 다섯 가지를 열거했습니다.

첫째, 어떤 사람들은 돈이 있는 사람과 돈이 없는 사람들을 매우 다른 방식으로 대접했습니다(약 2:1~13). 그들은 자신이 덕을 볼 수 있는 사람들만 사귀었으며 자신에게 도움이 되지 않을 것 같으면 거의 관심을 보이지 않았습니다. 야고보는 이러한 차별이 예수님께서 보이신 모범과 얼마나 차이가 나는지 분명히 알고 있었습니다. 둘째, 아주 경박한 사람들은 자기의 혀를 자제하지 못했습니다(약 3:9, 10). 사람의 인격은 대부분 말에서 드러납니다. 상대방의 말을 들어보면 인격이 보입니다. 공동체 안에서 하나 됨을 깨뜨리는 원인 중 대부분은 인격 없는 말 때문입니다. 따라서 혀를 자제하지 못하면 언제라도 공동체를 폭파시킬 수 있는 위험한 시한폭탄을 입 안에 넣고 살아가고 있음을 알아야 합니다. 셋째, 여러 교회들에서 많은 사람이 싸움을 벌이고 있었습니다(약 4:1~3). 넷째, 어떤 사람들은 몹시 교만하게 보였습니다. 그들은 거드름의 극치를 보여주었습니다(약 4:6~10). 그 사람들은 나는 부족함이 없으니 하나님께 기도할 것이 없다고 생각하며 영접은커녕 회개에 대한 아무 증거도 없었습니다. 다섯째, 소수의 사람들은 자기들이 진 빚을 갚지 않고 있었습니다(약 5:4). 그들은 자신의 사업체에서 일하는 일꾼들에게 지불해야 할 임금을 주지 않고 있었습니다. 그들은 주일마다 교회에 나와서 예배도 드리고 십일조도 하지만 물질적인 면에서 깨끗하지 못했습니다.

이렇듯 야고보는 믿음을 고백하면서 변화된 삶의 증거를 전혀 보여주지 못했던 사람들에게 너무도 실망한 듯합니다. 잃어버린 하나님의 형상과 모양을 회복시켜주시려는 하나님의 뜻을 이해 못하고 기독교 신앙을 하나의 신앙 체계로 축소시킴으로써 기독교 신앙을 진부한 것으로 만들어버렸습니다. 야고보는 한 사람의 목회자로서 자기가 영적으로 건강하다고 자신하고 있지만, 영적인 생명에 대해서는 조금도 증거를 보여주지 못했던 사람들에 대해 깊은 우려를 가지고 편지를 썼습니다. 그는 신앙을 가진 우리가 알아야 할, 다음과 같은 단순 명료한 메시지를 강조하고 있습니다.

> 이와 같이 행함이 없는 믿음은 그 자체가 죽은 것이라 … 아아 허탄한 사람아 행함이 없는 믿음이 헛것인 줄을 알고자 하느냐 … 영혼 없는 몸이 죽은 것 같이 행함이 없는 믿음은 죽은 것이니라(약 2:17, 20, 26).

만약 나를 지금까지 나답게 만든 종교적 경험이 나의 이전 모습(세상 속의 나) 그대로 간직하게 만들었다면 우리의 신앙 경험은 우리에게 아무런 도움이 되지 않는 신앙 체계이며, 나뿐만 아니라 다른 모든 사람에게도 위험할 것입니다. 변화된 삶으로 이끌어주지 못하는 믿음에는 구원의 능력이 전혀 존재하지 않습니다(약 2:14). 하나님의 궁극적인 목적은 우리 안에서 하나님의 영광이 반영되는 것임을 잊지 말아야 합니다. 그 과정은 이미 예수 그리스도 안에서 시작되었으며 당신을 통해서 오늘도 일하고 계심을 믿으시길 바랍니다.

바울과 야고보의 비교

바울은 믿음을 강조했고, 야고보는 믿음에 기초한 행함을 강조했습니다. 바울은 믿음이 있어도 할례와 율법을 지켜야 한다는 유대주의 그리스도인 율법주의자와 싸웠습니다. 바울에게 있어서 중요한 문제는, '어떻게 진정한 믿음으로 예수 그리스도가 완성하신 사역을 붙잡을 것인가?'에 있는데, 이때 대조되는 것이 믿음과 행함입니다.

그러나 야고보는 '믿음만 있으면 되지 행함이 무슨 상관이냐'라고 말하며 말씀을 무시했던 무율법주의자들과 싸웠습니다. 교회 안에서 믿음만 있으면 된다는 사고방식이 팽배해졌기 때문에 삶의 책임성 없이 살아가는 사람들이 많아졌습니다. 그래서 야고보는 "너희들의 그런 게으르고 온전치 못한 믿음이 구원을 이루는 게 아니다. 그건 가짜 믿음이다. 진정한 믿음은 행함으로 드러나야 한다. 너희끼리만의 믿음이 아니라, 불신자들에게도 인정받고 존경받는 믿음이 진정한 믿음이다"라고 강조합니다. 야고보에게 있어서 중요한 문제는, 어떻게 성도가 자신의 진정한 믿음을 증명하는가에 있으며, 이때 대조되는 것은 살아 있는 믿음과 죽은 믿음이었습니다.

바울은 믿음에 강조점을 두었고, 야고보는 믿음에 기초한 행함에 강조점을 두었습니다. 어찌 보면 상충되는 것 같지만 상충이 아니라 보완입니다. 진정한 믿음은 행함이 있는 믿음으로, 행함으로 믿음이 온전해지고 드러나야 합니다.

특징	바울	야고보
관심	율법주의자들	자유사상가들
강조점	믿음으로 하나님 앞에서 의롭게 됨	행위로 사람들 앞에서 의롭게 됨
관점	선물로 받은 믿음	진정한 믿음
결과	그리스도 안에서 믿음을 통해 영원히 의롭게 됨	그리스도처럼 행함으로써 매일의 증거로 의롭게 됨

바울의 2차 전도여행

🍃 뿌리내리기_성경의 전체를 알아봅니다

예루살렘 회의 결과 바울의 전도 방침과 주의에 대해서는 전 교회적인 공식 지지를 받아 이방인에 대한 전도가 더욱 확고해졌기에 바울은 바나바와 더불어 2차 전도여행을 떠나려 했습니다.

> 며칠 후에 바울이 바나바더러 말하되 우리가 주의 말씀을 전한 각 성으로 다시 가서 형제들이 어떠한가 방문하자(행 15:36).

2차 전도여행의 목적은, 1차 전도여행 때 세웠던 교회를 방문하고 형제들을 격려하려는 목적이었습니다. 바울 일행은 안디옥에서 출발하여 1차 전도여행 했던 갈라디아 지역을 들러 아시아 지역을 보고 돌아가려고 했지만 하나님의 영이 드로아로 가게 하사, 그곳에서 환상 중에 마케도니아 사람이 바울에게 청하여 마케도니아로 건너와서 자신을 도우러 오라고 합니다(행 16:9). 그래서 드로아에서 배를 타고 에게 해를 건너 마케도니아의 첫

> ### 🍃 열매 맺기
> **바울의 2차 전도여행 개관**
>
> • 본문: 사도행전 15:36~18:22
> • 기간: A.D. 49~51년(2년간)
> • 지역: 이사야, 마케도니아, 아가야
> • 특징: 드로아에서 마케도니아 사람의 초청으로 마케도니아와 아시야 지역으로 여행.

성 빌립보, 데살로니가, 베뢰아, 아덴, 그리고 고린도로 다채롭고 의의 깊은 전도가 펼쳐집니다. 하나님은 바울의 계획을 바꾸어서 선교의 사역을 확장 시키셨습니다. 사도행전 15장 36절~18장 22절에는 제2차 전도여행에 대한 자세한 내용이 기록되어 있습니다. 안디옥으로부터 고린도를 거쳐 에베 소를 들렀다가 안디옥으로 다시 돌아오는 것을 2차 전도여행이라고 부릅니다.

🍃 숲 길잡이 _성경의 전체를 표로 알아봅니다

🍃 열매 맺기
바울의 두 번째 여행 순서

안디옥 – 더베 – 루스드라 – 비시디아 안디옥 – 드로아 – 네압볼리 – 빌립보 – 데살로 니가 – 베뢰아 – 아덴 – 고린 도(데살로니가전후서/갈라디 아서 기록) – 겐그리아 – 에베 소 – 로도 – 가이사랴 – 예루 살렘 – 안디옥

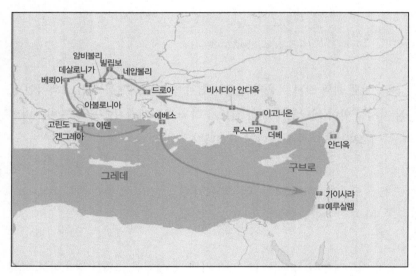

🍃 신약 숲으로 _성경의 중심내용을 알아봅니다

마가로 인해 바울과 바나바가 다툼

2차 전도여행을 떠나려 할 때 바울과 바나바는 크게 다툽니다. 바나바는

2차 전도여행에도 마가를 데리고 가기를 원했으나 바울은 강력하게 반대했기 때문입니다. 바나바는 바울에게 "마가가 어리니까 이해하고 한 번만 더 기회를 주자"라고 말하고 바울은 "그는 선교에 부적격자다. 안 된다" 하면서 결사반대를 합니다. 바울은 일 중심의 사람이고 바나바는 사람 중심의 사람인 것 같아요. "일이 좀 안 되더라도 사람을 세워서 격려하면서 가면 되지 뭘 그렇게 까칠하게 그래"라고 말했고, 바울은 "이건 내가 용납하고 안 할 문제가 아니에요. 중요한 일이기 때문에 그가 가면 오히려 사기가 떨어지고 팀워크가 깨지기 때문에 그는 아예 첨부터 제외시켜야 합니다"라고 말했습니다. 결국은 이견을 극복하지 못하고 바나바와 바울이 거기서 갈라지게 됩니다. 바울은 실라를 데리고 갈라디아 쪽으로 다시 가고 바나바는 마가를 데리고 자신의 고향 구브로로 갑니다. 그때부터 성경의 포인트는 바울을 따라가게 됩니다. 이로 인해 두 개의 선교팀이 구성된 것입니다.

바울과 바나바가 갈라선 후, 바나바는 〈사도행전〉에 다시는 등장하지 않습니다. 그 이유는 누가가 데오빌로에게 어떻게 복음이 로마 제국 전역에 퍼지게 되었는지 설명하기를 원했기 때문에 단지 바울에게 초점을 두고 이야기를 전개한 것이기 때문입니다. 마가는 베드로와 교제하고(벧전 5:13) 약 10년 후 다시 바울 팀의 일원으로 활동했습니다(골 4:10; 몬 24). 사역에서 마가의 성숙은 지속되어 바울의 생애 말기에 디모데에게 마가를 로마의 감옥으로 데리고 오도록 부탁합니다(딤후 4:11).

더베와 루스드라에서 디모데를 만남

이제부터 다시 2차 전도여행을 떠나겠습니다. 바울과 실라는 배를 타고 더베와 루스드라로 갑니다. 거기서 디모데를 만나게 됩니다. 디모데는 외조모 로이스와 어머니 유니게로부터 일찍이 기독교 신앙교육을 받았고, 그 지방 성도들에게 칭찬을 받는 인물이었습니다. 디모데는 바울 선교팀의 일원이 되어 여섯 개의 바울서신에 동참했고(고후 1:1; 빌 1:1; 골 1:1; 살전 1:1; 살후 1:1; 몬 1), 바울로부터 두 개의 서신을 받았습니다(딤전, 딤후). 바울은 그를 아들로(고전 4:17; 딤후 1:2), 동역자로(롬 16:21; 고전 16:10) 부르며 가능한 한 언제나 그를 순회 사역에 포함시켰습니다. 바울이 죽기 전에 가장 보고 싶어 했던 사람도 바로 디모데였습니다.

디모데의 어머니는 유대인이지만 아버지가 헬라인이었습니다. 그는 혼합 결혼의 산물로서 이방인이었습니다. 바울이 루스드라에서 디모데를 만나 전도여행을 함께 가자고 말합니다. 그런데 한 가지 특이한 것은, 이방인의 할례에 그토록 반대 입장을 보이던 바울이 디모데에게 할례를 행한 것입니다. 어떻게 보면 바울의 모순된 행동 같으나, 이것은 구원받기 위한 할례가 아니라, 앞으로 많이 상대하게 될 유대인들과의 원만한 관계 유지를 위한 할례였습니다. 이방인인 디모데를 데리고 유대인 회당에 들어가면 유대인이 싫어할 것 같아서 디모데에게 할례를 행합니다. 예루살렘 종교공회에서는 이미 할례가 필요 없음을 결정했기에 할례가 필요 없는데도 다시 논쟁이 될까 봐, 그런 시빗거리를 없애기 위해서 이방인인 디모데에게 할례를 행했습니다. 또 디모데는 이방인이었기에 이방인 전도 때 효과적으로 복음을 전할 수 있었습니다. 그렇기 때문에 디모데는 여러모로 바울에게 필요했습니다. 하나님께서 만날 자를 이렇게 만나게 하신 겁니다.

드로아에서 마케도니아인의 부름

바울과 실라, 디모데가 한 팀을 이루어 소아시아 지역에서 복음을 전하고 돌아가려 했지만 성령께서 가로막습니다. 다시 터키 북부 비두니아 지역으로 북상하려고 했으나 그 길마저도 성령께서 허락하지 않으시고, 그들을 드로아까지 인도하십니다. 결국 바울은 드로아에서 마케도니아인의 환상을 보고 전도의 발길을 유럽으로 돌리게 되는데, 이로 말미암아 복음이 아시아를 넘어 유럽으로 건너가게 되었습니다. 바울은 구속사의 주권을 가진 주체는 오직 하나님이시며, 자신은 그 도구에 불과하다는 사실을 철저히 인식하고 있었던 것입니다.

빌립보 사역

"우리가 드로아에서…"(행 16:11)는 1인칭 복수를 사용하고 있습니다. '우리가'라는 말은 바울과 디모데와 실라만이 아니라 또 누가 합류했다는 것을 알 수 있습니다. 〈사도행전〉의 저자 누가가 빌립보에서 바울의 선교팀에 합류했습니다. 그래서 2차 전도여행은 바울과 실라, 누가, 디모데가 되는 것입니다.

빌립보는 마케도니아의 수도는 아니지만 거주민들이 로마의 시민들과 동일한 특권을 누리는 '리틀 로마'였습니다. 로마의 영으로 퇴역한 장교들이나 귀족들이 살던 화려한 도시였습니다. 마케도니아 첫 기착지 빌립보에서 자주(지금의 실크) 장사 루디아를 만나게 됩니다. 로마의 장교와 귀족들은 자주색 도포를 즐겨 입었기에 자주색 옷감 장사를 하던 이방 여인 루디아가 유럽의 첫 개종자로 회심하여 세례를 받았습니다. "주께서 그 마음을 열어 바울의 말을 따르게 하신지라"(행 16:14). 전도의 주체는 성령 하나님이십니다. 루디아가 복음을 받아들임으로써 빌립보에 유럽 첫 교회가 세워집니다. 또 귀신 들린 여종을 고칩니다. 점치는 귀신 들린 여종이 바울의 일행을 따라다니면서 괴롭혔습니다. 이 여종은 점을 쳐주면서 주인에게 돈벌이가 되었는데 바울이 그 귀신을 예수 그리스도의 이름으로 쫓아냈습니다. 그러자 주인이 자신의 돈줄이 끊어진 것을 보고 바울과 실라를 고소하여 심하게 매를 맞고 옥에 갇히게 됩니다(행 16:16~40).

그런데 감옥에서 하나님께 기도하고 찬양할 때 큰 지진이 일어나 옥문이 열리고 매인 것이 다 벗어지게 됩니다. 당시 깜빡 졸았던 간수가 옥문이 열리고 차꼬가 풀린 것을 보고 자결하려 합니다. 바울과 실라가 그를 막으니 간수가 엎드려 "내가 어떻게 하여야 구원을 받으리이까?" 하고 묻습니다. 바울이 그에게 "주 예수를 믿으라. 그리하면 너와 네 집이 구원을 받으리라"라고 대답하니 이에 간수와 그의 온 가족이 예수를 믿어 세례를 받아 빌립보의 성도가 되었습니다. 이 사건에 대한 하나님의 의도는 그분의 종들의 신체적 구원이 아니라 간수와 그의 가족의 영적 구원이었습니다. 바울이 로마 시민임을 밝혔을 때 상관들이 두려워하고 그를 풀어줍니다. 당시 로마 시민인 죄수를 다룰 때는 차꼬에 채우는 것, 때리는 것, 재판을 받지 못하게 하는 것은 불법으로 규정되어 있었기 때문입니다.

데살로니가 사역

빌립보에서 사역 도중 투옥되었다가 명예롭게 풀려난 바울과 실라는 빌립보에서 남쪽으로 약 160km 떨어진 데살로니가에 이르러 복음을 전합니다. 데살로니가는 마케도니아의 수도이며, 정치와 상업에 있어서 중요한 항구도시로 교통의 중심지였습니다. 특히 유대인들이 제일 많이 살고 있는 (살전 2:14~16) 유럽의 도시였습니다. 바울은 그곳에서 3주를 머무르면서 유대인 회당에 들어가 구약성경을 근거로 복음을 강론하고, 설명하고, 증명하고, 선포하였을 때 경건한 헬라인의 큰 무리와 적지 않은 귀부인들이 복음을 영접했던 반면 유대인들은 "천하를 어지럽게 하던 사람들"이라고 비방하면서 오히려 바울을 시기하여 해하고자 폭력을 동원합니다. 바울은 목숨을 내어놓고 동족의 구원을 위해 기도하지만, 그의 가장 큰 적대자는 바로 동족이었습니다. 군중을 선동하고 폭력배를 동원하며, 이방인의 법정에 바울 일행을 무고하게 고발했던 장본인이 바로 바울의 동족인 유대인들이었습니다. 따르던 자들이 바울을 베뢰아로 피신시켰고, 바울 일행을 숨겨주었던 야손과 그 형제들은 큰 곤욕을 치르기도 합니다. 바울은 순수한 믿음의 사람들이 안타까워 디모데와 실라를 그 지역의 목회자로 세워두고 먼저 베뢰아로 피신하게 됩니다. 이런 박해 중에도 데살로니가에 전파된 복음의 씨앗은 잘 자라 많은 열매를 맺습니다.

베뢰아 사역

바울은 데살로니가에서 남서쪽으로 약 85km를 걸어 베뢰아에 도착하여 그곳에서 회당을 찾아가 복음을 전합니다. 베레아와 베뢰아는 구별해야 합니다. 베레아는 요단 동편 땅입니다. 베뢰아는 마케도니아의 도시입니다. 베뢰아 사람들은 데살로니가 사람들과는 다르게 복음을 신사적으로 받아들입니다. 그리고 말씀이 그러한지 날마다 성경을 상고하는 사람들이었습니다. 유대인들의 완악한 모습과는 너무도 대조적이었습니다.

바울이 베뢰아에서 복음을 전한다는 소식을 들은 데살로니가의 유대인들은 소아시아의 유대인들처럼 이곳까지 쫓아와서 사람들을 선동하고 사역을 방해합니다. 전통에 갇혀 하나님의 말씀에 무지했던 이들은 복음에 대한 박해가 하나님에 대한 종교적 열심인 양 착각하고 있었기 때문입니다. 그런데 이러한 유대인들의 거듭된 박해는 오히려 복음을 신속하게 여러 지방으로 전하게 하는 결과를 가져왔습니다. 이곳에서도 오래 있지 못하고 바울은 아덴으로 피신합니다.

아덴 사역

아덴은 '아테네'라는 여신의 이름을 따서 만든 도시로, 이름답게 헬라 철학이 번성했던 고대 도시입니다. 그 아덴이 끼친 문화적 영향력이 헬라의 정신문화를 장악하고 있었습니다. 여기서 유명한 철학자들 소크라테스, 플라톤, 아리스토텔레스, 에피쿠로스, 제노가 있었습니다. 이런 지적인 도시이기에 철학과 우상숭배가 만연했습니다. 바울은 우상으로 뒤덮여 있는 도시(300개의 공식화된 우상, 3만여 개의 신상)를 보고 의분에 떨었습니다. 그리고 아덴에서 혼자 사역하면서 회당과 저자에서 날마다 변론하였습니다.

헬라인은 논리를 따지며 논쟁하기를 좋아했기에 고대 정치의 집회 장소이자 논쟁의 장소로 '아고라'가 있었습니다. 바울은 유대인들과는 회당에서 논쟁을 벌이고 아고라, 아크로폴리스에서는 헬라인과 논쟁을 벌였습니다. 당시 아덴에는 에피쿠로스 학파와 스토아 학파가 주류를 이루었습니다. 그들은 이원론적 신앙인들로서 육체는 천하고, 영혼은 선한 것이라고 생각했고, 영혼불멸을 믿었습니다. 특히 바울의 아레오바고의 설교(행 17:22~23)는 아덴 사람들의 철학적 경향에 따라 복음을 논리적으로 변증한 것이었습니다. "너희를 보니 범사에 종교심이 많도다 내가 두루 다니며 너희가 위하는 것들을 보다가 알지 못하는 신에게라고 새긴 단도 보았으니 그런즉 너희가 알지 못하고 위하는 그것을 내가 너희에게 알게 하리라"(행 17:22~23). 바울의 아덴 전도 사역이 아덴 사람들의 성향에 맞춘 효율적 전도 방법의 시도였음에도 불구하고, 다른 지역에 비해 크게 못 미치는 성과를 거두었습니다. 결국 바울은 아덴 사람들의 교만과 자신의 사변적인 설교의 한계를 통감하고 아덴에서의 사역을 마무리하고 고린도로 행선지를 바꿉니다. 뿐만 아니라 그는 사변적 설교를 통한 복음 전파가 큰 효과를 거두지 못한다는 사실을 직시하고 고린도에서는 오직 '십자가의 도'(고전 2:2)만을 전하기로 결심하였습니다.

고린도 사역

고린도는 로마 제국 아가야 지방의 수도이며 총독의 거주지였습니다. 17장에 나오는 아덴이 철학과 예술의 중심지라면 이곳은 상업과 무역의 요충지로 발칸반도 남단에 위치하여 지중해의 무역권을 장악한 번영의 도시입니다. 동서가 만나는 항구도시이기에 부유한 상업 중심가지만, 타락한 도시였습니다. 이곳에는 천 명 정도의 매춘부가 있었고, 아프로디테의 여신전이 있어 종교적 매음을 조장했습니다.

바울은 고린도에서 아굴라와 브리스길라 부부를 만납니다(행 18:2~4). 이들은 로마에 살다가 유대인 추방령이 내려지자 고린도로 이주해왔는데, 마침 직업이 바울과 동일한 천막 제조업으로 공통점이 많은 유대인 디아스포라였습니다. 이들 부부는 아마 바울을 만나기 전에 이미 그리스도인들이었을 것입니다. 그래서 바울은 아굴라의 집에 기거하며 평일에는 천막 만드는 일을 하고, 안식일에는 회당에서 복음을 전파했습니다. 이들 부부는 바울의 고린도 사역에 큰 힘과 도움을 제공했으며 훗날 바울의 기억 속에 자신을 위해 생명을 내어놓을 정도로 신실했던 동역자가 됩니다. 후에 이들은 에베소 교회의 목회자가 됩니다.

바울이 고린도 교회에 머물고 있을 때 디모데와 실라가 데살로니가에서 바울과 다시 합류합니다. 그러면서 데살로니가에 있는 교회 이야기를 잔뜩 해줍니다. 바울은 그 이야기를 듣고 기쁘기도 했지만 마음에 부담이 되었습니다. 그래서 그날 밤, 잠을 못 이루고 데살로니가 교회에 편지를 씁니다. 그 편지가 바로 〈데살로니가전후서〉입니다.

주께서 환상 중에 바울에게 "두려워 말고 담대히 복음을 전하라 이 성중에 내 백성이 많음이라"(행 18:9~10)라고 말씀하셨고, 바울은 1년 6개월 동안 고린도에 머물면서 하나님의 말씀을 가르쳤습니다. 고린도는 예루살렘, 안디옥에 이어 땅끝까지 복음을 전하는 세 번째 전진기지가 되었습니다.

고린도에서 안디옥으로의 여정

저희 동네에 '겐그레아 이발소'라는 곳이 있었습니다. 겐그레아는 성경에서 바울이 여행 도중 머리 깎던 곳이었습니다. 저는 그 이발소 주인이 성경을 굉장히 많이 아는 분이라고 생각했습니다.

"바울은 더 여러 날 머물다가 형제들과 작별하고 배 타고 수리아로 떠나갈 새 브리스길라와 아굴라도 함께 하더라. 바울이 일찍이 서원이 있었으므로 겐그레아에서 머리를 깎았더라"(행 18:18). 성경은 바울이 겐그레아에서 머리를 깎은 이유나 동기에 대한 언급이 전혀 없습니다. 여러 신학자들이 말하기를 아마 바울은 고린도에서의 사역에 관해 특별한 서원을 하였는데 나실인의 서원이 아니었나 생각합니다. 나실인의 규례를 따르면 작정한 기간 동안 머리를 기르다 그 기간이 되면 하나님께 제사를 드리며 그동안 길렀던 머리카락을 잘라 불태워 바치도록 되어 있습니다. 바울은 이러한 규례를 좇아 서원했던 기간이 되자 머리를 깎은 것으로 보입니다. 바울이 유대인의 관습을 좇아 나실인 서원을 했다는 사실을 이상히 여길 필요는 없습니다. 왜냐하면 바울은 믿음으로 말미암아 구원을 얻는다는 복음의 진리에 투철한 사람이었기 때문입니다. 또한 그가 하나님을 경건하게 섬기도록 제정된 율법을 버린 것은 아니었으며, 또한 유대인으로서 유대 관습을 완전히 버린 것은 아니었기 때문입니다.

겐그레아에서 머리를 깎고 배를 타고 에베소로 갑니다. 당시에는 배가 고린도에서 안디옥까지 직항로로 가는 것이 없었습니다. 배가 잠시 에베소를 경유할 때 에베소 회당에 들어가 복음을 전했습니다. 에베소는 본래 바울이 이번 전도여행 출발 전부터 복음을 증거하려고 작정했던 곳이었으나 성령의 섭리로 복음을 전하지 못한 곳이었습니다. 이 에베소에서의 복음 전파는 매우 성과가 좋아 그곳에 아굴라와 브리스길라 부부를 목회자로 남겨놓습니다(3차 전도여행 때 다시 이곳으로 돌아옵니다). 배를 타고 페니키아 해변인 가이사랴에 도착하자마자 바울은 예루살렘 교회에 들러 문안하고 안디옥으로 내려갔습니다. 바울이 2차 전도여행 중 기록한 서신서로는 〈데살로니가전후서〉(기록 장소: 고린도)가 있습니다.

데살로니가전서

믿음 안에서 굳게 서라

🌿 뿌리내리기_성경의 전체를 알아봅니다

〈데살로니가전서〉는 박해를 견디고 있는 성도들을 칭찬하고 격려하기 위해 그리고 잘못된 종말관을 가지고 있는 성도들에게 그리스도 재림에 대한 바른 이해를 주며 그리스도 안에서 죽은 성도들을 애도하기 위해 기록되었습니다. 〈데살로니가전서〉의 주제로는 예수 그리스도의 재림을 기다리는 성도의 생활에 대한 교훈입니다. 바울을 박해했던 유대인들이 또 그곳에 있는 교회와 성도들을 박해했습니다. 그렇기 때문에 "주의 재림이 곧 있을 테니 조금만 더 참아라" 하며 재림을 기다리는 성도의 생활에 대해서 그리고 재림 때 어떤 일이 일어날까에 대해서 말합니다. 그래서 다음과 같은 질문에 대한 답을 찾을 수 있습니다.

첫째, 예수님의 재림과 신자의 삶은 어떤 관계가 있는가? 둘째, 예수님께서 재림하실 때 이미 죽은 신자들과 살아 있는 신자들은 어떻게 되는가? 셋째, 신자는 예수님의 재림을 어떻게 준비해야 하는가? 이 세 가지 질문들에 대해서 답을 주고 있습니다.

〈데살로니가전서〉의 특징은 임박한 종말 사상(재림 사상)과 부활 사상(살전 4:13~17)이 있습니다. 주의 말씀(소묵시록) 전승을 인용하는데, 예수님께서 〈마태복음〉에서 인용했던 말씀(살전 4:16~17)을 통해서 마지막 날을 다시 한 번 묘사합니다. 이 마지막 때를 살아가는 성도들의 자세에 대해서 구체적으로 교훈합니다.

🌿 숲 길잡이 _성경의 전체를 표로 알아봅니다

서두(1:1)	
사도 바울과 교회 (1:2~3:13)	데살로니가 교회에 대한 감사와 기쁨(1~3장) 1) 데살로니가 교인들이 가진 믿음의 본 칭찬(1:2~10) 2) 데살로니가에서 바울의 사역(2:1~13) 3) 바울 방문의 소망(3장)
성도의 삶에 대한 가르침 (4:1~5:22)	바울의 권면/ 종말 사상(4장~5:22) 1) 하나님을 기쁘시게 하는 삶 2) 주의 재림 3) 재림(영적 각성) 4) 권면(항상 기뻐하라)
맺는 말(5:23~28)	

1장에서 3장까지는 사도 바울과 교회에 대한 내용입니다. 중요한 것은 4~5장까지입니다. 성도들의 삶에 대한 가르침을 주는데 성도들의 부활과 재림에 대해서 기록하고 있습니다. 그러면서 '우리는 어떻게 살 것인가?'라는 질문을 하며 5장과 같이 살라고 합니다. 5장의 주제를 한마디로 요약해 놓은 것이 "항상 기뻐하라. 쉬지 말고 기도하라. 범사에 감사하라. 이것이 그리스도 예수 안에서 너희를 향하신 하나님의 뜻이니라. 성령을 소멸하지 말며, 예언을 멸시하지 말고, 범사에 헤아려 좋은 것을 취하고, 악은 어떤 모양이라도 버리라"(살전 5:16~22)라는 말씀입니다. 이것이 하나님을 기쁘시게 하는 삶이요, 재림을 준비하는 성도의 삶이라는 것입니다.

신약 숲으로 _성경의 중심내용을 알아봅니다

예수님의 재림에 대한 오해와 바른 권면

데살로니가 교회 성도들은 신앙에 대한 열정은 있었으나, 재림과 죽은 자들의 부활에 대한 이해는 부족했으며, 심지어 재림 전에 죽은 성도들은 하늘나라에 못 들어가는 것이 아닌가 염려하는 성도들도 있었습니다. 그들은 죽은 자들의 부활에 대해서 들어본 적이 없거나 바울에게 배운 내용을 제대로 이해하지 못한 것 같습니다. 이에 대해서 바울은 다시 한 번 선명하게 재림과 구원 교리를 설명해줍니다.

> 우리가 예수께서 죽으셨다가 다시 살아나심을 믿을진대 이와 같이 예수 안에서 자는 자들도 하나님이 그와 함께 데리고 오시리라(살전 4:14).

주님이 강림하실 때 죽은 자들이 먼저 부활할 것이며 산 자가 죽은 자보다 앞서지 못할 것이라고 말씀하고 있습니다. 그러므로 데살로니가 교인들이 죽은 자들에 대해 슬퍼하거나 염려하는 것은 어찌 보면 기독교의 소망을 완전히 알지 못하고 있다는 점에서 바울은 "소망 없는 다른 이와 같이 슬퍼하는 자"(살전 4:13)라고 불렀던 것 같습니다.

데살로니가후서

하나님의 사랑과 그리스도의 인내

🍃 뿌리내리기 _성경의 전체를 알아봅니다

〈데살로니가후서〉는 전서와 마찬가지로 주의 재림 문제를 다루고 있습니다. '마지막 날에 배교하는 사람들이 있고, 불법자들이 있고, 내가 그리스도라고 하는 적그리스도가 나타날 것'이기에 〈데살로니가후서〉에서는 그릇된 종말관을 가지고 있는 자들에 대한 경계와 훈계 그리고 권면이 많습니다.

"마지막 날이 이른다고 게으르거나 무질서하게 믿음만 잡지 말고, 질서 안에서 남에게 피해주지 말고, 성실하게 살아라. 더 나아가서는 선을 행하되 낙심하지 마라'고 권면합니다. 주의 재림이 있을 때까지 성실하고 범사에 기도하고 감사하며, 주의 뜻을 따라 악은 버려가면서 성령을 좇아 살아가는 것이 성도의 바른 위치라고 말합니다.

왜냐하면 〈데살로니가전서〉를 받았던 성도들이 주의 날이 이미 이르렀다(살전 2:2)는 일부 잘못된 주장에 동요되어, "주님께서 곧 오신대" 하며 예수님의 재림이 얼마 남지 않았기 때문에 일을 하지 않으려는 사람들이 생겼기 때문입니다.

바울은 "주님 오실 날이 언제인지 모른다. 일하기 싫으면 먹지도 말라(살후 3:10)"고 아주 강력하고 독하게 말하며 "아무것도 안 해서 다른 사람들에게 민폐 끼치지 말고, 주님 오시는 날까지 열심히 일해라"라고 편지를 또 보낸 것이 〈데살로니가후서〉입니다. 〈데살로니가후서〉에서 다음과 같은 질문의 답을 찾을 수 있습니다. 첫째, 예수님은 언제 재림하시는가? 둘째, 예수님이 재림하시는 시간을 우리가 미리 알 수 있는가? 셋째, 예수님의 재림을 우리는 어떻게 준비해야 하는가?

🍃 숲 길잡이 _성경의 전체를 표로 알아봅니다

초점	박해에 대한 격려	주의 날에 대한 설명	교회를 향한 권면
구절	1장	2장	3장
구분	- 박해받은 성도들에 대한 격려/ 축복기도	- 주의 날 이전에 일어날 사건 - 신자들을 위로함	- 인내하며 기다리라 - 무질서한 삶에서 돌이키라
주제	신자들의 삶에 대한 감사	주의 날에 대한 교리를 가르침	신자들의 행동을 바로잡음

1장은 박해받는 성도들에 대한 목회자의 깊은 격려가 들어 있습니다. 그러면서 박해 가운데서도 성장하는 교인들에 대한 감사를 이야기합니다. 2장은 주의 날에 대해서 이야기합니다. 주의 날이 이르기 전에는 어떤 현상이 나타나는데, 배교하며 불법하며 악한 자가 나타날 것이라 말합니다. 성도들은 굳건하게 서서 가르침을 받은 전통을 지키고 주의 날이 이르기 전까지 인내하며 기다리라며, 신앙생활은 소망 중에 인내하는 것이라고 말하고 있습니다. 끝으로 3장에서는 무질서한 삶에서 돌이키라고 이야기합니다. 게으르지 말고, 무질서하지 말고, 일하기 싫으면 먹지도 말라고 권면합니다.

🍃 신약 숲으로 _성경의 중심내용을 알아봅니다

게으름을 경계하고 연약한 자를 돌보라

바울이 데살로니가 교회를 향하여 계속해서 당부했던 메시지는 게으른 자들에 대한 경계와 연약한 자들에 대한 보살핌입니다.

> 너희 손으로 일하기를 힘쓰라 이는 외인에 대하여 단정히 행하고 또한 아무 궁핍함이 없게 하려 함이라(살전 4:11~12).

> 너희를 권면하노니 게으른 자들을 권계하며 마음이 약한 자들을 격려하고 힘이 없는 자들을 붙들어주며 모든 사람에게 오래 참으라(살전 5:14).

주의 날이 얼마 남지 않았음에 대한 핑계로 일하기 싫어하며 게으름을 부리면서 다른 사람의 호의에 의지하며 사는 사람들이 교회 내에 적지 않게 늘어난 것이 문제였습니다. 그래서 게으르고 무질서한 생활방식은 교회의 이름에 악영향을 끼치므로 바울은 그것을 엄하게 꾸짖습니다.

> 형제들아 우리 주 예수 그리스도의 이름으로 너희를 명하노니 게으르게 행하고 우리에게서 받은 전통대로 행하지 아니하는 모든 형제에게서 떠나라(살후 3:6).

바울과 그의 동역자들, 즉 선교사들은 무질서하거나 게으르게 살지 않았습니다. 어떻게 "조용히 일하여 자기 양식을 먹어야"(살후 3:12) 하는지 데살로니가 교인들에게 좋은 본을 보여주었습니다.

바울은 두 편의 편지에서 '본받음의 원리'를 언급하면서 데살로니가 성도들이 거룩한 생활습관을 갖기를 원했습니다. 성도가 좋은 습관을 가지려면 또는 거룩한 습관이 몸에 배려면 본받는 습관이 필요한데, 우리의 영원한 지도자이신 예수 그리스도를 닮는 것이 필요함을 언급합니다. 전도자들이 주님을 닮은 것처럼 우리의 삶을 본받으라고 권면합니다(살후 3:7).

형제들아 너희는 선을 행하다가 낙심하지 말라(살후 3:13).

선한 자들이 게으른 자들에게 이용당할 위험이 있음에도 불구하고, 선을 행하다가 낙심치 말라고 합니다. 무슨 말입니까? 때때로 사람들에 의해 이용당한다 하더라도 궁핍하고 연약한 자들을 돌보는 일을 포기해서는 안 된다는 것입니다. 왜냐하면 우리의 선행과 구제는 하나님 앞에서 하는 것이며 하나님이 기억하시고 언젠가는 보상해주실 것이기 때문입니다.

상대방의 반응 없는 돌봄, 세상이 알아주지 않는 섬김일지라도 낙심하지 말고 우리의 본분을 다하면 하나님께서는 마지막 날 우리를 향하여 챔피언 성도라 말씀해주실 것입니다.

우리가 선을 행하되 낙심하지 말지니 포기하지 아니하면 때가 이르매 거두리라(갈 6:9).

바울의 3차 전도여행

🍃 뿌리내리기 _성경의 전체를 알아봅니다

🍃 열매 맺기

바울의 3차 전도여행 개관

• 본문: 사도행전 18:23~21:17
• 기간: A.D. 53~57년(4년간)
• 지역: 갈라디아, 아시아, 마케도니아, 아가야
• 특장: 3차 전도여행의 종착지인 예루살렘에서 체포됨.

바울의 3차 전도여행은 주후 57~61년까지 약 4년 동안을 하게 됩니다. 그리고 성경 본문은 사도행전 18장부터 21장까지의 내용입니다. 바울은 안디옥에서 출발하여 에베소로 갑니다. 전도여행 4년 중 3년을 에베소에서 머물며 수많은 제자를 양육했으며, 교회를 견고히 세웠습니다. 그곳에서 〈고린도전서〉를 기록합니다. 그 후 마케도니아로 가기 위해 드로아 항구에서 배를 타고 빌립보를 들립니다. 그곳에서 〈고린도후서〉를 기록하고 고린도에서 로마를 바라보면서 〈로마서〉를 기록합니다. 다시 고린도에서 배를 타고 안디옥으로 돌아오려 했는데 바울을 죽이려는 음모가 있어서 다시 온 길로 돌아갑니다. 그래서 빌립보를 들러서 드로아 밀레도를 거쳐서 가이사랴 예루살렘으로 돌아오게 됩니다. 바울은 3차 전도여행의 종착지 예루살렘에서 체포당합니다.

🍃 숲 길잡이 _성경의 전체를 표로 알아봅니다

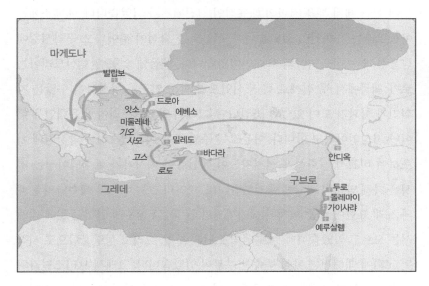

🍃 **열매 맺기**

바울의 세 번째 여행 순서

안디옥 – 에베소(사역의 중심
지: 〈고린도전서〉 기록) – 드로
아 – 빌립보(〈고린도후서〉 기록)
– 고린도(〈로마서〉 기록) – 드로
아 – 앗소 – 미둘레네 – 밀레
도 – 바다라 – 두로 – 가이사
랴 – 예루살렘(체포)

🍃 신약 숲으로 _성경의 중심내용을 알아봅니다

바울의 에베소 사역

바울은 안디옥을 출발하여 갈라디아, 부르기아 지역의 제자들을 찾아다
니며 믿음을 굳게 하였고 주요 타깃이었던 에베소에 도착하였습니다. 에베
소는 3차 전도여행의 사역 중심지였습니다. 바울은 2차 전도여행 때 에베
소를 향하였으나 성령님이 바울을 마케도니아 지역으로 인도하여 그곳을
순회하였고, 돌아오는 길에 마지막으로 잠깐 들린 곳이 에베소였습니다. 그
곳 사람들은 바울에게 더 머물라 청했지만 그는 "주의 뜻이면 다시 돌아오
겠다" 하고 떠났습니다. 대신 브리스길라와 아굴라 부부를 사역자로 남겨
놓습니다. 그래서 3차 전도여행 때 이곳을 목표로 하고 바로 온 것이지요.

에베소는 소아시아 로마령의 수도이기에 아시아 선교의 전초기지가 될

알렉산드리아

조건을 두루 갖추고 있었습니다. 그래서 에베소는 예루살렘, 안디옥, 고린도에 이어 세계 복음 전파의 대표적인 전진기지가 되었습니다. 에베소에는 아볼로라는 유대인이 있었습니다. 아볼로는 학식이 뛰어나고 구약성경에 능통한, 알렉산드리아의 유대인이었습니다. 애굽에 있는 알렉산드리아는 로마 제국에서 두 번째로 큰 도시였으며 학문 연구가 왕성하여 수많은 지식인과 학파가 모여 있었던 곳입니다. 그래서 알렉산드리아의 유대인을 뛰어난 지성인이라고 합니다. 아볼로는 주의 도를 이해했으며 구약성경에 기초하여 비교적 정확하게 선지자들이 예언했던 메시아가 예수님이심을 열성을 다해 담대히 회당에서 전했습니다. 그러나 그는 메시아 예수님의 존재와 세례 요한이 베푼 회개의 세례까지만 알 뿐, 그 이후에 일어난 일에 대해서는 모르고 있었습니다. 예수님의 고난과 부활, 그리고 성령강림으로 시작된 교회에 대해서는 아직 부족한 부분이 있었습니다. 그래서 브리스길라와 아굴라 부부가 그를 집으로 초대하여, 더 많이 교제하면서 하나님의 도를 자세히 알려주었습니다. 그는 알렉산드리아 출신이라는 학문적 배경을 가진 유대인으로서 구약에 정통한 성경학자이며, 탁월한 언변의 자신감이 넘치는 젊은이였음에도 불구하고, 당시 천막을 만드는 평범한 부부였던 브리스길라와 아굴라에게 복음의 진리를 배웠습니다. 이후 그는 적극적인 복음 전도자가 되어서 고린도 교회에 사역자로 파송받습니다.

바울이 에베소에 머물고 있는데 고린도 사람 서너 명이 찾아왔습니다. "우리 교회에 문제가 생겼습니다. 분란이 생겼습니다. 바울 선생님이 좀 해결해주십시오" 하며 질의서를 가지고 왔습니다. 그 질의서를 보니 '이혼에 관한 문제는 어떤 것이 정답입니까?'라는 결혼에 관한 문제, '우상 제물을 먹어도 되느냐?'라는 우상에 대한 문제 등이 있었습니다. 그래서 바울이 밤새 근심하면서 그 질의서에 답변을 해준 것이 〈고린도전서〉입니다. "우상 제물을 먹는 문제, 결혼에 대해서 내가 받은 것은 없지만…" 하면서 사도 바울이 그 질문에 대해서 또박또박 써나가기 시작합니다. 바울이 3차 전도여행 때 에베소에서 3년을 머물면서 질의서를 가져온 고린도 교인들에게 답변을 한 것이 〈고린도전서〉입니다. 〈고린도전서〉에 아볼로파와 게바파가 등장하는 것으로 보아 바울이 2차 전도여행을 마치고 돌아간 시점에 아볼로는 브리스길라와 아굴라 부부에게서 훈련을 받고 고린도 교회로 파송받았으며 그 시점에 베드로도 고린도 교회를 방문하였을 것입니다. 베드로 역시 이방 지역을 순회하며 로마와 영국에서 복음을 전했습니다.

　바울은 에베소에 있는 동안 제자들을 따로 세우고 두란노 서원에서 날마다 강론하였습니다. 그렇게 2년을 지내니, 아시아에 사는 사람은 유대인이나 헬라인이나 다 주의 말씀을 들을 뿐 아니라, 바울의 손수건이나 앞치마를 가져다 병든 자에게 얹으면 병이 떠나고 악귀가 나가는 놀라운 기적들이 나타납니다. 그것을 흉내 내려던 유대의 제사장 스게와의 일곱 아들이 "내가 바울이 전파하는 예수를 의지하여 너희에게 명하노라"라고 외치다 낭패를 당하자, 마술을 행하던 많은 사람이 회개하고 그들이 사용했던 책을 모아 불살랐습니다(책의 가격은 한 사람이 130여 년 동안 받을 월급 액수). 그러자 아데미 우상을 만들어 팔아 생계를 유지하던 데메드리오가 주동이 되어, 바울 일행과 그들이 전하는 복음을 제거하려고 무모한 소동을 벌입니다. 아데미 여신은 다산을 주관하는 여신인데, 온몸에 어머니의 젖을 달고 있는 형상이었습니다. 특히 에베소에 있는 아데미 여신의 신전은 고대 세계 7대 불가사의에 해당하는 엄청난 규모의 신전이었습니다. 에베소에서는 아데미 여신 우상을 조그맣게 복제해서 팔면 수입이 좋아, 많은 사람이 여기에 종사했습니다. 그러다 보니 이 데메드리오의 소송은 호소력이 있어 굉장한 소동이 일어났습니다. 에베소 연극장은 2만 4천 명 이상 수용 가능한 규모인데, 성난 군중이 몰려들어 두 시간 동안 외치고 소동을 일으켰으니, 바울 일행은 물론, 유대인 전체가 위험에 빠질 수도 있는 일촉즉발의 순간

🌿 열매 맺기

유대 이동 상인

역사가 요세푸스의 기록에 보면, 장사와 종교 교육을 겸하면서 돌아다니는, 일종의 '이동 상인'과 같은 유대인 나그네가 등장한다. 물론 이들은 단순한 상인이 아니었다. 아볼로가 등장하기 약 10년 전에 활동한 어떤 사람은, 티그리스 강 동편에 있는 아디아베네의 왕가를 유대교로 개종시켰으며 이후의 신앙교육을 맡았다고 기록하고 있다. 즉 이들은 상당한 지식과 세상 지혜를 겸비하고서, 왕족을 비롯하여 귀족들까지도 상대했던 독특한 상인이었다. 그런데 아볼로가 바로 이런 '이동 상인'인 것으로 학자들은 해석하고 있다.

이었습니다. 그러나 하나님께서는 담대하고 지혜로운 관리(서기장)를 통해 군중을 안정시키고, 위기를 넘어가게 하십니다. 소동이 그치자 바울은 마케도니아로 떠납니다.

마케도니아에서 예루살렘까지의 여정

바울은 2차 전도여행 때 개척했던 마케도니아 지역 교회를 방문하여 복음을 전하며 교회의 터전을 공고히 합니다. 바울은 마케도니아의 첫 성 빌립보에서 〈고린도후서〉를 씁니다. 고린도 교인들이 〈고린도전서〉를 회자하여 읽을 때 어떤 사람들은 "바울이 누구냐? 바울이 누구관대 그의 말을 따라야 하냐? 바울이 사도냐?" 하며 바울의 권위와 사도성을 부인하기 시작합니다. 그래서 바울이 빌립보에서 자신의 사도성을 변호하며 "나는 하나님이 친히 세운 사도다"라며 쓴 것이 〈고린도후서〉입니다. 그래서 〈고린도후서〉는 자기 변호적인 책이기도 합니다.

바울은 빌립보에서 고린도로 건너가서 3개월을 머뭅니다. 그러면서 〈로마서〉를 기록했습니다(주후 57~58년 겨울). 바울은 지금까지 자신이 세운 교회를 향해 편지를 썼어요. 그러나 〈로마서〉는 바울이 세운 교회도 아니고 한 번도 가보지 못한 로마에 있는 교회를 향해 편지를 쓰고 후에 가겠다고 합니다. 그는 고린도에서 로마에 있는 하나님의 신실한 종들이 교회를 세웠다는 말을 듣습니다. 로마 교회는 유대인과 이방인들이 함께 섞여 있는 참 아름다운 교회라는 소문이 들렸습니다. 그래서 바울이 그 교회를 칭찬하며 "내가 가보지는 못했지만 아름다운 소문이 있다. 내가 곧 로마로 가보겠다"라고 이야기합니다. 고린도에서 안디옥으로 배를 타고 돌아오려고 했지만 유대인들의 음모(행 20:3)가 있다는 소리를 듣습니다. 그래서 다시 왔던 길 마케도니아로 올라가 빌립보에 갔다가 빌립보에서 배를 타고 드로아(행 20:6)로 들어와 약 일주일간 머물며 복음을 전했습니다. 사도행전 6장 7

절에서 처음으로 그리스도인들이 '주간의 첫날'(주일)에 떡을 떼기 위해 모인 사실을 보게 됩니다. 바울은 드로아 교회 성도들에게 저녁부터 밤중까지 말씀을 전했습니다. 이것은 〈사도행전〉의 기록 중에서 이미 그리스도인들이 된 자들에게 행한 바울의 유일한 설교입니다. 밤늦도록 강론이 계속되는 가운데, 유두고라는 청년이 다락방(3층) 창에 걸터앉아 깊이 졸다 떨어져 죽었습니다(행 20:6~12). 그런데 바울이 기도해서 다시 살려냅니다. 그리고 밀레도로 가게 됩니다. 바울을 죽이려는 자들이 바울이 에베소에 들릴 것을 예상하고 에베소에서 진을 치고 있었어요. 그것을 알고 바울도 밀레도로 가서 은밀하게 에베소의 장로들을 불러 권면하고 부탁하며 작별 설교를 합니다. 자신이 어떻게 사역했는지 그리고 그들이 어떻게 사역해주기를 바라는지 비장한 사명선언을 합니다(행 20:13~38).

"내가 달려갈 길과 주 예수께 받은 사명, 곧 은혜의 복음을 마치려 함에는 내 생명도 조금도 귀한 것으로 여기지 아니하였다" 하며 내가 그렇게 섬겼으니 너희도 주의 피로 값 주고 산 교회를 그렇게 섬겨달라고 부탁하고 에베소 장로들도 함께 울며 기도하고 헤어집니다. 그리고 두로에 가는데 거기서도 예루살렘으로 올라가지 말라는 경고를 받습니다(행 21:1~6). 이미 소문이 났어요. 바울이 예루살렘에 오기만 하면 체포할 것이라며 기다리고 있었습니다. 귀한 여정 곳곳에서 예루살렘으로 가지 말 것을 경고받습니다. 믿음의 형제들의 간곡한 부탁에도 불구하고 바울은 예수님을 본받아 죽음을 각오하고 예루살렘으로 향합니다. 일행과 성도들의 권함을 받지 아니하는 바울을 위해 저들이 할 수 있는 일은 '주의 뜻대로 이루어지이다' 하고 기도할 따름이었습니다. 그는 자신이 예루살렘으로 가는 것을 하나님의 뜻으로 알았습니다. 또 가이사랴 항구에서도 빌립 집사의 예언하는 딸들과 아가보 선지자가 예루살렘에 고난이 있을 것을 예언하지만 그는 예루살렘으로 향합니다.

바울 일행은 가이사랴의 몇 제자들과 함께 예루살렘 교회를 방문하여 그간의 선교 결과를 보고하고 이방 신자들이 예루살렘 교회를 위해 연보한 구제금을 전달하였습니다. 그는 선교 보고를 하면서 자신은 하나님의 도구에 불과하며 모든 일을 행하신 분은 하나님이심을 고백합니다.

고린도전서

고린도 교회의 질의서에 대한 답변

🍃 뿌리내리기 _성경의 전체를 알아봅니다

　고린도 교회는 대략 A.D. 50년경 사도 바울이 2차 전도여행 중에 1년 6개월 동안 머물면서 직접 세운 교회입니다. 2차 전도여행 때 고린도에서 〈데살로니가전후서〉를 기록했고, 아굴라와 브리스길라 부부를 만나 동역하며 그들을 에베소 교회 지도자로 세웠는데, 그들이 아볼로를 훈련시켜 고린도로 보내 사역하게 했습니다. 바울이 고린도 교회를 떠난 지 대략 3~4년이 경과한 A.D. 55년경, 3차 전도여행 중 에베소에 머물고 있을 때, 고린도 교회의 문제들을 직·간접적으로 듣고 서한을 발송하여 고린도 교회의 오류를 시정토록 촉구했던 것이 〈고린도전서〉입니다. 고린도는 바울이 3차 전도여행 때 〈로마서〉를 기록한 장소이기도 합니다.

　사실 고린도 교회에 보낸 첫 편지는 〈고린도전서〉가 아닙니다. 이미 서신을(고전 5:9) 먼저 보낸 것이 있었습니다. 그러나 유실되었다고 봅니다. 그 후 쓴 편지가 〈고린도전서〉입니다.

고린도 지역 이해

고린도는 그리스 본토와 펠레폰네소스를 연결하는 에게 해와 아드리아 해 사이의 좁은 지협에 위치한 항구 도시로서 부유한 상업 중심지였습니다. 대부분의 대도시, 특히 항구 도시가 흔히 그러하듯이 고린도 시도 각종 문화가 혼재하였는데 로마의 세속 문화가 왕성한 것은 물론 대중이 전통적으로 숭배하던 그리스 로마의 만신, 그리고 지식층에서 주로 신봉하던 각종 철학적 종교들, 로마 군인이나 행정 관료들이 숭배하던 각종 밀의 종교들을 떠받드는 우상숭배가 극심하였고 성도덕도 많이 문란하였습니다. 많은 인종과 다양한 직종의 사람이 있었기 때문에 아덴의 시민들처럼 많은 우상을 섬기고 많은 종교가 있었던 곳이 고린도입니다. 특히 고린도 가장 높은 산 위에 아프로디테 신전이 있었는데, 종교적 매춘을 조장하여 천 명 정도의 매춘녀가 사제로 있었습니다. 철학자 플라톤은 매춘부를 부를 때 '고린도 소녀'라고 부를 정도로 고린도는 성적으로 문란한 지역이었습니다. 역사가 요세푸스는 고린도에는 세계 각지에서 원정 매춘을 하기 위해 온 사람들이 많았다고 기록할 정도였습니다. 고린도의 도덕적인 타락상은, ㄴ'코린티아조마이'(문자적인 뜻은 '고린도인처럼 행하다')라는 헬라어가 '매춘 행위를 행하다'란 뜻을 가지게 된 것만 보아도 알 수 있습니다.

고린도 교회는 어떤 교회인가?

성경에 나오는 교회 중에서 가장 문제가 있었던 교회가 고린도 교회였습니다. 고린도의 부정적인 문화인 혼합주의, 성적 문란, 무절제, 경박함 등이 교회 안으로도 흘러 들어왔습니다. 교회가 사회에서 거룩한 모습을 드러내야 하지만 상황은 반대였습니다. 바울이 고린도 교회를 떠나자, 고린도 성도들은 곧 각종 오류와 범죄의 소용돌이에 휘말리고, 파당이 형성되어 분열되고, 성범죄도 방치하는가 하면, 성도 간에 소송을 일으키기도 했습니다. 심지어 성찬식까지도 무절제하게 시행했고, 성령의 은사를 남용하기도 했습니다. '만연하는 우상 문화에 어떻게 대처할 것인가' 역시 큰 문제로 부각되었습니다.

고린도 교회는 바울이 세웠지만 여러 목회자들이 섬겼던 교회였습니다. 그러기에 특정 교역자를 따르는 분열된 사람들로 계파 간의 갈등이 생겨 전체 분위기를 파괴하기 시작했습니다. 또 교회 내의 성적, 윤리적 타락이 도를 넘어섭니다. 성도들 간에 타락이 있으면 고린도 교회는 지적을 해야 되는데 묵인하고 그냥 넘어갔습니다. 그리고 몇몇 은사를 가진 자들이 그 은사를 가지고 교회를 혼란시켰습니다. 그래서 의식 있는 몇몇 사람들이 교회 안에 있는 문제들을 가지고 바울에게 답변을 해달라고 요구했습니다. 병들고 곪아터진 교회와 고린도 사회를 향해 처방전을 내린 것이 〈고린도전서〉입니다. 〈고린도전서〉는 주제별로 되어 있고 교회가 직면한 다양한 이슈들 예를 들면, 직접 대표에게서 들었던 교회의 파당 문제(고전 1:10~4:21), 어떤 사람이 자기 아버지의 첩과 동거하는 문제(5장), 세상 법정에 소송을 제기하는 문제(고전 6:1~11), 창기와 합하는 행위가 아무렇지도 않은 일이라고 하는 문제(고전 6:12~20), 혼인과 이혼 문제(7장), 우상의 제물에 관한 문제(8~10장), 성찬의 문제(11장), 성령의 은사에 대하여(12~14장), 죽은 자의 부활에 대하여(15장) 다룬 실질적인 서신입니다.

서두(1:1~1:9) - 인사말, 기도 감사	
교회 내의 분쟁과 도덕적 혼란(1~6장)	교회의 분쟁(1:10~4장)
	교회 내의 도덕적 혼란(5~6장)
교회의 질문에 대한 바울의 답변(7~15장)	결혼, 이혼 문제(7장)
	우상 제물/ 강자-약자 문제(8~9장)
	우상숭배와 주의 만찬(10~11장)
	성령의 은사(12~14장)
	죽은 자의 부활(15장)
맺는 말(16장)	

1장부터 6장까지는 교회 내 분쟁과 도덕적 혼란을 부드러운 말로 책망합니다. 그리고 7장부터 15장까지는 그들이 질문한 질의서에 대해서 답변하고 있습니다.

🌿 신약 숲으로 _성경의 중심내용을 알아봅니다

고린도 교회의 분열 원인

당시 세속 학문의 교사가 있었는데, 제자들은 자기 스승의 영적인 능력에 관해서 경쟁 학도와 함께 논쟁을 벌였습니다. "우리 스승이 훨씬 더 능력 있고 업적이 있다"라고 논쟁하듯 교회 안에서도 똑같이 논쟁을 벌이고 싸웠습니다. 목회자를 존경할 수 있지만 지나쳐서 덕이 되지 않으면 이것을 우상숭배와 같다고 합니다. "그리스도께서 어찌 나뉘었느냐 바울이 너희를 위하여 십자가에 못 박혔으며 바울의 이름으로 너희가 세례를 받았느냐"(고전 1:13).

목회자를 하나님과 성도 사이의 중보자라고 생각하지 마십시오. 목회자

🌿 열매 맺기

고린도 교인들의 착각

고린도에서 발견된 종교적 상징물들을 보면 "나는 아프로디테에게 속한 자" 등의 스승 이름이 새겨진 제단을 볼 수 있다. 스승에게 세례를 받을 때 스승을 자신의 구원의 중재자로 생각했다. 그래서 사람들은 바울에게 세례를 받고 바울의 이름으로 하나님 나라에 들어간다고 믿고 있었다(고전 1:13, 17).

가 너무 드러나면 하나님의 영광이 보이지 않습니다. 바울은 십자가만, 오직 예수 그리스도의 영광만 드러나기를 원합니다. 목회자가 보이는 교회가 아니라 그리스도의 영광이 드러나는 교회가 온전한 교회이고 건강한 교회입니다. 바울은 〈고린도전서〉를 통해 고린도 교회가 분열되어가는 원인을 여섯 가지로 분석했습니다.

1. 십자가의 도에 대한 오해

고린도 교인들이 자랑하는 세상의 지혜가 오히려 하나님의 지혜(십자가)와는 반대가 된다는 사실을 밝힙니다. 인간의 지혜에 근거를 둠으로써 분열을 초래한 고린도 교인들은 이 기본적인 진리를 망각했음을 드러냅니다(고전 1:18~25). 바울은 자신이 세상의 지혜(논리와 수사학)에 따라 복음을 제시하지 않았고 그리스도의 죽음이라는 핵심적인 메시지에 집중했음을 강조합니다(고전 2:1~5). 바울이 2차 전도여행 때 고린도에 오기 직전인 아덴(아테네)에서 세상의 지혜를 따라 변론하였으나 열매가 없었습니다. 그 후 바울은 예수 그리스도의 십자가 외에는 다른 것은 알려 하지도, 전하지도 않았습니다. 그러므로 사도 바울의 설교 메시지는 '십자가'였습니다. 십자가 설교는 멸망받는 자에게는 미련한 것이고, 은혜임을 고백하는 자에게는 구원이 되는 하나님의 능력이 나타났다는 것입니다.

2. 성령의 역사에 대한 무지

바울은 고린도 교인들에게 진정한 지혜란 세상으로부터 오는 지혜가 아니라 그리스도와 그분의 성령을 통해서만 얻을 수 있음을 상기시킵니다. 십자가가 하나님의 지혜이고 그것은 오직 성령으로만 깨달을 수 있습니다. 성령은 모든 것 곧 하나님의 깊은 것이라도 통달하며(고전 2:10), 하나님의 사정(God mind)도 안다(고전 2:11)고 합니다. 그러기에 이러한 성령에 대하여 무지하면 하나님의 뜻도 모르고 십자가의 도도 이해하지 못한다는 것입니다. 성령께서 주신 지혜만이 삶을 더욱 풍성하게 합니다.

3. 영적 미성숙함의 증거

바울은 고린도 교인들이 분파를 지어 분열을 일으킴은 그들이 아직 영적으로 성숙하지 못한 증거라고 책망합니다. 구원받은 사람이라고 다 하나님 앞에 성숙한 사람이 아닙니다. 그들은 시기와 분쟁 가운데 남을 이해하기보다는 늘 남이 나를 이해해주기를 바랐습니다. 영적으로 성숙하지 않으면 다툼이 일어납니다.

교회는 오래 다녔고 직분은 있지만, 영적 상태가 아이와 같은 사람이 있으면 그 교회, 그 공동체는 늘 싸움을 달고 다닙니다. 그렇기 때문에 교회는 성숙한 사람이 순장이 되어야 하고, 성숙한 사람이 장로가 되어야 하고, 성숙한 사람이 교역자가 되어야 합니다. 교회 오래 다녔다고 직분 맡기면 안 됩니다. 성숙한 신자들은 하나님의 요구에 좀 더 부합한 삶을 살게 됩니다. 구원받은 사람이 아니라 성숙한 사람은 적어도 삶의 우선순위가 달라집니다. 나를 향한 하나님의 요구를 발견하고 그것을 자신의 사명이요, 십자가로 삼고 애쓰면서 삽니다. 하나님께서는 성도 한 명 한 명을 향하여 계획을 갖고 계십니다. 나를 향하신 마음의 소원이, 기대가 있으십니다. 그것을 사명으로 알고 붙들고 살아가는 것이 바로 성숙한 삶입니다. 그러나 여전히 자신의 욕구와 정욕, 집착에 지배당한다면 후퇴하게 되고, 성장하지 못할 것입니다.

4. 교회 지도자들의 올바른 역할에 대한 이해 부족

고린도 교인들은 교회 내의 특정한 지도자들에게 충성을 바침으로써 영적 미숙함을 보였습니다. 바울은 그들에게 기독교 지도력의 진정한 본질을 상기시킵니다. 바울은 교회를 가꿔야 할 식물과 건축할 건물로 묘사하면서 진정한 교회 리더십을 설명하고 있습니다. 진정한 교회의 리더는 예수 그리스도이십니다. 아볼로나 바울이나 게바나는 하나님의 도구일 뿐입니다.

> 나는 심었고 아볼로는 물을 주었으되 오직 하나님께서 자라나게 하셨나
> 니 그런즉 심는 이나 물 주는 이는 아무 것도 아니로되 오직 자라게 하시
> 는 이는 하나님뿐이니라(고전 3:6~7).

5. 교회의 진정한 본질에 대한 무지

성도는 하나님께서 거하시는 전입니다. 성도는 하나님께 소유된 백성이라는 공동체 의식으로 하나 되어 형제자매간에 교제를 나누어야 합니다. 만물이 주께로부터 왔고 모두 주의 것입니다. 그리스도의 교회는 너무도 신비롭기 때문에 인간적인 '유명 인사'를 추종하는 죄악에 빠져서는 안 됩니다.

6. 그리스도 일꾼들의 역할에 대한 오해

바울은 사람들을 스승이 아닌 영적 아비의 마음으로 대했다고 합니다. 바울은 영혼을 대할 때 이런 아비의 마음으로 다가갔기에 너희는 나를 본받으라고 말할 수 있었던 것입니다. 부모는 자녀를 거짓되게 가르치지 않습니다. 진실되게 가르칩니다. 4장에서 바울은 고린도 교회 내의 분쟁에 대한 훈계를 마무리하고 있습니다. 그는 사도로서 자신의 권위를 확증하는 것으로 이 작업을 마무리합니다.

고린도 교회의 도덕적 혼란

1. 음행과 근친상간

바울은 고린도 교회에서 일어난, 성적으로 부도덕한 음행과 근친상간의

죄악을 언급하며 교회가 그 사건을 징계하지 않고 소홀하게 취급했음을 책망하며 거룩한 공동체 내에서 그대로 내버려둘 수 없다고 단호하게 경고합니다. 하나님께서는 음행하는 자를 돌로 쳐 죽이고 악을 제거하라고 하셨습니다(신 17:5~7). 바울은 사귀지도 말고 밥도 같이 먹지 말라고 합니다(고전 5:9). 그런 이야기를 들으면서 상상하며 대리만족 하지 말고 끊어버리라고 합니다. 우리 공동체 안에 그런 사람이 없도록 주의하고, 그런 사람이 있으면 관계를 끊어버리라는 것입니다. 음행의 문제가 얼마나 전염성이 강한지 모릅니다. 공동체 안에 음란함이 있으면 하나님이 결코 축복하시지 않습니다. 가정도 마찬가지지만 내가 속해 있는 공동체, 동창회, 부녀회 모임, 테니스 모임, 골프 모임에서 혹시라도 그런 음란한 모습이 조금이라도 있다면 끊어버리십시오. 하나님께서 축복하시지 않습니다.

2. 교인들 사이의 소송 문제

바울은 교인들 사이에서의 송사 문제를 교회 안에서 해결하고 교회 밖으로 가지고 나가지 말라고 합니다. 교회 문제를 세상 법정에서 판단받지 말라는 것입니다. 그렇게까지 된 것은 서로를 존중하지 못했으며, 기독교적 방식으로 서로의 갈등을 조정하지 못했음을 나타냅니다.

3. 성적 부도덕

고대 세계에서 고린도는 매춘으로 유명했습니다. 당시 우상 문화의 공통점 중 하나는 음행과 다산과 풍요였습니다. 그래서 당시 이교도들이 매춘에 동참한 이유는, 물질의 복을 받기 위함이었습니다. 그들은 우상을 찾아가 절하고 사제인 매춘녀와 동침하는 것이 재물과 신들의 축복을 약속받는 길이라고 생각했습니다. 그래서 이런 관습이 계속 유지됐어요. 바울은 교회 성도들 가운데도 이런 관습을 버리지 못하고 따라 사는 사람들이 있다는 것입니다. 그래서 주일날 교회에 출석하고 평일이면 친구들이랑 점보고 사주봅니다. 구원은 하나님께 받고 복은 미신에게 받기 위해 점 보러 다니고 사주 보러 다니는 것은 영적으로 간음하는 것입니다. 육체적 간음뿐 아니라 영적인 간음도 치명적인 간음입니다.

교회의 질의에 대한 바울의 답변

1. 결혼에 관하여

바울은 7장 전반에 걸쳐 결혼과 독신 남편과 아내의 관계에 대한 실제적인 문제를 다루고 있습니다. 결혼을 통해 남편과 아내는 상호 간에 권리와 의무를 다하라고 권면합니다. 서로 분방하지 말며 상호 동의하에 일정한 기간 동안 특별한 목적이 있을 때에는 분방할 것을 허용하고 있습니다(고전 7:2~5). 독신에 대해 바울은 어떤 의미에서 "모든 사람이 나와 같기를" 원한다고 인정함으로써 결혼에 대한 긍정을 제한하며 자신이 독신이었음을 나타내주고 있습니다(고전 7:7).

당시 로마법에 이혼하는 것이 허용되었지만 성경적 가르침은 남편이나 아내는 모두 이혼하지 말아야 하고, 아내가 남편과 이혼했을 경우, 다시 남편과 화합할 수 없다면 그녀는 독신으로 남아 있어야 한다고 말합니다. 바울은 신자들과 불신자들 사이의 결혼에 관하여, 믿지 아니하는 남편이 함께 살기를 동의하는 한, 믿음을 가진 아내는 자신의 모범된 삶을 통해 남편을 구원하기를 소망하면서 그와 결혼한 상태로 있을 것을 권면합니다.

처녀와 과부에게 주는 권면도 있습니다. 바울이 결혼하지 않고 그냥 지내는 것이 좋겠다고 권면하는 중요한 의도는, 고난과 환난의 시대에 있을 경우, 육체적인 고통과 고난으로부터 구하고자 함이요, 또한 주님을 섬기는 일에 집중하는 삶을 살도록 하기 위함입니다.

열매 맺기

분방

혼인관계에서 부부관계를 하지 않는 것은 상대의 권리를 '박탈하는 것'이다. 바울은 단지 기도하기 위해서 일정 기간 서로 합의한 경우를 제외하고는 분방(부부관계)을 금하였다.

그러므로 결혼하는 자도 잘하거니와 결혼하지 아니하는 자는 더 잘하는 것이니라(고전 7:38).

2. 우상에게 바쳤던 음식에 관하여

우상의 제물에 대하여는 우리가 다 지식이 있는 줄 아나(고전 8:1), "제사상에 오른 음식을 먹어야 됩니까, 말아야 됩니까?"라고 질문을 하니 고린도 교회 다수의 사람은 "먹어도 된다", 소수의 사람은 "먹으면 안 된다"라고 주장했습니다. 구약의 다니엘도 우상에게 드려진 음식을 왕과 같이 먹지 않았잖아요. 그러나 대다수 사람은 하나님의 것이고 하나님 앞에서는 아무것도 아니고 허상이기 때문에 먹어도 된다는 것입니다. 이방 음식을 먹고 안먹고의 문제는 옳고 그름의 문제보다 덕 차원의 문제에서 연약한 자를 배려하고 살피라는 것입니다.

믿음이 많아질수록, 교회생활을 오래 할수록 우리는 좀 더 과감해져서 "이 정도는 다 이해하실 거야!", "하나님, 아무도 없는데 딱 한 번만 할게요"라며 합리화합니다. 믿음이 연약하거나 초신자는 그렇지 못한데, 교회생활을 오래한 사람들은 나름대로 노하우가 생겨, 피할 길과 돌아갈 길을 알아요. 그래서 담대해지고 과감해집니다.

내 안에 그리스도의 몸과 피가 들어와 있습니다. 나는 거룩한 연합체입니다. 그 안에 하나님께서 원치 않는 술과 니코틴이 있다면 부끄럽지 않습니까? 옳고 그름의 문제보다 덕 차원에서 하나님의 영광을 위해 안 먹는 것이 좋습니다. 자유함을 누리는 것보다 서로에게 덕을 끼치는 삶이 훨씬 중요합니다. 이것이 성도의 성숙한 삶입니다. 그래서 바울이 복음 전파에 걸림돌이 되지 않기 위해 수고의 대가를 받을 수 있는 자신의 권리를 포기했듯이, 고린도 교인들은 더 연약한 형제자매들에게 상처를 주지 않기 위해 우상에게 바친 제물을 먹을 수 있는 권리를 포기해야 한다고 주장합니다(고전

9:1~27). 비단 우상 제물 문제만이 아니라 교회 내에서 성숙한 성도의 판단 기준은 믿음에 따라 행동하는 것이 아니라, 서로 덕이 되도록 행동해야 한다는 것입니다. 특별히 말을 할 때 조심하십시오. 불쑥불쑥 하고 싶은 말 다 하지 마십시오. '내가 이 말을 했을 때 남들에게는 어떻게 들릴까' 생각해야 합니다. "나는 이렇게 말하는데 너는 왜 그렇게 듣니? 너 참 이상하다", "왜 그런 식으로 말해" 하면서 문제의 본질보다 나중에는 싸우는 사람의 자세 때문에 기분 나빠서 싸우게 됩니다. 옳고 그름을 따지기보다는 서로에게 덕이 되며 연약한 자를 배려하는 대화를 하세요. 제사 음식도 마찬가지이고 모든 윤리적인 문제도 그렇습니다.

3. 공적인 예배에 관하여

바울은 공적 예배에서 여성이 머리에 수건을 쓰는 문제, 주의 만찬에 관한 문제를 거론합니다. 당시 고린도 사회에서 남자가 머리에 수건을 쓰는 것은 하나님을 욕되게 하는 것이었고, 여자가 머리에 수건을 쓰는 것은 남편을 존중하는 것이었습니다. 그래서 여자는 예배 중에 머리에 수건을 써야 했고, 남자는 머리에 수건을 쓰지 말아야 했습니다. 지금도 중국에는 모자 쓰고 예배하는 사람들(멍터우) 교회가 있습니다. 대부분 검정 모자를 쓰지만 이외에도 검정 그물 모자파, 흰색 모자파, 세 파가 존재합니다. 교회의 질서가 문란했을 때 교회 질서를 강조했던 사도 바울의 가르침을(11장) 영적으로 깨닫지 못하고, 마치 바리새인처럼 모자를 쓰는 것이 성결의 상징처럼 절대적인 진리로 믿고 행하는 심각한 문제를 안고 있습니다. 모자 쓰는 것은 당시의 습관과 풍습으로 구별하지 못한 채 모자를 쓰지 않은 사람은 구원받을 수 없다고 주장하고 있습니다. 중국에서 정식 이단으로 정죄되지는 않았지만 상당히 삐뚤어진 진리를 갖고 있습니다.

초대교회의 그리스도인들은 주의 만찬과 관련하여 사랑의 식사, 즉 애찬을 나누었습니다. 이 애찬 때에는 친교와 구제가 병행되었는데 일부 부자들은 그들이 가져온 음식을 가난한 성도와 함께 나누지 않음으로 애찬의 진정한 의미를 저버렸습니다(고전 11:21). 교회를 하나 되게 해야 할 의식이 실제로 교회의 일치를 해치고 있었기에 바울은 고린도 교인들에게 주의 만찬의 핵심이 그리스도의 구원 사역을 기리고 선언하는 것임을 상기시키며 주의 만찬에서 형제들을 무시하는 것은 그리스도의 죽음을 경멸하고 복음을 비방하여 하나님의 심판을 초래하는 행위임을 강하게 경고합니다.

4. 영적 은사의 활용에 관하여

성령의 은사는 다양하며 각 은사는 하나님을 예배하고 교회를 세우기 위해서 주신 달란트입니다(고전 12:4~11). 그렇기 때문에 교회 안에서는 여러 가지 다양성(다양성 안에서의 통일)의 은사가 있습니다(고전 12:12~30). 각기 나름대로의 장점이 있거든요. 공동체 안에서 나와 다른 사람을 만났을 때 다른 은사를 포용해주고 격려해주는 마음이 있어야 합니다.

바울은 성령의 모든 은사 가운데 '그리스도인의 사랑'이 가장 중요하다고 지적합니다. 아무리 훌륭한 강점이 있다 할지라도 그 강점을 빛나게 해주는 것은 사랑이라는 것입니다. 그는 고린도 교인들에게 사랑을 추구하도록 요청합니다. 사랑 없이는 아무리 화려한 은사도 아무것도 아니기 때문입니다.

바울은 방언보다 예언의 은사를 열망하라고 가르칩니다. 예언은 미래의 일을 맞추는 것이 아니라 하나님께로부터 받은 말씀을 전하는 것입니다. 예언의 은사는 점쟁이처럼 앞으로의 일을 내다보는 것이 아니라 하나님으로부터 받은 그 말씀을 전하는 능력입니다. 예언이라는 것은 하나님 말씀의 별명이에요. 예언, 여호와의 규례, 여호와의 법도, 여호와의 말씀, 성경은 다 같은 말입니다. 그러나 예언은 그 뜻이 분명해야 하고 덕을 세우는 데 사용해야 합니다. 나에게 예언의 은사가 있다고 함부로 말을 함으로써 교회에 분열을 초래한다면 그것은 은사가 아닙니다. 은사에서 가장 중요한 것은 교회의 덕이고 일치입니다.

결론적으로 바울이 말하는 가장 아름다운 은사는 사랑입니다. 사랑이야말로 교회의 덕을 세우는 최고의 은사라고 말합니다. 그래서 최고의 신앙인은 인격화된 신앙인입니다. 인격이 신앙으로 드러나는 것이 가장 훌륭한 신앙입니다.

5. 그리스도인 몸의 부활에 관하여

바울은 기독교적 신앙이 그리스도의 부활에 근거해야 하며, 그분을 믿는 모든 사람은 마지막 날 부활할 것이라는 확신을 가질 것을 주장합니다. 바울이 이 서신을 기록할 당시는 예수님의 부활 사건 이후 약 25년이 지났을 때였기에 당시 교회에는 부활한 예수님을 목격한 생존자들이 많이 있었습니다. 고린도에는 영혼 불멸은 믿으나, 육신의 부활은 믿지 않는 헬라 사상의 영향을 받은 사람들이 많았습니다. 그러다 보니 교회 내에서도 육신의 부활을 받아들이지 않는 그리스도인들이 있었는데, 바울은 그들에게 만일 부활이 없으면 기독교 신앙은 헛된 것이라고 했습니다. 그리스도께서 부활하셨기 때문에 믿음 안에서 잠든 자들은 그리스도와의 관계로 부활할 것이라고 선언합니다.

고린도후서

눈물로 쓴 바울의 편지

뿌리내리기 _성경의 전체를 알아봅니다

〈고린도전서〉를 보낸 후 마음이 석연치 않던 바울은 고린도로 내려갔습니다. 직접 고린도 교회를 방문하였지만 소위 '다른 복음'을 퍼뜨리는 거짓 교사들의 획책에 의해 일부 성도들이 아예 바울의 사도권 및 사도직 자체를 부인하고 나서는 일대 위기 상황이 발생합니다. 그들은 "네가 무슨 사도냐? 사도로서 네가 뭐 한 일이 있냐?"라며 바울의 외모와 언변이 인상적이지 않고 부정직한 것은 물론, 예수 그리스도의 사도로서 자격이 없다고 주장했습니다. 그래서 바울이 고린도에서 오래 머물지 않고 빌립보로 다시 올라와 고린도 교회 지도자를 향해 다시 한 번 펜을 들었는데 그것이 〈고린도후서〉입니다. 바울은 교회 내의 반항적인 소수 거짓 교사의 도전에 자신이 그리스도의 사도로서 받은 부르심에 대해 변론하였으며 거짓 교사들에게 경고하기 위해 이 서신을 기록했습니다. 그렇기 때문에 〈고린도후서〉는 굉장히 자전적인 내용과 자기변호가 많고 또 거짓 교사들을 향한 책망도 있습니다.

〈고린도후서〉는 아마도 바울이 A.D. 56년 또는 57년, 즉 자신의 3차 전도 여행 중 마케도니아 어느 지역에서 편지를 썼을 것입니다. 이 편지는 〈고린도전서〉를 쓰고 6개월이나 1년이 지난 후에 기록되었습니다.

🍃 숲 길잡이 _성경의 전체를 표로 알아봅니다

1	바울의 해명	인사/ 방문 계획 변경을 해명
2	그리스도의 향기	용서하라/ 그리스도의 향기
3	영의 직분	새 계약의 일꾼/ 그리스도의 편지/ 의문의 직분과 영의 직분
4	보물	질그릇에 담긴 보물/ 속사람의 생활
5	종말 사상	바울의 개인적 종말 사상/ 화해/ 새 피조물
6	하나님의 성전	무명한자 같으나/ 하나님의 성전
7	고린도 교인들과의 화해	화해의 요청/ 화해의 기쁜 소식
8	예루살렘 교회를 위한 헌금	마케도니아 교회의 모범
9		가난한 성도를 위한 헌금/ 헌금의 유익
10	사도직 문제	사도직에 대한 공격과 바울의 변론
11	사도의 업적/ 바보 설교	거짓 사도들에 대한 경고/ 바울의 수고
12	삼층천	삼층천 경험/ 약할 때 강함
13	방문 예고/ 권면	고린도 교회에 대한 바울의 염려/ 방문 예고와 인사/ 바울의 축도

바울의 고생담 세 개가 소개(고후 4:8~11, 6:4~10, 11:23~29)되고 있기에 바울서신 중 자전적인 요소가 강합니다. 거짓 교사들이 "네가 주님을 위해서 한 일이 뭐 있느냐" 하고 수군거렸기 때문에 사도로서 받은 고난을(11장) 자랑합니다. 개인적이며 내세적인 종말 사상과 화해의 직분과 화해의 말씀(고후 5:14~21)이 기록되어 있습니다.

바울의 고생담과 바보 설교

〈고린도후서〉에는 바울이 이방인의 사도로서 자신의 고난과 역경에 대해서 언급하는 본문이 반복해서 나타납니다. 이러한 본문들은 바울의 '고생담'이라 부릅니다. 바울이 자신의 사도직을 변호하는 과정에서 간혹 자신의 과거 활동을 부득불 자랑하는데, 스스로 이러한 자랑이 어리석은 것이라고 언급합니다. 그래서 학자들은 이 본문을 '바보 설교(Narrerrede)'라고 부릅니다. "바보스럽지만 어리석지만 조금만 자랑할게"라고 하면서 자신을 자랑합니다. 자신의 학벌도 자랑하고 사도로서 고생한 이야기도 자랑합니다. 11장은 바울의 '눈물의 편지'라고 하는데 과거를 돌아보면서 내가 복음을 위해서 어떻게 살아왔는지 고생한 이야기를 쭉 나열했습니다.

바울의 반대자들

바울의 반대자들은 정통 유대인들과(고후 11:22~23) 유대주의 그리스도인들입니다. 같은 민족이요, 같이 사역하는 동료였습니다. 내부의 적이 핍박하고 할퀴었습니다. "글은 중하고 힘은 있으나, 외모는 초라하고 그의 말은 시원치 않다"(고후 10:10), "그는 간교하다"(고후 12:16)라는 말을 들었고, 이에 바울은 말합니다. "나는 하나님의 뜻으로…(고후 1:1), 이방인의 사도가 되었다. 나도 얼마든지 유대인으로서 출신을 내세울 수 있다(고후 11:22). 너희들보다 훨씬 잘난 사람이다(고후 11:22). 내가 바리새인 중에 바리새인이요, 당시 최고 엘리트 교사였던 가말리엘의 수하생이었다. 난 어느 곳까지도 갈 수 있는 로마 시민권자야, 이거 왜이래! 나야말로 자랑할 것이 정말 많다(고후 11:23~12:11, 바보 설교). 나의 사도됨의 증거로 표적과 기사와 능력을 나타냈다"(고후 12:12).

바울의 종말 사상 - 사후관(死後觀)

바울은 자신의 지상 삶이 끝나면(장막집이 무너지면) 곧바로 "주와 함께 거하는" 새로운 삶으로 진입할 것이라는 확신과 개인적 소망을 가지고 있었습니다. 이 세상에서 당하는 고난은 일시적이지만 하늘의 영광과 기쁨은 영원하다고 고백합니다. 그리고 바울의 축도는 삼위일체 축복이 나타나 있습니다(고후 13:13).

로마서

이신칭의(以信稱義)

🌿 뿌리내리기 _성경의 전체를 알아봅니다

　당시의 로마는 영국에서 아라비아까지 뻗어 있는 대제국의 수도로서 약 80만 명의 인구가 모여 사는 매우 거대한 도시였습니다. 도시는 매우 부요했으며 세계적인 외교와 무역의 중심지였기 때문에 상인들의 출입이 끊이지 않았고 세계 각지에서 몰려온 잡다한 종족들이 모여 살고 있었습니다. 이러한 로마에 사도들이 직접 세운 교회가 없이, 전쟁 포로나 상업 등으로 로마에 머물게 된 예수 그리스도를 믿는 성도들(유대인, 로마인, 이방인)이 자체적으로 공동체를 이루어 신앙생활을 하고 있었습니다. 〈로마서〉는 그들에게 참 구원의 원리를 설명하고 유대인 성도와 이방인 성도 간의 사상적 불일치를 해소하여 화목케 하려는 신학적 집필 동기를 지녔습니다.

　〈로마서〉는 바울이 쓴 서신 중에서 가장 신학적입니다. 기독교 구원론에 관한 전반적인 교리들, 즉 구원의 필요성에서부터 칭의와 성화 및 믿음으로 정죄함에서 벗어난 그리스도인의 자유와 자유의 적용 문제에 대해 매우 체계적이고 논리적으로 설파합니다. 그러므로 〈로마서〉는 복음을 가장 복음답게 정리한 책으로, 칼뱅은 〈로마서〉를 성경 이해의 출입문이요, 가장 심오한 보물창고라고 했고, 중세의 종교 개혁자들(어거스틴, 루터, 존 웨슬리)은 〈로마서〉를 읽다가 회심을 하여 개혁의 선봉이 되기도 했습니다. 로이드 존스 목사님은 14년 동안 〈로마서〉만 설교했을 정도로, 〈로마서〉는 그만큼 복음 중의 복음이며, 그중 핵심은 8장입니다.

〈로마서〉의 수신자로는 로마 교회의 성도들이며, 기록 연대는 A.D. 56년경으로 3차 전도여행 때 고린도에서 3개월 머무르는 동안에 기록했다고 봅니다. 로마 교회는 바울이 설립한 것은 아닙니다. 바울이 적어도 친분이 있는 26명에게 안부 인사(16장)를 하고 있지만 그가 로마 교회를 자신의 관리 아래 둔 것도 아니었습니다. 이미 세워진 교회에 단지 로마 여행을 염두에 두고 쓴 편지였습니다. 로마 교회를 누가 세웠는지에 대해 여러 신학적인 해석이 있지만, 오순절 성령강림 때 회심한(행 2:10) 예루살렘의 순례자들이 받은 은혜와 복음을 가지고 세운 교회이기도 하고, 스데반의 순교 이후 박해를 피해 전 세계로 흩어졌던 디아스포라 유대인들이 로마 교회를 세웠다는 학설도 있습니다. 아무튼 예루살렘에서 은혜를 받은 자들이 모여 교회를 세웠는데, 로마 교회는 이방인들과 로마인, 유대인들이 같이 섞여 있었습니다.

〈로마서〉의 주제

내가 복음을 부끄러워하지 아니하노니 이 복음은 모든 믿는 자에게 구원을 주시는 하나님의 능력이 됨이라 먼저는 유대인에게요 그리고 헬라인에게로다 복음에는 하나님의 의가 나타나서 믿음으로 믿음에 이르게 하나니 기록된 바 오직 의인은 믿음으로 말미암아 살리라 함과 같으니라(롬 1:16~17).

이 두 구절은 〈로마서〉의 중심 주제를 드러내면서 편지 서두(롬 1:1~15)와 본론 사이의 연결 고리로 작용합니다. '복음'은 〈로마서〉의 핵심 단어입니다. "복음을 부끄러워하지 않는다"는 말은 오히려 복음을 매우 자랑스러워한다는 말일 수 있습니다. 이는 복음은 모든 믿는 자에게 구원을 주시는 하나님의 능력이 된다는 사실을 바울이 경험으로 알게 되었기 때문입니다. 바울은 자신을 변화시켰던 복음의 능력을 알았기 때문에 복음을 부끄러워하지 않았습니다. 오히려 더 많은 사람이 복음 듣기를 원했습니다. 바울에게 복음은 생명이었고 다른 사람에게도 복음은 생명이라는 것을 알고 있었습니다. 따라서 불신자에게 복음을 전하는 것은 그들의 생명을 살리는 일입니다. 복음의 능력을 간과하지 마십시오. "저 사람이 예수 믿으면 내 손에 장을 지진다구요" 하면 정말 장 지질 일 생깁니다. 육군 스타가 수류탄을 던져도 수류탄이 터지고, 동사무소의 방위가 수류탄을 던져도 수류탄은 터집니다. 누가 던지냐가 아니라, 무엇을 던지냐가 중요합니다. 주위에 죽어가는 영혼들을 바라보세요. 살아 있다 하지만 죽어 있는 송장과 같은 사람들을 바라보세요. 그들을 살려야 하지 않겠습니까? 소심하게 신앙생활 하지 말고 적극적으로 하세요.

바울이 가지고 있었던 가문과 학벌, 명예는 복음의 가치에 비교할 때 아무 의미가 없었습니다. 그렇기 때문에 그는 살아도 죽어도 하나님의 영광과 복음을 위해서 살았습니다. 바울은 로마서 1장 17절에서 "오직 의인은 믿음으로 말미암아 살리라" 하며 하박국 2장 4절을 인용합니다. 여기서 그는 믿음으로만 하나님 앞에 의롭게 될 수 있음을 강조합니다. 이것을 '이신득의(以信得義), 이신칭의(以信稱義)'라고 말합니다. 우리가 하나님 앞에 의롭다 칭함을 받은 이유는 우리의 온전한 행위 때문이 아닙니다. 내 행위는 부족하지만 예수 그리스도를 향한 믿음이 있기 때문에 그 믿음을 보시고 하나님께서 나를 의롭다 하신다는 것입니다. 나는 부족하지만 하나님은 나의 믿음을 보시고 나를 구원하신다는 것입니다. 그렇기 때문에 우리는 죄인이지만 예수 그리스도를 믿는 믿음 안에서는 의인입니다. 믿음으로 말미암아 의롭게 된 사람은 믿음으로 현재와 미래까지 영원토록 살게 됩니다. 〈로마서〉의 큰 주제는 이신칭의(以信稱義)입니다.

바울이 〈로마서〉를 쓴 이유

바울은 〈로마서〉 서두에서 자신을 "예수 그리스도의 종(Doulos)"이며, "사도로 부르심을" 받았으며, "복음을 위하여 택정함"을 입은 자라고 소개합니다. 바울은 그가 한 번도 방문한 적이 없는 로마 교회로부터 신임을 얻기 위해 자신을 상세하게 기록하였습니다. 눈여겨 볼 수 있는 것은 사도라는 표현입니다. 사도라는 말은 주님을 직접적으로 목격하고 주님이 세운 사람입니다. 사도 바울이 예수님의 제자입니까? 주님을 직접 목격했습니까? 아니지요. 그런데 그가 왜 사도입니까? 바울은 예수님의 공생애 기간 동안 함께하지도, 제자로 임명받지도 않았습니다. 그러나 바울의 사도적 권위는 부활하신 주님께서 친히 이방의 사도로 자신을 세웠다는 것입니다. "너희들이 인정하든 인정하지 않든 하나님 앞에서 나는 당당한 사도다"라고 이야기합니다. 이렇게 바울은 늘 사도성의 시비를 달고 다녔지만 당당했습니다. 그리고 바울은 설명하게 될 복음의 뿌리는 구약이며, 구약에서 약속한 하나님의 아들 예수 그리스도에 대한 말씀이라고 선포합니다.

바울은 로마 교회의 신앙에 대한 좋은 평판이 널리 알려진 것에 대해서 감사의 말씀을 전하고(8절) 로마 교회를 방문하고자 하는 자신의 소원을 말합니다(롬 1:9~15). 여기서 바울이 왜 로마를 가고 싶어 했는지 두 가지 이유가 있습니다. 자신의 전도 은사를 활용하여 로마 교회를 든든히 세우기 위함이고(15절), 이제 아시아와 마케도니아 지방에 복음이 확장되었기 때문에 로마를 거쳐 서바나(스페인)로 갈 때 재정적 후원을 받고 싶어 했기 때문입니다(롬 15:24). 바울의 최종 선교 목적지는 땅끝이라 알려진 서바나(스페인)였습니다.

🍃 숲 길잡이_성경의 전체를 표로 알아봅니다

서론	본론		결론
1. 편지의 서두 (1:1~7)	교리	1. 왜 구원을 받아야(필요) 하는가?(1:18~3:20)	〈로마서〉를 쓴 바울의 목적과 믿음의 동지들에게 문안 인사 (15:14~16:27)
		2. 어떻게 구원을 받을 수 있는가?(3:21~4:25)	
		3. 우리가 주 안에서 즐거워하는 이유는 무엇인가?(5:1~11)	
		4. 한번 받은 구원은 영원한 것인가?(5:12~21)	
2. 바울의 감사와 〈로마서〉를 쓴 이유 (1:8~15)		5. 그리스도와 연합된 자의 특징은 무엇인가?(6:1~8:39)	
		6. 유대인의 구원과 이방인의 구원은 어떤 관계인가?(9~11장)	
3. 〈로마서〉의 주제 (1:16~17)	윤리	7. 구원받은 사람은 어떻게 살아야 하는가?(12:1~15:13)	

13권의 바울서신 중에서 〈로마서〉는 가장 신학적이고 교리적이라고 했습니다. 그만큼 중요하고 어려울 수 있다는 것이지요. 1장 1절부터 17절까지는 편지의 서두로, 서론에 해당합니다. 〈로마서〉 본론은 7가지 질문을 따라 논리적 해답을 게재합니다. 그리고 마지막 15장 14절에서 16장 27절까지는 바울이 〈로마서〉를 쓴 목적과 믿음의 동지들에게 문안 인사를 기록하고 있습니다. 〈로마서〉를 구조적으로 볼 때 전반부와 후반부로 나눌 수 있는데 1장부터 11장까지는 복음의 내용(교리)을 논리적이고 서술형으로 제시합니다. 그리고 12장부터 16장까지는 구원받은 성도로서 마땅한 행실은 무엇인가에 대해서 권면하고 또는 명령형으로 기록했습니다.

또한 〈로마서〉 내용을 따라 조금 더 구체적으로 구분해본다면 크게 세 가지로 나눌 수 있습니다. 첫째, 예수 그리스도를 믿는 믿음으로 얻는 의에 근거하여 이방인이나 유대인이나 차별 없이 하나님 백성을 이룸을 말합니다. 누구든지 예수 그리스도를 믿으면 의롭게 되고 믿음으로 의롭게 된 자들은 유대인일지라도 이방인일지라도 구원에 차별이 없다는 것입니다. 둘째, 로마 교회 안에 있는 인종과 문화 편견의 부당성을 설파한 후, 그리스도 안에서 한 성령의 공동체로서 그리스도인들이 교회와 세상 속에서 감당해야 할 책임에 대하여 언급합니다. 셋째, 결론적으로 15장에 바울이 〈로마서〉를 기록한 이유와 방문 계획을 밝힙니다. 16장에서는 로마에 있는 신실한 동역자들에게 일일이 감사와 문안 인사를 전합니다.

🍃 신약 숲으로 _성경의 중심내용을 알아봅니다

왜 구원을 받아야(필요) 하는가?

성경은 인간에 대해 "하나님을 알되 하나님을 영화롭게도 아니하고 감사하지도 아니하고(롬 1:21), 또한 그들이 마음에 하나님 두기를 싫어하매(롬 1:27~31), 의인은 없나니 하나도 없나니 깨닫는 자도 없고 하나님을 찾는 자도 없고"(롬 3:10~18)라고 정의를 내며, 인간은 이방인이나 유대인이나 모두가 죄인이라고 유죄판결을 내립니다. 그리고 그 죄 위에 하나님의 진노가 임합니다. 하나님의 진노는 감정적 분노가 아니라 절대적인 진노입니다. 그래서 하나님의 진노는 죄인에게 사형선고를 내립니다. 죄의 삯은 사망입니다. "모든 사람이 죄를 범하였으매 하나님의 영광에 이르지 못하더니"(롬 3:23), 그러므로 모든 인간은 하나님의 구속의 은혜와 구원이 절실히 필요한 존재입니다. 구원자가 없으면 우리는 영원히 죽을 수밖에 없습니다.

어떻게 구원받을 수 있는가?

1. 그리스도의 피를 믿음으로 의롭다 함을 얻음

기독교를 제외한 모든 종교는 구원의 조건으로 인간의 선행을 말합니다. 그러나 기독교는 인간의 행위가 아닌 하나님의 행위를 내가 믿을 때 구원을 얻는다고 말합니다. 그러면 하나님의 행위가 뭘까요? 나를 사랑하시사 십자가에 죽으시고 부활하신 예수 그리스도입니다. "그리스도 예수 안에 있는 속량으로 말미암아 하나님의 은혜로 값없이 의롭다 하심을 얻음"(롬 3:24)에서 구속(혹은 속량)은 값을 지불하고 빚을 갚는 것을 의미합니다. 예수님께서 우리를 구속하셨다는 것은 우리가 죄로 말미암아 치러야 할 죗값을 대신 피 흘리심으로 갚아주셨음을 의미합니다. 그렇기 때문에 "주님이 절 위해서 죽으셨습니다. 주님이 저 대신 죗값을 지불하셨습니다"라는 이 사실을 믿으면 의롭게 되는 것이고, 입으로 시인하면 구원받는 것입니다. 그렇다면 예수 그리스도가 나를 사랑해서 나를 위해 십자가에서 죽으셨음을 믿습니까? 그리고 3일 만에 다시 부활하심도 믿습니까? 믿을 때 하나님 앞에서 의로운 자들이 되고, 내 입술로 고백할 때 구원이 내게 임하는 것입니다. 이것은 복음의 신비입니다.

우리의 믿음 대상은 하나님이신 예수 그리스도입니다. 믿음의 대상이 예수 그리스도라면 믿음의 내용은 십자가와 부활입니다. "넌 무엇을 믿느냐?"라고 묻는다면 "날 위해 죽으신 예수 그리스도의 십자가 죽음과 그 부활을 믿습니다"라고 고백할 수 있어야 합니다. 예수 그리스도의 죽으심이 왜 우리 믿음의 내용일까요? 예수 그리스도의 죽으심으로 그 피를 통해 내가 의롭게 되기 때문입니다. 피는 생명이요, 속죄입니다. 예수님께서 나를 대신해서 생명의 피를 뿌려주셨습니다. 그 피를 내가 믿을 때 나와 상관있게 되는 것입니다. 아주 쉽고 단순합니다.

예수 그리스도께서 죽으심으로 우리의 죄를 속량했으며, 하나님과 원수된 우리 사이에 화목제물이 되어주셨습니다. 하나님께서 예수님을 화목제물로 세우심으로 하나님의 의를 나타내셨고, 그 피를 믿는 모든 자를 의롭다 하심으로 사랑을 보이셨습니다(롬 3:25). 화목제물은 피해를 입은 사람의 화를 달래기 위해 제공되는 선물이나 지불금을 의미합니다. 우리 죄악들에 대한 '화목제물'이 무엇이 되어야 할지를 결정하는 주체는 바로 하나님이십니다. 놀랍게도 하나님께서는 자기 아들 예수 그리스도를 화목제물로 세우셨습니다. 그러므로 십자가에서 죽으신 예수 그리스도의 희생 제사는 하나님을 만족시켰으며, 우리의 죄를 향한 하나님의 진노를 진정시켰습니다. 내 행위가 부족할지라도 주님에 대한 신앙고백이 분명하다면 그 믿음 때문에 나는 구원받게 됩니다.

2. 하나님께서 우리를 의롭다고 인정해주심

하나님은 예수 그리스도의 피를 믿는 모든 사람을 의롭다 칭하십니다. 이 세상에서 가장 큰 죄가 뭔지 아십니까? 그것은 바로 하나님을 믿지 않는 것입니다. 그런데 문제는, 나는 의인이라고 착각하면서 사는 것입니다. 분명한 사실은 나는 죄인이라는 것입니다. 내가 예수님을 믿고 예수님이 날 위해 죽으심을 인정한다고 고백할 때 내 죄가 예수님께 옮겨지고 그분의 의가 내게 임하게 됩니다. "주님, 나는 죄인입니다. 주께서 나를 위해 죽으시고 부활하심을 나는 믿습니다"라고 고백할 때 죄가 예수님께 전가되는 것입니다. 유대인이나 이방인, 할례자나 무할례자나 행위로가 아닌, 오직 화목제물이신 예수 그리스도를 믿을 때 더 이상 정죄 아래 있지 않고 의롭다 하심(칭의)을 받는 것입니다(롬 3:27~30).

3. 믿음으로 의롭다 함을 받은 아브라함

〈로마서〉는 그런 대표적인 경우로 아브라함을 들어서 설명합니다. "아브라함이 하나님을 믿으매 그것이 그에게 의로 여겨진바 되었느니라"(롬 4:3). 아브라함은 할례를 받기 전, 그리고 율법이 존재하기 전 하나님의 약속을 믿음으로써 의롭다 함을 받았습니다. 그것은 아브라함이 율법에 속한 유대인들의 조상뿐 아니라, 믿음에 속한 이방인들의 조상이 된다는 것을 의미합니다. 아브라함이 이삭을 드렸기 때문에 의인이 된 것이 아니고, 이미 의인이었던 아브라함이 이삭을 드린 것입니다. 행위로 의인이 된 것이 아닙니다.

우리는 아무리 열심히 살아도 의인이 될 수가 없습니다. 구걸하는 사람에게 천 원을 주는 것이 의(義)입니까? 내가 만 원을 줄 수 있었는데 천 원을 준 것은, 어떤 문화에서는 만 원을 안 줬기 때문에 죄라고 생각합니다. 이렇듯 의를 해석하는 개념은 각기 다릅니다. 그렇기 때문에 인간의 온전한 의로 하나님 앞에서 우리를 평가할 수는 없습니다. 하나님 앞에서는 도토리키 재기예요. 의인이 될 수 있는 유일한 길은 믿음입니다. 내가 예수 그리스도를 믿을 때 죄는 예수 그리스도께 전가되고 그리스도는 우리에게 의의 옷을 입혀주십니다.

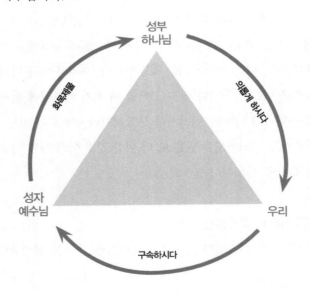

예수 그리스도께서 인간에게 하신 일은 자신의 목숨을 드림으로써 죗값을 속량신 것입니다. 그리고 인간과 하나님 사이에 화목제물이 되어주셨습니다. 하나님은 이런 예수 그리스도의 죽음을 만족하시어 죄를 향한 진노를 갚아주시고 그 예수 그리스도의 피를 믿는 모든 사람에게 의롭다 칭하셨습니다.

하나님의 행위(나를 사랑하사 나를 위해서 십자가에 죽으심)를 내가 믿을 때 하나님은 나를 의롭다 칭하시며 내가 입으로 시인할 때 구원에 이르는 것입니다. 이것이 복음입니다. 이것이 우리 가운데 행하신 하나님의 놀라운 일이라는 것입니다.

우리가 주 안에서 즐거워하는 이유는 무엇인가?

하나님 안에서 즐거워해야 하는 이유 네 가지를 이야기합니다. 첫째, 믿음으로 의롭다 함을 받은 자들은 예수 그리스도로 말미암아 하나님과 화평을 누립니다(롬 5:1). 하나님과의 화평은 그분께서 우리를 더 이상 적대하지 않으신다는 뜻입니다. 그러므로 우리는 즐거워해야 합니다(롬 5:1). 둘째, 우리는 영원한 소망을 가진 자이기 때문입니다(롬 5:3, 4). 믿는 자는 죽어도 죽지 않습니다. 예수 그리스도께서 부활의 첫 열매가 되어주셔서 우리는 죽어도 영원히 죽지 않는 생명을 가졌기 때문에 즐거워할 수 있습니다.

어느 겨울날, 교회의 권사님 한 분이 마지막 임종을 기다리고 계셨습니다. 저는 급히 응급실로 찾아가 권사님 머리에 손을 얹고 기도했습니다. 그때, 권사님께서 의식을 찾아 저를 바라보며 말씀하셨습니다. "목사님, 나 천국 갑니다. 주님이 팔 벌리고 기다리고 계십니다. 목사님, 승리하세요. 천국에서 만납시다." 권사님은 환하게 웃으시면서 눈을 감으셨습니다. 이 땅에 계시면서 자녀들에게 믿음의 유산을 다 주어 자녀들을 장로님, 집사님, 목사님으로 만들고 마지막에 하나님 앞에 부르심을 받는데 그 얼굴이 해같이 빛났어요. 저와 여러분은 영원한 소망을 가진 사람이기에 이 땅을 살면서 죽을 것같이 힘들어도 즐거워할 수 있는 이유가 있습니다. 살아가는 인생 전체를 영원한 삶에 대한 준비의 시간으로 이해한다면 우리는 이 땅을 살면서 그렇게 욕심에 이끌려 살지 않을 것 같습니다. 환난 중에서도 즐거워할 수 있는 이유는 환난은 인내를, 인내는 연단을, 연단은 소망을 이루기 때문입니다.

셋째, 우리는 하나님의 사랑을 받은 자이기 때문입니다(롬 5:8). 십자가를 통해서 하나님은 사랑의 마음을 확증하셨습니다. 십자가는 잔인한 사형틀이지만 하나님의 사랑의 증표이기도 합니다. 세상 사람 모두가 나를 떠나고 손가락질하고 침을 뱉는다 할지라도 하나님은 나를 영원히 사랑하십니다. 그러기에 이 땅 가운데 살 소망이 있습니다. 넷째, 우리는 구원의 확신을 가진 자이기 때문입니다(롬 5:9, 10). 구원의 확신의 근거는 나 자신에게 있는 것이 아니라(나는 예수님을 사랑한다, 나는 헌신했다, 나에게는 믿음이 있다) 오직 예수 그리스도의 피에 있는 것입니다.

한번 받은 구원은 영원한 것인가?

만일 구원이 중간에 취소된다면 불안해서 어떻게 삽니까? 중간에 구원이 취소된다면 불안해서 예수를 못 믿습니다. 내가 요새 예수님을 많이 사랑하기 때문에, 내가 믿음이 이만큼 커졌기 때문에, 요즘 기도생활도 잘하고, 신앙의 컨디션이 좋아서 나름대로 가정예배도 드리고 있어서 구원을 확신할 수 있는 것이 아니지요. 구원의 확신이 내 자신에게 있는 것이 아니라 오직 예수 그리스도의 피에 있습니다.

우리가 구원의 확신을 가질 수 있는 근거는 무엇입니까?(롬 5:1~11) 그것은 나를 사랑하시는 하나님의 사랑에 기인합니다. 우리는 불완전하기에 하나님을 사랑하는 나의 마음은 흔들릴 수 있습니다. 내 신앙의 컨디션에 따라 흔들릴 수도 있어요. 그러나 나를 향한 하나님의 사랑은 변함없습니다.

내가 하나님을 사랑하기 때문에 구원받는 것이 아니라, 하나님께서 나를 사랑하시기 때문에 구원받는 것입니다. 만약에 내가 주님을 선택하는 것에 구원의 여부가 결정된다면 인간이 얼마나 불완전한 존재입니까? 내 사랑이 식으면 구원도 식는다고 여기면 얼마나 불안합니까? 하나님을 향한 내 마음이 식을지라도, 믿음이 다소 약할지라도, 내 신앙이 흔들릴지라도 하나님의 나를 향한 사랑은 변함이 없습니다. 그러므로 구원의 확신은 나에게 기인하는 것이 아니라 나를 향한 하나님의 사랑에 기인합니다. "나는 부족해요. 나는 교회 다닌 지 얼마 안 되었어요. 나는 아직 아는 것도 없어요. 나는 아직 담배도 못 끊었어요. 아직 술도 못 끊었어요. 가끔 고스톱도 쳐요." 이것 때문에 구원받고 못 받고가 결정되는 것이 아닙니다. 구원은 하나님께서 선택하셔서 믿음을 주시고, 그 믿음으로 말미암아 의롭다 칭함을 받은 자들의 것입니다. 바울은 "세상의 어떤 것도 하나님의 사랑으로부터 나를 끊을 수 없다"(롬 8:38~39)라고 선포합니다. "내가 확신하노니 사망이나 생명이나 천사들이나 권세자들이나" 하나님께서 나를 붙잡으시고, 나를 위하시면, 어떤 권세자일지라도 어떤 능력일지라도 어떤 깊음이나 높음일지라도 하나님의 사랑에서 우리를 끊어버릴 자가 없다는 것입니다. 이 사랑을 빼앗을 자가 아무도 없습니다.

천국은 죄인이 들어가는 곳입니다. 하나님 앞에서 죄인임을 아는 의인이 들어가는 것입니다. 하나님은 우리를 믿음으로 의롭다 칭하시고 죄인인 나를 사랑하십니다. 하나님은 사랑에 눈이 머셨어요. 나를 사랑하시고 구원하시기로 약정하셨습니다. 하나님의 열심으로 끝까지 나를 구원의 자리에 이끌겠다고 하십니다. 그러기에 내가 구원의 확신을 가질 수 있습니다. 결국 구원은 나에게 있는 것이 아니라 나를 사랑하시는 하나님의 사랑에 기인한 것입니다. 하나님과 나의 사랑 관계는 누구도 떼어놓을 수 없습니다. 이것

열매 맺기

우리를 구하는 것은 믿음이 아니다

우리를 구하는 것은 주 예수 그리스도와 그의 완벽한 역사이다. 우리를 구하는 것은 갈보리 십자가 위에서 죽으신 예수 그리스도이시다. 우리를 구하는 것은 예수 그리스도의 완벽한 삶이다. 우리를 구하는 것은 하나님의 임재 속에서 우리 대신 예수 그리스도께서 나타나시는 것이다. 우리를 구하는 것은 하나님께서 예수 그리스도의 의를 우리에게 적용하시는 것이다. 이것이 바로 구원이다. 믿음은 구원에 이르는 통로이며, 예수 그리스도의 의가 나의 것이 되는 도구이다. 믿음은 단지 우리를 예수 그리스도와 그의 의에 연결시켜주는 끈일 따름이다.

– 마틴 로이드 존스

을 성경은 '연합'이라고 부릅니다. 성도들이 믿음으로 의롭다 함을 받는 순간, 그리스도와 함께 영원히 연합되는 존재가 되는 것입니다. '이신칭의'로 의롭다 인정을 받는 순간 나와 그리스도는 영원한 연합의 관계에 들어가는 것입니다(롬 5:12~21).

내가 사는 것은 내가 사는 것이 아니라 그리스도가 내 안에 살아가는 것입니다. 구원받은 자들은 마음대로 살아서는 안 됩니다. 내 안에 예수 그리스도가 살아계시기 때문에 그의 합당한 삶을 살아야 합니다. 따라서 구원받은 자들은 담배와 술, 도박이나 불의를 떠나야 합니다. 아무 자격도 없고 조건도 없이 죄인된 나를 사랑하사 구원받은 자로 삼아주셨기 때문에, 그 사랑에 감사해서 하나님 앞에 내 자신을 성결하게 드려야 합니다.

성찬식 때 내 앞에 놓인 포도주를 홀짝 마시지 마십시오. 성찬을 하는데 그냥 받지 마시고 책임감을 가지십시오. 내가 먹는 순간 그리스도의 살과 피가 내 안에 들어와서 나를 주장하시고, 이제 내가 예수 그리스도의 삶을 살아간다는 책임감과 감격으로 성찬을 대하기를 바랍니다. 구원받은 자들은 주님과 연합된 삶을 살아가는 사람들입니다.

죄와 은혜

죄는 하나의 힘으로서, 죄가 장악하고 있는 곳에는 인간을 죽음으로 이끌어갑니다. 아담과 하와는 이 악의 힘에 의해 무너졌습니다. 그러나 하나님의 은혜는 예수 그리스도를 통해 인간의 삶 속에 들어와 우리를 죄로부터 해방시켜주었습니다. 아담 한 사람을 통해 죄가 세상에 들어왔고 예수 그리스도 한 사람을 통해 생명의 구원이 우리에게 임하였습니다.

구절	아담	그리스도
15절	범죄→모든 사람이 죽음	은혜→모든 사람에게 선물(영생)이 넘침
16절	심판, 정죄	의롭다 하심
17절	사망이 왕 노릇	생명이 왕 노릇

18절	한 범죄→모든 사람이 정죄	한 의의 행동→모든 사람이 의롭게 되고 생명을 얻음
19절	불순종→모든 사람이 죄인	순종→의인
21절	죄가 사망 안에서 왕 노릇	은혜가 왕 노릇

그리스도와 연합한 자의 특징은 무엇인가?

"그런즉 우리가 무슨 말을 하리요 은혜를 더하게 하려고 죄에 거하겠느냐?"(롬 6:1) 결코 그럴 수 없습니다. 예수 그리스도께서는 우리의 죄를 사하여주시기 위해서만이 아니라 우리를 하나님과의 관계 속으로 인도하시기 위해 죽으셨기 때문입니다. 그러므로 구원받은 자들은 하나님과의 더 깊은 관계를 위해 죄를 멀리하는 성결한 삶을 살아야 합니다.

1. 죄에서 자유한 자

죄에 대해서 죽고 하나님의 종이 되었기에 죄로부터 자유를 선언합니다. 죄에 대해서 우리는 죽었습니다. 십자가에서 이미 죗값을 속량하셨기 때문에 우리는 이미 죄에 대해서 죽은 존재입니다. 이제 하나님의 종이 되었습니다. 성령님이 성도들을 지키시고 보호하시기에 성령 안에서 누리는 성도들의 자유를 선언합니다.

2. 그리스도와 연합하여 세례를 받음

세례는 물에 잠기는 것과 물에서 올라오는 것을 통해 두 가지 의미를 갖습니다. 물에 잠기는 것은 죽음과 매장을 상징하며, 물에서 올라오는 것은 부활과 생명을 상징합니다. "그리스도와 연합하여 세례를 받았다"는 것은 우리의 옛 사람이 예수님과 함께 십자가에 못 박혔고 예수님의 부활과 함께 새로운 피조물로 거듭났다는 것을 의미합니다. 예수님의 죽음이 나의 죽음입니다. 예수님의 부활과 함께 새로운 피조물로 거듭났다는 것입니다. 세례는 굉장히 감격스러운 것입니다. 또한 세례를 받은 날은 내가 영적으로 다시 태어난 생일입니다. 세례를 통해 옛 사람은 죽고 하나님 앞에서 다시 태어난 새로운 존재가 된다는 것입니다.

이제는 죄의 종이 아니고 하나님의 의의 종이 되었습니다. 그렇기 때문에 죄에 이끌려 살지 말고 마땅히 성결한 삶을 살아야 합니다. 바울은 그러한 삶을 살아야 할 이유를 세 가지로 이야기합니다. 첫째, 그리스도와 함께 연합했기 때문입니다(롬 6:1~14). 둘째, 우리는 죄로 인해 죽고 의에 의해서 종이 되었기 때문입니다(롬 6:15~23). 셋째, 그리스도와 함께 갖는 혼인적 연합 때문입니다(롬 7:1~6). 우리는 신랑 되시는 그리스도를 순결하게 기다리는 그리스도의 신부이기 때문에, 주님 오시는 순간까지 순결하게 사는 것이 마땅합니다. 우리는 구별된 자들입니다. 신부로 택정받은 사람으로 결혼 날짜가 있고 신랑이 정해져 있습니다. 그런데 내가 세상을 사랑하여 주님을 버리고 내 마음껏 욕심대로 살아간다면 이것은 순결한 신부의 자격이 안 됩니다. 우리는 주님과 혼인적인 연합이 있기 때문에 주님이 오시는 날까지, 주님이 부르시는 날까지, 혼인 잔치가 있는 날까지, 정결하게 내 자신을 갖추면서 예비하는 삶을 살아야 합니다.

3. 율법에서의 해방과 자유

바울은 하나님의 법을 사랑하여 그 법대로 행하기를 원했지만 능력 부족으로 영적 무력감에 빠집니다. 바울은 글을 1인칭으로 기록하면서 다른 사람이 아닌 자신의 고민을 다음과 같이 털어놓았습니다.

> 내가 원하는 바 선은 행하지 아니하고 원하지 아니하는 바 악을 행하는도다 … 내가 한 법을 깨달았노니 곧 선을 행하기 원하는 나에게 악이 함께 있는 것이로다 … 오호라 나는 곤고한 사람이로다 이 사망의 몸에서 누가

나를 건져내랴(롬 7:19, 21, 24).

바울과 같은 사람도 율법을 지키기 힘들었다고 고백합니다. 내가 원하는 바 율법은 행치 않고 욕심대로 살고 있는 자신을 발견하면서 갈등을 느낍니다. 그러면서 율법에 대해서 늘 자유롭지 못하고 죄책감이 있었습니다. 그런데 바울은 "그러므로 이제 그리스도 예수 안에 있는 자에게는 결코 정죄함이 없나니(롬 8:1) 율법에 대해서 해방된 자유로운 존재가 우리다"라고 말하면서 성도의 자유를 선포합니다. 율법은 죄를 규정합니다. 그런데 성령 안에 있는 자들, 예수 안에 있는 자들에게는 결코 너는 죄인이라고 정죄하지 못한다는 것입니다. 율법이 우리를 묶어놓을 수 없다고 이야기합니다. 왜냐하면 우리 안에는 생명의 성령인 다른 법이 있기 때문입니다. 우리는 율법에 묶인 존재가 아니라, 예수 그리스도 생명의 성령 법이 우리 안에 있기 때문에 우리는 새로운 피조물이고 성령 안에서 보호하시는 하나님의 손길 가운데서 자유로운 존재라고 선포합니다.

4. 성령의 능력으로 성화됨

예수 그리스도 안에 있는 생명의 성령 법이 죄와 사망의 법에서 우리를 해방하였으므로 우리는 더 이상 정죄함이 없습니다(롬 8:2). 성도는 성령 안에서 자유인입니다. 그렇다면 어떻게 살아야 합니까? 내 맘껏 내 욕심대로 내 충동대로 살아가는 것이 자유인의 삶일까요? 성령을 소유한 자로서 육신을 따라 살지 않고 성령의 인도하심에 따라 사는 것이 영적 승리의 비결입니다.

너희가 육신대로 살면 반드시 죽을 것이로되 영으로써 몸의 행실을 죽이
면 살리니(롬 8:13).

우리는 죄에 대해서 자유하고 죄에 대해서 이미 죽은 존재이기 때문에 죄된 본성에 여전히 이끌려 살면 안 된다는 것입니다. 우리는 이미 십자가에서 못 박힌 죄 된 본성의 욕망과 충동을 거부하고 경건치 않은 정욕에 대해서 "아니오"라고 말할 수 있어야 합니다. 그리고 신중함과 의로움과 경건함으로 이 땅을 살아야 합니다. 구원받았음에도 불구하고 여전히 죄에게 질질 끌려 다니면 안 됩니다. 성령께서 우리를 도우십니다. 성령의 강한 손길이 우리를 "아니오"라고 말할 수 있도록 우리 심령을 향해서 도전하시고 붙드시고 용기를 주십니다.

예전에는 내 맘대로 육신에게 져서 악의 병기로 사용되었지만, 지금은 예수 그리스도를 믿고 하나님이 나를 의롭다 여기셔서 구원의 반열로 부르셨으니 이제는 내가 죄 된 본성에서 벗어나 의로운 병기가 되어 하나님의 영광과 교회의 영광을 위해 쓰임받게 살아가는 것이 성도의 자유입니다.

"아니오"라고 말할 때, 죄 된 옛 본성은 계속해서 과거에 근거해 우리를 요구할 것입니다. "너 왜 이래? 예전에 안 그랬잖아. 얘가 교회 다니더니 미쳤나 봐." 그러나 우리는 과거의 죄 된 본성에 협력할 필요도 의무도 없습니다. "아니오"라고 거절할 줄 아는 그리스도의 순결한 신부가 되기를 바랍니다. 이것은 주께서 힘주시고 용기주시고 붙드셔야만 할 수 있습니다. 그래서 날마다 성령충만함을 구하는 것입니다. "주여, 나는 할 수 없습니다. 내 악한 본성을 나도 모르게 따라가고 싶어 합니다. 하나님, 그렇지만 내가 하나님께서 기뻐하시지 않는 것에 대해서 'NO'라고 말할 수 있도록 용기를 주시옵소서." 이렇게 기도가 필요하고 경건의 훈련이 필요합니다.

교회 안에 성도라고 일컬어지는 사람들이 있습니다. 다 성도지만 다 같지는 않습니다. 하나님 앞에 신부로서 살아가는 성결함이 다 같지 않다는 것입니다. 의의 종이 되어서 하나님의 의의 병기로 살아가는 사람이 있는 반면에 그렇지 못한 사람도 분명히 있다는 것입니다. 교회 안에도 육신의 일을 좇는 사람들이 있고 영의 일을 쫓아 사는 사람들이 있습니다.

평가 기준	육신을 좇아 사는 자들	영을 좇아 사는 자들
그들의 생각	생각이 육신의 욕구에 맞춰져 있다.	생각이 성령의 욕구에 맞춰져 있다.
궁극적인 결과	죽음에 이른다.	생명과 평안에 이른다.
하나님을 향한 태도	하나님에게 적대적이다.	하나님에게 수용적이다.
하나님의 표준을 향한 태도	하나님의 법에 굴복하지 않는다.	하나님의 법을 이루고자 한다.
하나님의 표준을 지킬 수 있는 능력	하나님의 법에 굴복할 수 없다.	하나님의 법에 순복할 수 있다.
하나님을 기쁘시게 하는 능력	하나님을 기쁘시게 할 수 없다.	하나님을 기쁘시게 할 수 있다.

이것은 불신자들의 이야기가 아닙니다. 우리 안에 두 가지 모습의 사람이 있다는 것입니다. 육신을 좇는 사람들은 생각이 육신의 욕구에 맞춰져 있습니다. 무엇을 먹을까? 무엇을 마실까? 교회 안에 모여 있다고 다 구원받은 백성은 아니라는 것입니다. 믿은 지 얼마 되지 않았지만 영을 좇아 사는 사람이 있는 반면, 오랫동안 믿었지만 내 속사람을 들여다보니 여전히 육신을 좇아 사는 사람이 있습니다. 이러한 것을 잘 구별하라는 것입니다.

〈로마서〉의 결론은 8장이고 또 로마서 8장의 결론은 31~39절입니다. 바울은 〈로마서〉에 자신의 경험과 신학, 간증을 기록했습니다. 어찌 보면 로마서 8장은 가장 보석과 같은 복음 중의 복음입니다. 여기서 말하는 결론은 누구도 하나님과 우리의 사랑을 끊을 수 없다는 것입니다. 그래서 로마서 8장 31~35절에서는, 다섯 가지 결정적인 질문을 던지면서 끊을 수 없는 하나님의 사랑을 강조합니다.

첫째, "만일 하나님이 우리를 위하시면 누가 우리를 대적하리요?"(롬 8:31) 둘째, "자기 아들을 아끼지 아니하시고 우리 모든 사람을 위하여 내 주신 이가 어찌 그 아들과 함께 모든 것을 우리에게 주시지 아니하시겠느냐?"(롬 8:32) 셋째, "누가 능히 하나님께서 택하신 자들을 고발하리요?"(롬 8:33) 넷째, "누가 정죄하리요?"(롬 8:34) 다섯째, "누가 우리를 그리스도의 사랑에서 끊으리요?"(롬 8:35) 이 다섯 가지 결정적인 질문을 던지면서 끊을 수 없는 하나님과 나의 사랑의 연합을 강조합니다. 이 다섯 가지 질문의 주인공이 바로 우리입니다.

하나님이 우리를 위하시고, 사랑하시고, 선택하셨습니다. 우리를 하나님의 사랑에서 끊을 수 있는 사람은 아무도 없습니다. 그렇기 때문에 하나님이 나에게 주신 그 구원의 선물은 영원합니다. 누구도 빼앗거나 끊을 수 없기 때문에 나는 구원의 확신이 있는 것입니다.

이 땅을 살면서 즐거워해야 할 이유가 무엇입니까? 우리에게는 구원의 확신이 있기 때문에 소망 중에 즐거워할 수 있습니다. 이 땅을 살면서 우격쌈을 당해도, 곤두박질을 치고, 상처를 받고 깊은 고난을 당한다 할지라도 웃을 수 있고 감사할 수 있는 이유는, 영원한 생명에 대한 확신과 하나님의 사랑이 있기에 즐거워할 수 있습니다.

하나님의 사랑이 날 향해 있고, 내가 하나님 사랑의 주인공입니다. 그리스도 십자가 사랑은 나를 위해 있고, 그 십자가의 사랑은 하나님의 사랑을 확증한 증거입니다. 그렇기 때문에 십자가를 볼 때 내 마음에 감격과 감동이 일어나야 합니다. 십자가가 아니면 죽을 수밖에 없었어요. 십자가의 죽으심으로 나를 구원하셨습니다. 율법이 우리를 묶어가는 것이 아니라 생명의 성령 법이 나를 자유케 합니다.

유대인의 구원과 이방인의 구원은 어떤 관계인가?

하나님께서 창세기 12장에 아브라함을 부르시고 유대인의 조상으로 삼으십니다. 그때부터 유대인과 이방인의 경계가 생겨 구원은 유대인에게 한정되었다고 생각했습니다. 그런데 예수님이 이 땅에 오시고부터 그 구원관이 역전되기 시작합니다. 이방인들이 예수님을 영접하기 시작합니다. 그러면서 이방인들에게도 구원이 선포됩니다. 바울은 "유대인이나 이방인이나 구원에 있어서 동등하다"라고 이야기합니다. 그러면 유대인은 버림받은 것인가? 그렇지 않습니다. 하나님 앞에서 구원은 동등하다는 것입니다.

바울은 이스라엘의 과거(롬 9장), 현재(롬 10장) 그리고 미래(롬 11장)의 영적 상태를 설명합니다. 구원은 혈통이나 내 공로에 의해서가 아니라 하나님의 일방적인 은혜로 말미암아 택하심으로 이루어지는 것이라고 말합니다. 하나님의 무조건적인 선택인 것입니다. 민족이나 혈통, 유대인과 이방인의 구별 없고, 누구나 구원받은 사람은 참된 유대인, 즉 영적 이스라엘이라고 말합니다. 우리들은 영적 유대인이요, 영적 이스라엘 공동체입니다. 혈통적 유대인일지라도 하나님을 믿지 않으면 구원이 없습니다. 이방인일지라도 하나님을 영접하면 구원이 있습니다. 그러므로 구원에 있어서는 이방인이나 유대인이나 차별이 없습니다. 진정한 이스라엘 공동체는 혈통적 공동체가 아니라, 하나님을 아버지라 영접하며 예수님을 그리스도로 영접한 영적 공동체라는 것입니다. 그러면서 12장부터는 하나님께서 행하신 모든 것을 비추어볼 때 우리가 어떻게 살아가야 하느냐에 대한 실제적 삶의 방식을 말합니다.

구원받은 사람은 어떻게 살아야 하는가?

하나님과의 관계에 있어서 성도의 삶의 위치가 있다고 합니다(롬 12~13장). 바울은 구원받은 성도들의 삶의 책임이 네 가지가 있다고 이야기합니다. 하나님과의 관계에 있어서 책임이 있습니다. 또 교회 안에서 우리의 책임이 있고, 교회 밖 세상에서의 책임이 있다고 말합니다.

1. 예배자로서의 산 제물로 드리는 삶

> 그러므로 형제들아 내가 하나님의 모든 자비하심으로 너희를 권하노니 너희 몸을 하나님이 기뻐하시는 거룩한 산 제물로 드리라 이는 너희가 드릴 영적 예배니라 너희는 이 세대를 본받지 말고 오직 마음을 새롭게 함으로 변화를 받아 하나님의 선하시고 기뻐하시고 온전하신 뜻이 무엇인지 분별하도록 하라(롬 12:1~2).

우리가 드려야 할 산 제사는 우리의 몸입니다. 우리의 지체를 하나님의 의의 병기로 드리라는 것입니다. 삶을 의의 병기로 만들어서 하나님 손에 꼭 맞는 도구로 살라는 것입니다(롬 6:13). 주일날 모여서 드리는 1시간 만이 예배가 아닙니다. 구원받은 자는 365일 24시간, 어느 곳에서 무엇을 하든지 그 삶의 전부가 예배가 되어야 합니다. 산 제물된 삶으로 항상 그리스도의 향기와 병기가 되어서 모든 시간마다 하나님이 받으실 만한 예배가 되어야 합니다. 이것이 구원받은 자로서의 마땅한 행위입니다.

2. 교회에서의 산 제물로서의 삶

교회에서 산 제물로서의 삶, 지체로서의 삶이 있습니다. 지체 의식 가지고 내 강점을 가지고 교회를 섬기라고 합니다. 어떤 게 강점인지 아세요? 일을 할 때 내가 신나고 즐겁고 피곤한 줄 모르고 나의 장점 때문에 누군가가 기뻐하고 행복해 한다면 그것이 강점이에요. 그런데 나는 즐겁고 행복한데 남이 피곤하다면 그것은 단점입니다. 교회에 덕이 되는 장점을 가지고 섬기십시오. 물질의 여유가 있으면 물질이 필요한 곳에 쓰십시오. 반찬을 잘 만든다면 반찬 하는 걸로 교회를 섬기십시오. 일찍 나와서 교회 안내할 수 있다면 그렇게 봉사하십시오. 교회에서 섬길 수 있는 것이 너무나도 많습니다.

내가 가진 것이 없다고 남이 가진 것 시기하지 말고, 내가 가지고 있는 것으로 섬길 때 그것 때문에 하나님의 나라가 확장될 줄로 믿습니다.

내가 남보다 더 많이 가진 것이 은사입니다. 그 은사를 활용하라는 것입니다. 하나님께서 우리에게 왜 건강과 물질을 주시고 시간주신 줄 아십니까? 그 물질 가지고 배 두들기는 것이 아니라, 그 물질이 쓰여야 할 곳에 마땅히 쓰라고 하나님께서 청지기로 맡기신 것입니다. 우리나라가 우리 교회가 나의 강점과 은사 때문에 풍성해질 수 있습니다. 그래서 교회 안에서 지체로서의 삶이 있다고 말합니다.

3. 세상과의 관계에서 성도의 삶

성도는 세상 속의 그리스도인입니다. 기독교는 산속의 종교가 아니고 시장의 종교입니다. 그리스도인은 시장 안으로 들어가서 불신자들과 더불어 살아가는 존재입니다. 세상 속에서 성도들이 살아가는 방식은 '어둠의 옷을 입고 육신의 일을 도모하지 말라(롬 13:11~14)는 것'입니다. 한때 잘나갔을 때 했던 것들을 하지 말라는 것입니다. 육신의 옷을 벗어버리고 육신의 일을 도모하지 말라는 것입니다. 왜 전도가 안 되나요? 불신자들이 우리의 삶을 읽고 있기 때문입니다. 예수 믿어도 별반 다를 것이 없는데 왜 믿겠습니까? 복음의 능력을 여러분이 보여주세요. 예수 안 믿었을 때의 모습과 예수 믿고 난 후의 모습을 친구들이 보잖아요. 그 모습이 전도입니다. 나를 찾아오셔서 나를 변화시킨 하나님을 보이는 것이 전도입니다. 전도는 불신자에게도 보여야 합니다. 내 변화된 삶이 안 믿는 자에게도 읽혀져야 그것이 전도입니다. 성도들은 세상 속에서 불신자들에게 변화된 삶을 보이고, 그들도 경험되게 해야 할 책임감이 있어야 합니다.

4. 교회와의 관계에서 성도의 삶

교회는 하나 됨이 있어야 합니다. 바울은 로마 교회가 그리스도의 삶에서 서로 하나 되지 못한다면 복음을 전하는 일에 있어서도 하나가 될 수 없다고 합니다. 그래서 하나 됨이 무엇인지를 바울은 14장과 15장을 통해서 권면합니다. 첫째, "타인을 판단하지 마라"(롬 14:1~4). 둘째, "무엇을 하든지 주님을 위해서 해야 한다"(롬 14:5~8). 셋째, "하나님 나라의 가치와 우선순위로 행동하라"(롬 14:13~18). 넷째, "화평의 일과 덕을 세우는 것이 우리의 목표이다"(롬 14:19~23).

결국 14장처럼 살 때 15장 같은 삶을 살게 되어 하나 됨으로 주님의 본을 드러내게 됩니다. 그리스도로부터 배우고, 약한 자들의 연약을 담당하게 되며, 그리스도를 따르고 하나님을 영화롭게 하고, 그리스도를 닮고 서로를 받아들일 수 있는 성숙한 공동체가 된다는 것입니다.

결론

바울은 로마인들에게 보낸 편지의 주된 부분, 즉 복음의 강해와 매일의 삶에의 적용을 마친 후 결론을 맺습니다. 그는 마지막 말을 통해 로마 교회와 우리에게 자신의 심장을 열어 보입니다. 그는 교회의 건축자요 일꾼이요 목자요 사도였으며, 복음을 전파하기 위해서 자신의 삶을 모두 쏟아부은 사람이었습니다. 바울은 자신에게 주신 하나님의 은혜(롬 15:17~19)를 따라 〈로마서〉를 기록하였는데, 그 은혜는 예수님의 일꾼 되어 이방의 제사장 직분을 주신 것과 자신을 통하여 일하신 주님을 자랑하며 표적과 기사와 능력으로 모든 일을 가능케 하신 주님 때문에 예루살렘부터 일루이곤(지금의 유고슬라비아, 알바니아)까지 복음을 전할 수 있었음을 밝히고 있습니다(롬 15:14~21).

〈로마서〉 마지막에 바울은 자신의 사역 계획을 밝힙니다(롬 15:23~24). 오래전부터 계획했던 로마의 방문과 또한 로마 교회의 도움을 받아 서바나 (스페인)로 가고자 하는 그의 소원을 엿볼 수 있습니다. 로마 교회를 방문하고 스페인에 선교할 수 있도록 재정을 후원받는 것이 〈로마서〉를 쓴 또 하나의 목적이었습니다.

바울은 교회의 목자로서 복음 안에서 동역자 된 많은 사람과의 관계를 볼 수 있습니다. 16장은 로마에 있는 26명의 믿음의 동역자에게 일일이 안부를 전합니다. 아마 그는 다른 지역에서 로마 교회의 성도들을 만나 교제를 가졌을 것인데 성령 안에서 열정적이고 아름다운 관계를 보여줍니다(롬 16:1~27).

로마로의 복음 확장

🌿 뿌리내리기 _성경의 전체를 알아봅니다

　누가는 바울이 로마까지 가는 여정의 생생한 모습을 매우 사실적이고 흥미롭게 기록하고 있습니다. 바울은 죄수의 몸으로 가이사랴 항구에서 배를 타고 시돈과 구브로 해안을 따라 행선하여 길리기아와 밤빌리아 바다를 건너 루기아의 무라 성에 도착합니다. 바울 일행은 무라 성의 안드리아쿠스 항구에서 이탈리아로 가는 알렉산드리아 배로 갈아탔습니다. 배가 무라 성을 떠나 니도를 지나 그레데 미항에 도착했을 때, 바울이 미항에서 겨울을 지내고 출발하자고 합니다. 그러자 선주와 백부장은 미항에서 서쪽으로 80km 떨어진 뵈닉스가 겨울을 지내기에 더 좋은 곳이므로 거기서 겨울을 지내자고 고집하고 떠납니다. 그레데의 뵈닉스로 가던 배는 유라굴로라는 풍랑을 만나고, 표류하던 배는 열나흘째 되는 밤이 되어서야 멜리데라는 섬 부근에 다다르게 되었습니다.

　배가 육지에 가까운 것을 눈치 챈 선원들은 자신들만 살고자 구명정으로 도망치려고 했지만, 바울이 저들의 시도를 간파하여 백부장 및 군사들로 하여금 저지하게 합니다. 바울은 사람들을 권하여 음식을 먹게 하고 위로함으로 소망과 평안을 갖게 하였습니다. 날이 새자 배를 육지 근처에 대려다 이물은 부딪치고 고물은 물결에 깨어져 갔습니다. 군사들이 죄수들의 탈주를 염려하여 모두 죽이려 할 때 백부장은 바울을 살리기 위해 군사들의 행동을 막았습니다. 사람들은 헤엄을 치고, 널조각이나 배의 물건을 의지해서 멜리데 섬에 무사히 상륙하여 바울의 말대로 모두 구원을 얻었습니다. 주목할 것은 바울에 대한 백부장 율리오의 호의입니다. 아마도 백부장은 로마 총독 베스도의 말을 듣고 바울이 죄가 없음을 어렴풋이 알고 있었지만, 풍랑 속에서의 바울을 겪은 뒤로는 바울이 진정한 하나님의 사자임을 깨닫게 된 듯합니다. 이러한 호의가 로마 전도를 위해 바울을 계속적으로 보호하시고 인도하시는 성령의 역사입니다.

멜리데는 이탈리아의 시실리 남쪽에 있는 작은 섬으로, 그 섬에서 가장 높은 사람은 로마 총독 '보블리오'였습니다. 바울이 솔선수범하여 나뭇가지를 모아 불을 지피다 그 지역의 독사에 물렸습니다. 멜리데 원주민들은 그가 필경 살인죄를 지어 신의 징벌을 받는다고 생각하며 모든 일이 인과응보라고 생각했습니다. 그러나 바울에게 아무 일도 일어나지 않자 그를 신으로 오해하기 시작했습니다. 바울은 이 기회를 이용해 하나님과 복음을 증거합니다. 보블리오는 원주민의 대표로, 바울 일행을 영접하여 사흘 동안이나 자기의 별장에 머무르게 하며 대접하다가 바울을 통해 열병과 이질에 걸린 부친의 병을 고침받았습니다. 그리고 소문을 듣고 찾아온 섬 주민들도 고쳐주었습니다. 이 일로 바울이 전하는 복음 역시 놀라운 속도로 멜리데 섬 전체에 전파되었습니다. 멜리데 섬에서 전해지는 말에 의하면 로마 총독 보블리오는 사도 바울에게 세례를 받고 그 섬에서 목회하다가 사자의 밥이 되어 순교했다고 전해집니다. 이후 이 섬에서 초대교회의 카타콤이 발견되어 그 역사성이 입증되었습니다.

그 당시 배에는 276명이 타고 있었으므로 작은 배가 아니었습니다(행

27:37). A.D. 59년 11월 중순쯤 멜리데 섬에 도착한 그들은 거기서 겨울 3개월을 지내고, A.D. 60년 2월 중순쯤 멜리데 섬을 출발하여 북동쪽으로 항해하다가 유명한 역사적 도시인 시실리의 수도 수라구사 항에 정박합니다. 그리고 사흘 후 순풍을 따라 이탈리아의 항구 레기온에서 하루를 정박하고, 다시 남풍을 따라 그다음 날에는 보디올 항에 도착하여 그곳에서 형제들의 영접으로 일주일간 머물다가 드디어 A.D. 60년 초봄 로마에 입성합니다.

특별히 바울은 호송 책임자인 율리오 백부장의 호의로 형제들의 집에서 일주일간 머물면서 휴식을 취할 수 있었습니다. 또 바울이 로마 부근에 도착했을 때 그의 소식을 들은 로마의 형제들이 압비오 저자와 삼관이라는 곳까지 마중을 나와 바울을 영접하여 그에게 큰 기쁨을 주었습니다. 때를 따라 돕는 하나님의 보살핌이 얼마나 자상하신지요. 휴식은 물론이거니와, 로마로 입성하던 자신을 맞으러 나온 여러 형제들을 만났을 때의 심정은 어떠했을까요? 천사의 마중이 바로 이런 것이 아닐까요?

로마에서 4권의 옥중서신을 기록

로마에 입성한 바울은 유대인들을 초청하여 그가 로마까지 오게 된 배경을 설명했습니다. 바울은 미결수의 몸이었지만 로마 시민권을 가지고 있었기 때문에 재판이 시작되기까지 비교적 많은 자유가 허용되었습니다. 그는 구류되기는 하였으나 다른 사람과 자유로이 접촉할 수 있었습니다. 그가 구류된 곳은 지하의 시커먼 감옥이 아니라 비교적 자유로웠던 감옥이었습니다. 유대인들은 복음에 대해 상반된 반응을 보였는데, 소수의 무리를 제외한 대부분의 유대인은 복음을 배척했습니다. 바울이 2년간에 걸쳐 감옥에서 복음을 전했는데 아무도 복음 증거를 금하는 사람이 없었습니다. 바울은 로마인들과 유대인들을 많이 만나서 복음을 전하고 이사야 선지자의 말씀을 인용하여 이방 선교의 당위성을 강론하기도 했습니다. 그러면서 바울은 이 감옥에서 자신이 세웠던 네 개 교회에 편지를 씁니다. 이 네 개의 '옥중서신'이 〈에베소서〉, 〈빌립보서〉, 〈빌레몬서〉, 〈골로새서〉입니다. 지역교회 교역자들에게 선배 목회자로서 교회를 어떻게 이끌어야 하는지, 또 어떤 마음으로 목회자 생활을 해야 하는지, 교회 안에 슬그머니 들어온 이단들과 어떻게 대항해야 하는지 영적 네트워크로 전한 것입니다.

"바울이 온 이태를 자기 셋집에 머물면서 자기에게 오는 사람을 다 영접하고, 하나님의 나라를 전파하며 주 예수 그리스도에 관한 모든 것을 담대하게 거침없이 가르치더라"(행 28:30~31). 동역자로 소개된 두기고, 에바브로디도, 마가, 디모데가 바울을 종종 방문한 것으로 알려지고 있습니다.

숲 길잡이_성경의 전체를 표로 알아봅니다

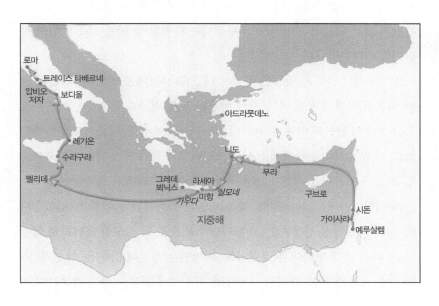

열매 맺기

로마로의 여행 순서

가이사랴-시돈-구브로 해안-길리기아와 밤빌리아 바다-루기아의 무라 성-니도 맞은편-살모네 앞-그레데 해안-그레데의 미항(라세아 성)-그레네의 뵈닉스-멜리데-수라구사-레기온-보디올-로마

🍃 신약 숲으로 _성경의 중심내용을 알아봅니다

예루살렘에서 체포당한 바울

바울은 예루살렘 교회에서 환대를 받으며 이방 교회에서 가져온 구호금을 전달했습니다. 그리고 방문 이틀째, 야고보를 만나러 간 자리에서 자신의 이방인 전도 현황을 보고하자 듣고 있던 예루살렘 교회 지도자들은 하나님을 찬양했습니다. 그다음 야고보와 장로들은 바울에게 한 가지 요청을 합니다. 유대계 그리스도인들은 바울이 이방인들에게 모세와 율법을 배척하라고 가르친다는 소문 때문에 격분해 있었는데, 그들을 달래기 위해 서원한 네 사람과 함께 성전에 들어가 결례를 행하고 그들의 비용을 댈 것을 요청합니다. 바울이 모세의 율법을 따르고 있다는 것을 유대인들에게 보여주기 위해서였습니다. 바울은 이미 고난뿐 아니라 죽음도 각오했기 때문에 그런 요식 행위를 거절할 수도 있었습니다. 하지만 교회 지도자들의 권면에 순종하여 그대로 행합니다. 그는 복음이 유대인들에게나 이방인들에게 방해받지 않기 위해서 진리가 아닌 부분에는 타협할 줄 아는 신축성 있는 사람이었기 때문입니다.

그런데 정작 사건은 엉뚱한 곳에서 터졌습니다. 바울 일행이 7일간의 결례 의식이 끝나갈 무렵, 성전에서 바울의 복음 전파를 증오하는 아시아로부터 온 유대인들과 마주칩니다. 이들은 에베소에서 온 디아스포라 유대인들로, 바울이 시내에서 에베소 사람 드로비모와 함께 있는 것을 보았으므로 필경 그가 이방인을 성전에까지 데리고 들어갔으리라고 착각하였습니다. 본래 이방인은 성전의 바깥뜰, 즉 이방인의 뜰까지만 들어갈 수 있었습니다. 당시 예루살렘 성전은 1.4m 높이의 돌벽으로 된 신성한 울타리로 쌓여 있고, 여러 곳에 헬라어와 라틴어로 '이방인은 성전에 들어올 수 없음. 위반 시는 극형에 처함. 그리고 그 책임은 본인에게 있음'이라고 경고문이 적

🍃 열매 맺기

예루살렘 교회를 위한 구호금

A.D. 58년경 이스라엘에 흉년이 들어 이방 교회에서 예루살렘 교회에 기근 구호금을 보낸 것이다. 바울은 이를 위한 모금 연보를 고린도전서 16장, 고린도후서 8~9장, 로마서 15장 25~27절에서 묘사하고 있다.

🍃 열매 맺기

결례 의식

결례의 규례는 정결케 하는 의식으로 보통 30일 동안 행했는데 특별한 경우 7일 동안만 행하기도 했다. 이 예식의 시작과 끝에 머리를 깎고 금욕생활을 하다가 기간이 차면 번제물 된 1년 된 숫양 하나, 속죄제물로 1년 된 어린 암양 하나, 화목제물로 숫양 하나와 함께 무교병, 과자 등을 바쳤다. 이는 구약의 민수기 6장에 나오는 나실인의 규례와 비슷하며 먼저 자신을 거룩하게 성별하여 하나님께 드리고, 성별의 기간이 끝났을 때 규정한 제사를 드리고 자기 머리털을 밀어야 했다.

혀 있었습니다. 그들은 바울을 '성전을 더럽힌 자'로 고발하며 무리를 충동하자 온 성이 소동하여 바울을 돌로 치려 했습니다. 바울은 유대인에게 잡혀 성전 밖으로 끌려나옵니다. 사도행전 21장 30절 끝에 "문들이 곧 닫히더라"고 한 것은 바울이 성전 안으로 피하면 그를 죽일 수 없기 때문이었습니다. 바울이 성전 안으로 피할까 봐 유대인들은 서둘러 성전 문을 닫았습니다. 이것은 종교적 광기였습니다. 그러나 하나님께서는 바울이 유대인의 손에 죽도록 내버려두지 않으셨습니다. 아직 바울에게는 감당해야 할 사역들이 남아 있었기 때문입니다.

성전 북서쪽에 안토니오 요새가 있고 여기에 예루살렘의 치안을 유지하기 위한 로마 군대가 주둔하고 있었습니다. 요나를 위해 큰 물고기를 예비하셨던 하나님께서 이때 바울을 위해 예비해놓은 존재가 로마 천부장 '글라우디오 루시아스'였습니다. 21장 32절에 천부장이 급히 군인들과 백부장들을 거느리고 달려 내려왔다고 기록되어 있습니다. 천부장이 "뭐라고? 예루살렘 성전 부근이 시끄럽다고? 어이, 백부장! 자네가 가서 무슨 일인지 알아보고 적절하게 조치해!"라고 하지 않았습니다. 직접, 급하게, 많은 병력을 동원해서 현장에 출동해서 바울을 체포합니다. 만일 이때 로마 군대가 출동하지 않았다면 바울은 현장에서 타살당했을 것입니다. 바울을 체포한 천부장은 그가 3년 전 3만 명의 사람을 모아 감람 산에서 로마에 대한 반란을 도모하다 애굽으로 도망갔던 거짓 선지자로 착각하였으나, 바울은 자신은 유대인이며 나면서 로마 시민권을 가졌음을 밝힘으로써 사건은 새로운 국면으로 전개됩니다.

천부장은 열광적인 유대인들에 비해 이성적인 사람으로, 산헤드린 공회에 압력을 행하여 공회를 열게 하고, 바울에게 변호할 수 있는 기회를 줍니다. 바울을 심문하는 과정에서 공회는 바리새파와 사두개파의 자중지란(自中之亂)이 일어나고 천부장은 바울을 병영으로 옮겨 보호합니다. 병영에서

거짓 선지자

역사가 요세푸스에 의하면 유대가 어수선한 틈을 타 애굽에서 올라온 거짓 선지자 '벤스타다'는 바울의 사건이 있기 3년 전 시카리파(자객 4천 명)와 불만자들을 모아 이리저리 데리고 다니며 예루살렘 성이 무너지는 기적을 보여주겠다고 소동을 벌였다. 감람 산으로 올라가서 자신의 명령에 따라 예루살렘 성벽이 무너지면 예루살렘 성으로 들어가서 로마를 물리치자고 선동하여 약 3만 명의 사람이 모여들었다. 그러나 당시 유대 총독이었던 벨릭스와 그의 군대가 이 테러단을 죽이고 생포하여 살아남은 자들은 흩어졌다. 그러나 지도자였던 그는 광야로 도망을 갔다.

지내는 밤에 바울은 주님에게서 로마의 선교 사명을 받습니다.

> 그날 밤에 주께서 바울 곁에 서서 이르시되 담대하라 네가 예루살렘에
> 서 나의 일을 증언한 것같이 로마에서도 증언하여야 하리라 하시니라(행
> 23:11).

바울을 죽이려는 음모(행 23:12~13)를 전해들은 천부장은 예루살렘 치안
군의 절반을 동원하는 치밀한 계획을 세워 야간 행군으로 가이사랴의 벨릭
스 총독에게로 바울을 호송하였습니다.

가이사랴에서 심문당하는 바울

예루살렘의 유대 종교 지도자들은 더둘로라는 변호사를 시켜 가이사랴
에 있는 바울에 대한 고소를 대변하게 했습니다. 더둘로는 총독 벨릭스의
환심을 사서, 재판을 유리하게 이끌기 위해 온갖 미사여구를 동원하여 벨
릭스를 칭송합니다. 역사가 요세푸스에 의하면 벨릭스는 매우 포악하고 잔
인한 통치자로, 악정을 베풀어 유대인들이 그를 싫어했다고 기록하고 있
습니다. 더둘로는 바울을 개인적, 정치적, 종교적인 세 가지 죄목으로 고소
하였습니다(행 24:5~6). 이 사람은 가는 곳마다 소요를 일으켰습니다. 천
하를 소요케 하는 나사렛 이단의 우두머리였으며, 또 성전을 더럽혔습니
다. 그는 바울이 로마법이나 유대법의 사형에 해당하는 중범죄자임을 강조
하였습니다. 여기에 바울은 담대한 태도로 논리 정연하게 자신을 변론(행
24:10~21)하여 벨릭스의 호의를 얻습니다. 10여 년을 팔레스타인 지역에서
계속 생활해온 벨릭스는, 유대인과 바울이 대립하게 된 원인이 그들의 종교
적 견해 차이에 있다는 것을 알아차리고 천부장 루시아가 올 때까지 재판
을 연기하고 바울에게는 많은 자유를 허락하였습니다. 그러나 벨릭스는 바

울을 석방하지 않고 옥에 가두었는데 그의 재임 기간 동안 혹시라도 있을지 모르는 소요를 염려했기 때문이었습니다. 한편으로는 유대인의 환심을 사고, 동시에 바울에게서는 뇌물을 받기 위함이었습니다. 재미있는 것은 바울이 가이사랴에서 2년간 갇혀 지내면서 벨릭스 총독의 아내에게도 복음을 전했습니다.

벨릭스의 임기가 끝나고 베스도가 유대 총독으로 부임한 후에 예루살렘 지역을 시찰하자 대제사장을 비롯한 유대인들은 바울을 예루살렘으로 보내줄 것을 요청합니다. 이것은 바울을 호송하는 도중에 길에서 암살하기 위한 음모였습니다. 그러나 베스도는 바울 사건을 잘 알지 못하였고, 또 바울이 로마 시민권자이므로 오히려 저들에게 가이사랴에 와서 상소할 것을 명합니다. 유대인들은 벨릭스 때와 마찬가지로 가이사랴로 직접 내려와 바울을 송사하며 이전과 같이 여러 가지 죄목으로 고소하였지만 확실한 증거를 내세우지 못하여 베스도는 바울의 죄목을 찾아낼 수 없었습니다. 그러나 베스도는 유대인의 환심을 사기 위하여 바울을 예루살렘으로 보내고자 하였는데 이에 바울은 로마 시민의 권리를 내세워 로마에 가서 가이사에게 재판받게 해달라고 요구합니다. 베스도는 바울을 로마의 가이사에게 보내기 위해서는 상소할 죄목을 공소장에 써서 같이 보내야 하는데 마땅히 죄목을 정할 수 없었습니다. 이러한 때에 아그립바(2세) 왕이 방문하여 그에게 자문을 구합니다. 베스도의 말에 따르면 바울이 전한 복음은 예수 그리스도의 죽음과 부활이었습니다.

아그립바(2세) 왕은 베스도에게 권한을 위임받아 바울을 심문할 때, 자신을 변호할 뿐 아니라 아그립바를 향해 복음의 결단을 요구하기까지 합니다. "아그립바가 바울에게 이르되 네가 적은 말로 나를 권하여 그리스도인이 되게 하려 하는도다"(행 26:28). 유대 왕 아그립바와 로마 총독 베스도, 고위 법관들이 모두 무죄를 선고했지만 바울이 이미 가이사에게 소송을 제기한 상태였기 때문에 죄수의 신분으로 결박된 채 로마로 향하게 됩니다. 물론 상소를 취하함으로 놓일 수도 있었지만, 주님이 말씀하시고 자신이 그토록 열망했던 로마 전도를 실행하기 위해 고난의 길을 갑니다.

바울은 유대에서 자기를 죽이려고 하는 살기등등한 유대 백성들을 향해서도 간증을 겸하여 복음을 증거했고, 산헤드린 공회에서도 예수님을 증거했으며, 벨릭스 총독 앞에서도 예수님을 증거했고, 2년 동안 가이사랴 감옥에 갇혀 있으면서도 복음을 전했습니다. 이후 후임 총독 베스도와 그를 방문한 왕족 아그립바 왕과 버니게 앞에서도 전도했습니다. 그는 전도여행을 다닐 때뿐 아니라, 어디에서든 기회가 있으면 입을 열어 예수님의 복음을 전했습니다. 이후 로마로 압송되는 과정을 보더라도 폭풍에 시달리는 사람들을 안심시키며 하나님의 말씀을 전하고, 멜리데 섬에서도 약 3개월간 머물며 복음을 전했으며, 로마에 가서 황제 재판을 기다리느라고 갇혀 있는 동안에도 전도했습니다.

로마 총독 베스도가 "바울은 많은 학문으로 인해 미친 것이다"라고 말한 것처럼, 바울은 복음에 미친 사람이었습니다. 바울은 베스도의 법정에서 외쳤습니다. "오늘 내 말을 듣는 모든 사람도 다 이렇게 결박된 것 외에는 나와 같이 되기를 하나님께 원하나이다"(행 26:29). 오늘날의 우리들도 바울과 같이 되기를 원합니다.

에베소서

영적으로 무장하라

🌿 뿌리내리기 _성경의 전체를 알아봅니다

에베소(Ephesos)는 아시아에 있는 로마 제국의 큰 항구 도시(현재 터키의 서해안)로, 상업과 종교의 중심지였습니다. 카이스터 강어귀에 자리 잡은 이 도시는, 기둥들이 줄지어 있는 폭 11m의 넓은 도로가 바닷가 항구까지 뻗어 있었으며, 국제도시로 아시아 무역 항로의 종착지였습니다. 바울은 2차 전도여행 때 고린도에서 안디옥 교회로 돌아가는 길에 에베소에 처음 들렀습니다. 거기서 잠깐 말씀을 증거하고 아굴라와 브리스길라 부부를 목회자로 세웠습니다. 그 후 3차 전도여행 4년의 기간 중 3년을 에베소에서 머물며 두란노라는 사람에게 서원을 빌려 2년 동안 말씀을 날마다 가르쳤습니다. 그의 선교의 절정을 이곳에서 보냈기에 에베소는 예루살렘, 안디옥에 이어 제3의 기독교 중심지가 되었습니다. 〈요한계시록〉의 아시아 일곱 교회가 에베소 교회를 중심으로 확장된 교회들입니다. 많은 사람이 에베소에서 복음을 듣고 회심하여 각 지역에 돌아가서 좋은 영향력을 끼쳤는데 그중 한 사람이 골로새 교회를 세운 에바브라입니다. 바울이 골로새에는 미

🌿 열매 맺기

에베소

바울은 에베소 교회를 맡고 있는 디모데에게 편지를 썼다. 에베소는 이집트의 알렉산드리아와 시리아의 안디옥과 더불어 지중해 연안의 항구 도시로서 중요한 전략적 도시였다.
에베소는 소아시아(오늘날의 터키)의 서북단에 위치하며, 에게 해에서 가장 중요한 항구로서 로마에서 동양을 잇는 주요 통로였다.

아데미 축제

역사가 요세푸스는 1년에 한 번 있는 아데미 축제에 대해서 이렇게 기록했다. "매년 5월 아데미 여신상의 축제날이 되면 아데미 여신의 가슴에 달린 유방과 같은 수의 흰 옷을 입은 24명의 사제가 앞에 서고, 그 뒤에는 자신의 고환을 아데미 여신에게 바치는 남자 사제들이 여신의 호위병처럼 뒤따른다. 축제의 행렬은 아데미 신전으로부터 시작된다. 아데미 신전에서 출발한 아데미 신상과 축제 행렬이 에베소 총독의 관저에 들리면, 에베소 총독은 관저에서 나와 아데미 여신에게 경의를 표한다. 총독의 인사를 받은 아데미 여신은 에베소 광장에 이른다. 그리고 24마리의 소를 희생제물로 드린다. 남자 사제들이 24마리의 황소의 고환을 잘라 아데미 여신의 목에 걸어주면 군중의 열광과 함성이 터지기 시작한다. 무용수들은 음악에 따라 춤을 추고 도살된 소들이 제단에 오르게 되면 본격적으로 아데미의 축제가 무르익게 된다."

처 방문하지 못했습니다. 에베소는 소아시아 지역의 복음 전진기지였으며, 3차 전도여행 때 고린도 교회에 보낸 편지들을 기록한 곳이기도 합니다(고전 16:8). 이후 에베소는 사도 요한의 중심 사역지였으며, 〈요한계시록〉에서 처음 사랑이 식어버린 것과 니골라당의 행위로 인해 책망을 받았던 곳이기도 합니다.

에베소는 지금의 터키 서쪽 해안에 위치한 항구도시로 교통, 문화, 종교의 중심지였습니다. 특히 웅장하고 화려한 아데미 신전과 여신상, 마술은 로마 전역에 알려져 있었습니다. 에베소 지역의 높은 곳에 아데미 여신상이 서 있었는데, 지금도 이 여신상의 목각을 파서 기념품으로 파는 것이 주요 관광수입원입니다. 매년 5월이면 에베소에는 아데미 축제를 벌였으며, 음란함과 우상의 축제 상징이었습니다. 아데미 축제에 있어서 1부 행사가 끝나면 2부 행사 때는 모인 자들과 함께 노상에서 성행위를 하면서 즐거워합니다. 이것이 복받는 비결이고 에베소의 문화였습니다. 당시 교인들조차도 구원은 믿음으로 받고, 복은 아데미 여신으로부터 온다고 생각했습니다. 마찬가지로 우리 문화 가운데도 아데미 여신은 있습니다. 좋다고 다 좋은 게 아닙니다. 재미있다고 다 재미있는 것이 아닙니다. 그 안에 숨겨져 있는 메시지를 읽어야 합니다. 바알과 아세라가 갈멜 산에서 엘리야에게 져서 없어진 것이 아니라 그 음란함의 문화가 신약에서 아데미에게로 전수되었고, 그 음란함과 저질스러움이 문화의 옷을 입고 우리 가운데 파고들어 있습니다. 폭력문화, 음란문화 등이 인터넷을 통해 내 자신은 물론 자녀까지도 유혹하고 있습니다. 정신을 똑바로 차리고 시대를 읽을 줄 알아야 합니다. 영적 분별력을 가지고 이것은 내가 누릴 문화가 아니라고 거절할 줄 아는 성도들이 되기를 소원합니다.

율법과 복음의 관계, 유대인과 이방인의 관계 등에 대한 신학적 정립이 이루어지지 못했던 과도기적 상황에서 교회가 폭발적으로 성장하여 유대인과 이방인 간에 많은 갈등을 겪게 되어 교회의 질서 유지와 성도 간의 일치와 화합의 문제가 심각하게 대두되었습니다. 이에 바울은 에베소 교회를 비롯한 인근 소아시아 교회들에게 올바른 교회관을 심어주기 위한 일련의 신학 원리적 교훈들, 곧 교회의 근원, 교회를 설립하신 하나님의 목적, 교회의 본질에 대해 기록함으로써, 그리스도 안에서 이방인과 유대인이 하나가 되어 한 몸(교회)을 이루는 것을 가르쳐주고 싶었습니다. 바로 이런 이유가 〈에베소서〉의 기록 목적입니다.

그래서 〈에베소서〉는 다른 서신서들처럼 "거짓 교리와 싸워라"라고 말하기보다 "연합하라. 그리스도의 몸은 하나다"라고 가르칩니다. 이에 근거하여 '성도 간의 일치와 화합', '성도의 가정생활과 하나님의 거룩한 백성으로서의 성결한 삶', '영적 성숙을 위한 신앙의 무장'에 관한 일련의 실천적 교훈들을 구체적으로 제시하고 있습니다. 그래서 1~3장은 명령법으로 쓰인 문장이 하나도 없지만, 4~6장은 부르심에 합당하게 살아가기 위한 신자의 책임에 관해 말하는 35개의 지시가 포함되어 있습니다.

본서의 특징은 "그리스도는 교회의 머리(엡 1:22), 교회는 그리스도의 몸(엡 1:23, 4:12)" 등 교회론에 대한 언급이 많습니다. 교회의 직분(엡 4:8~11)에 대해 언급하고, 마귀와의 영적 전투(하나님의 전신갑주, 엡 6:10~17)에 대해 강조합니다. 도덕적으로 극히 부패한 헬라 문화가 교회 안에 침투해옴으로써 성도들은 가정과 사회생활에 심각한 윤리적 위기에 직면하게 됩니다. 아데미 여신을 숭배하는 등의 온갖 이방 종교들이 득세하는 에베소에서 정신 차리고 신앙생활 잘하기 위해서는 "하나님의 전신갑주를 입으라"고 강조합니다.

	구분	장	내용
전반부	서두(1:1~2)	1장	1) 인사 2) 하늘에 속한 신령한 복 3) 바울의 기도
	하나님의 구원 계획과 교회의 영광 (1:3~3:21)	2장	1) 그리스도와 함께 살리심을 받은 사람들 2) 그리스도 안에서 하나가 되라.
		3장	1) 이방 사람을 위한 바울의 직분 2) 그리스도의 사랑을 알라
후반부	성도의 삶(권면) (4:1~6:20)	4장	1) 하나 되는 진리 2) 옛 생활과 새로운 생활 3) 새로운 생활 규범
		5장	1) 빛의 자녀답게 살아라. 2) 남편과 아내에게
	맺는 인사	6장	1) 자녀와 부모에게 2) 종과 주인에게 3) 마귀와 싸우는 싸움 4) 맺는 인사

〈에베소서〉를 크게 전반부와 후반부로 나눌 수 있습니다. 1장부터 3장까지는 한마디로 교회 일치와 연합입니다. 그것이 하나님께 드릴 구원의 영광이요, 교회 또는 하늘에 속한 신령한 복을 받을 존재라고 말합니다. 만물 안에서 만물을 충만하게 하시는 그리스도의 충만이 교회 안에 담겨져 있음을 보여줍니다. 교회가 그리스도 안에서 받은 하나님의 은혜가 지극히 풍성함을 보여주고 있으며, 교회가 맛보아야 할 그리스도의 사랑이 얼마나 깊고, 넓고 높은지 가르쳐주고 있습니다. 2장에는 그리스도와 함께 살리심을 받은 자들은 그리스도 안에서 하나가 되어야 한다면서 3장에서 이방 사람들을 위한 자신의 직분과 역할이 무엇인지 밝힙니다. 즉 이방인들을 복음으로 말미암아 믿음 안에서 함께 상속자가 되게 하고, 지체가 되게 하고, 함께 약속에 참여하는 자가 되게 하는 것이 자신의 이방 사역의 직분이라고 말합니다(엡 3:6).

후반부인 4~6장을 통해서는 구원받은 성도들에 대한 삶에 대해서 권면합니다. 그리스도 안에서 풍성한 은혜를 받은 교회가 가정과 사회 속에서 구체적으로 어떤 삶을 살아야 하는지 말하고, 교회의 원수와 어떤 영적 전쟁을 수행해야 하는지도 심도 있게 다루고 있습니다. 바울서신은 일반적으로 대부분 인사하고, 교회에 대한 감사를 말하고, 당부를 말하고, 이단 사상과 거짓 교사를 경계하라며 복음을 변호합니다. 그러나 후반부에는 구원받은 자로서의 마땅한 삶을 권면하는 것이 바울서신의 일반적인 규칙들입니다. 〈에베소서〉는 이방 사상과 거짓 교리에 대한 경계는 없지만 전반부는 교회의 하나 됨을 강조했고, 후반부에는 구원받은 자로서의 삶의 책임과 거룩함과 구별함을 권면합니다.

🍃 신약 숲으로 _성경의 중심내용을 알아봅니다

성도가 찬송해야 할 이유

에베소서 1장은 서두 인사 말씀에 이어서 곧바로 "하나님 찬양론"을 전개하는데 "찬송하리로다"로 시작하여 "그의 영광을 찬미하게 하려하심이라"(엡 1:14)로 끝납니다. 바울은 말하기를 "우리 모두는 우리 교회는 하늘에 속한 신령한 복을 받을 자들이기 때문에 마땅히 하나님을 찬양해야 한다"고 하면서 찬송해야 할 이유 네 가지를 말합니다. 첫째, 하나님이 우리를 선택하시고 예정하셨기 때문입니다(엡 1:4~5). 둘째, 예수님이 우리를 그리스도의 피로 구속하셨기 때문입니다(7절). 셋째, 우리를 성령으로 인치셨기 때문입니다(13절). 넷째, 우리의 기업에 보증이 되셨기에 결국 그분의 영광을 찬양하게 하려 하심 때문입니다(14절).

하나님을 찬양해야 할 이유는 성부 하나님께서 나를 아시고 선택하시고 부르셨기 때문입니다. 그리고 성자 하나님께서 그의 피로 우리를 구속하셨고, 또 성령 하나님께서 구원의 날까지 우리를 지키시고 보호하고 계심으로써 결국 삼위 하나님께서 우리 기업에 보증이 되셨다는 것입니다.

내가 무엇이관데, 하나님께서 나를 예정하신 후에 선택하시고, 예수님께서 나를 살리기 위해 자신의 피를 흘려 구속하시고, 성령께서 내주하셔서 나를 구원의 대열에서 탈락하지 않도록 붙드시고 중보하시고 계십니까? 내가 그럴 가치가 있는 고귀한 존재입니까? 이런 구원을 받은 나는 어떻게 살아야 합니까? 이제부터 자존감을 가지세요. '내가 뭔데? 나 같은 게 뭐!' 라는 생각하지 마세요. 우리 각자는 하나님 앞에 거룩하고 존귀한 자입니다. 부족한 자임에도 불구하고 나를 존귀한 자로 세우신 하나님 앞에서 늘 순종과 겸손의 삶으로 살아가는 것이 마땅한 성도의 삶입니다.

이 모든 일은 구원의 계획 안에서 미리 예정된 일입니다. 하나님께서 일방적으로 충동적으로 선택하신 것이 아니라, 내 행위가 옳아서 구원받는 것이 아니라, 내가 태어나기도 전에 나를 선택하시고 구속하시고 붙드시기로 결정되었다는 것입니다(엡 1:4, 13). 성부 하나님이 선택하시고, 성자 하나님이 구속하시고, 성령 하나님이 인치하셨습니다. 이것이 우리가 찬송해야 할 이유입니다. 하나님의 예정을 따라 창세 전에 이미 선택받은 자이고, 그리스도의 구속의 은혜와 성령의 인치하심을 말미암아 구원받은 자이기에 마땅히 하나님을 찬송해야 합니다.

구원은 하나님의 선물

〈에베소서〉가 다루는 또 하나의 중요한 내용은 구원은 행위가 아닌 하나님의 무조건적인 선물이라는 것입니다. 예수 그리스도와 연합하여 죽음에서 생명으로 옮김으로써 우리가 경험한 구원은 전적으로 하나님으로부터 온 것이기에 우리의 어떠한 행위의 결과도 구원에 대한 상급은 아니며 전적인 믿음에 대한 하나님의 선물입니다.

유진 피터슨이 쓴《메시지》라는 책에 이런 글이 있습니다. "구원은 전적으로 하나님이 생각해내신 일이고 전적으로 그분이 하신 일입니다. 우리가 할 일은 다만 하나님께서 그분을 행하시도록 그분을 신뢰하는 것입니다. 구원은 처음부터 끝까지 하나님의 선물입니다. 주인공 역할은 우리 몫이 아닙니다. 우리가 주인공 역할을 했다면 우리는 모든 일을 우리가 했다고 떠벌리고 돌아다녔을 것입니다. 하지만 그렇지 않습니다. 우리는 자신을 만들 수도 구원할 수도 없습니다."

하나님의 전신갑주

〈에베소서〉는 종말 시대를 살아가는 성도들이 사탄과의 영적 싸움을 해야 함을 역설하고 있습니다. 이 영적 싸움에서 승리하기 위해서 성도들은 하나님의 전신갑주로 무장해야 합니다. 바울은 당시 많이 볼 수 있는 로마 군인의 복장을 가지고 우리의 영적 상태를 표현했습니다.

1. 진리의 허리띠

군사가 허리띠를 매었다는 것은 싸울 준비가 됐다는 것입니다. "보소서 주께서는 중심이 진실함을 원하시오니 내게 지혜를 은밀히 가르치시리이다"(시 51:6). 인생에 있어서 진실하라는 말입니다. 속임수가 없는 진실함이 있어야 합니다. 우리 삶의 중심에는 진실함이 있어야 합니다. 정직과 감사가 인생의 중심에 있어야 한다는 것입니다. 이것은 캠페인이 아닙니다. 우리의 거룩한 습관이 되어야 합니다. 우리는 작은 것으로부터 정직하고 진실해야 합니다.

2. 의의 흉배

"공의를 갑옷으로 삼으시며 구원을 자기의 머리에 써서 투구로 삼으시며 보복을 속옷으로 삼으시며 열심을 입어 겉옷으로 삼으시고"(사 59:17). 이 것은 타협을 하지 말라는 것입니다. 예수 그리스도를 믿게 되면 '이신칭의' 라는 의의 옷을 입게 됩니다. 정직한 것, 의로운 것을 선택하는 것이 인격이 되고 거룩한 습관이 되어야 합니다. 주님의 의를 위해서 내가 타협하지 않 는 것, 내가 손해가 되더라도 참된 것을 하는 것이 의입니다. 삶의 터전에서 작은 영적 전쟁을 우습게 보지 마십시오. 작은 영적 전쟁에서 승리해야 큰 것들을 이겨낼 수 있습니다. 작은 것들에 지면 큰 것은 절대 못 이깁니다. 죄 가 난무한 세상 속에서 그리스도의 의를 입고 예수 그리스도의 기준을 가 지고 싸우라고 말합니다.

우리의 싸움은 혈과 육의 싸움이 아닙니다. 진리의 허리띠와 의의 흉배를 가지고 주님의 말씀을 기준 삼고, 작은 것으로부터 큰 것까지 옳은 것을 선 택하며 옳은 것을 행하는 생활이 영적 싸움입니다. 눈에 보이지 않는 싸움 이 아니기에 내가 져도 누가 뭐라고 하지 않습니다. 그러나 하나님은 아시 고 내 영혼도 알아요. 그래서 바울은 날마다 우리에게 "강건하라" 말씀합니 다. 하나님 앞에서 과연 어떤 것이 옳은 것인지 하나님 앞에 서 보세요. 하나 님께서 응답을 주십니다. 손해가 있더라도, 아픔이 있더라도, 희생이 있더 라도 돌아설 수 있는 결단이 있어야 합니다. 이것이 이기는 것입니다.

3. 복음의 신을 신어라

행군을 위한 준비입니다. 집에 평안히 있을 것 같으면 신발을 안 신습니 다. 즉, 안락함을 버리라는 것입니다. 바울은 신발을 신는 것을 복음이나 사 역과 연관시킵니다. 내가 의식적으로 이 세상에서 복음이 확장될 수 있도록 하나님 나라가 더 넓어질 수 있도록 신발을 신고 복음을 위해서 나가라고 말합니다. 그렇지만 우리의 대적은 "나가더라도 실내화만 신고, 이 안에서 만 놀아라" 이야기합니다. "멀리 나가면 춥고, 악한 세상이야! 네가 감당치 못해. 물론 네가 구원받은 자로서 사명이 있겠지. 그러나 너에겐 돌봐야 할 남편과 애들이 있잖아. 네가 뭘 해? 돈 많아? 돈도 빠듯하잖아. 애들 교육도 시켜야 되잖아. 돈 모아서 빨리 아파트 평수 넓혀야지 언제까지 그러고 살 거야!", "맞아, 내가 정말 그래! 실내화로 갈아 신고, 나는 지금 애들 키워야 할 때야. 나중에 애들 다 크면 할게요" 하며 교회 안에서 머물러 있기를 원합니다. 그러나 하나님은 그 안락함에 정면으로 도전하십니다. "나가라! 신을 신고 군화를 신고 세상을 향해 나가라"고 하십니다. 그것이 이기는 것이라고 말씀하십니다. 소극적인 성도, 나와 내 가족밖에 모르는 성도들은 실내화를 벗어버리고 튼튼한 군화를 신어야 합니다. 하나님 나라의 전사로서 세상을 향해, 열방을 향해, 불신의 영을 향해 나아가야 합니다. 머물러 있지도 숨어 있지도 마십시오. 가슴을 펴고 주께서 가라 하시는 곳에 가기를 바랍니다. 실내화를 벗어버리고 나로부터의 타협을 벗어버리고 주님의 마음이 있는 곳에 여러분의 마음도 심겨지길 바랍니다.

4. 믿음의 방패

로마 군인들은 화살과 창으로부터 몸을 보호할 수 있는 방패를 가지고 있었습니다. 상체만 보호하는 작은 방패가 있었고 또 큰 방패가 있었습니다. 세로 1.2m, 가로 0.6m 정도 되는, 몸을 숨길 수 있는 방패였습니다. 로마가 그토록 세계를 정복할 수 있었던 비결은 방진 때문입니다. 여러 군인들이 방패를 모아서 거북이 등처럼 만든 다음 그 방패 안에 들어가 자기 부대를 보호하는 것입니다.

어려울 때 믿음의 방패를 모아 서로가 방진을 이룰 수 있습니다. 악한 때가 임하면, 심하게 공격받을 때가 있다면, 믿음의 보호막 아래에서 성도들과 함께 서로 뭉쳐야 합니다. 어려울수록 믿음의 동역자가 필요합니다. 혼자 고립되지 말라는 것입니다. 힘들수록 어려울수록 내 마음에 시험이 찾아

🍃 **열매 맺기**

방진

고대 전쟁에 있어서 여러 소대 군인들이 함께 모여 방패를 정렬하고 마치 거북이 등 껍질처럼 그 부대 전체를 보호하는 밀집대형으로 방어막을 치는 것이다. 거친 지역이나 구릉 지역에서 유용했던 전투 태세이기도 하다.

올수록 공동체와 나누라는 것입니다. 오픈하고 나누십시오. 서로의 믿음의 방패 가운데 숨으십시오. 나 혼자 숨으면 뒤는 공격당합니다. 그러나 여섯 명이 나를 지켜주면 방진을 이룰 수가 있습니다. 다시 이 방패를 내리고 공격할 때를 기다리는 것입니다.

일반적으로 성도가 시험 들 때 나타나는 현상은 사람이 보기 싫어집니다. 그래서 공동체를 일탈해서 혼자 있습니다. 혼자 있으면 마음 편할 것 같지만 더욱더 늪에 빠집니다. 시험이 든다 할지라도 공동체 안에서 이탈하지 마십시오. 사탄의 표적이 됩니다. 특히 시험 들어서 이탈하는 사람은 마귀의 밥이에요. 동물의 왕국을 보면 사자들은 물소 떼의 움직임을 주시합니다. 주시하다가 한눈팔거나 무리에 이탈된 개체가 있으면 그놈을 점차 무리로부터 떨어뜨려서 고립시킨 후 완전히 고립되면 달려들어서 물어뜯습니다. 영적인 것도 마찬가지입니다. 주님 부르실 날까지 공동체나 영적 동역자들로부터 절대 고립되지 마세요. 공동체 안으로 들어와야 합니다. 믿음의 방진을 이루시기를 바랍니다.

5. 구원의 투구

낙심을 극복하라는 것입니다. 우리가 구원의 투구를 쓴다고 하는 것은 승리하신 예수 그리스도의 사역을 힘입는다는 것입니다. 신앙생활하면서 가장 경계해야 할 것이 낙심입니다. 내가 40일 동안 새벽기도를 했는데 결과가 좋지 못할 때, 기도하는데 바로바로 응답이 되지 않을 때 낙심이 찾아올 수 있습니다.

어떤 사람이 밤에 꿈을 꾸었습니다. 마귀의 초청을 받아서 지옥을 관람할 기회가 있었습니다. 그 마귀가 "나는 성도들 수준에 맞춰 공격하는 특기가 있다. 그중 가장 강력한 것을 보여주겠다"라고 하면서 문을 여는데 돈이 가득 차 있는 돈의 방이었습니다. 두 번째는 음란의 방, 세 번째는 권력의 방이었습니다. 이 세 가지만 던지면 누구든지 쓰러진다고 마귀가 말합니다. 그런데 '관계자 외 절대 출입금지'라고 써진 비밀의 방이 하나 더 있어 보여달라고 하니, 비밀 무기이기 때문에 절대 보여줄 수 없다고 하더랍니다. 그 비밀 무기는 한방에 끝난대요. 펄쩍 펄쩍 뛰던 놈들도 한순간에 무너진다는 것입니다. 더욱 궁금해서 계속 졸랐더니 "안 되는데… 너만 봐! 절대 말하면 안 돼" 하고 살짝 창문으로 보게 합니다. 비밀의 방 안에는 아무것도 없고 빨간 테이블 위에 조그만 쇠구슬이 하나 있더랍니다. 마귀는 "이게 뭐냐 하면 낙심의 구슬이야. 은혜받았다고 펄쩍 펄쩍 뛰다가도 낙심의 구슬을 탁 던지면 마음의 유리창이 쫙 하고 깨져서 한순간에 무너지지. 저 구슬에 안 쓰러지는 사람이 없어"라고 말했답니다.

낙심의 경험이 있지 않습니까? 40일 특별 새벽기도까지 했는데 원하는 대로 되지 않았거나, 최악의 상황이 왔을 때 낙심이 됩니다. 이것도 저것도 다 싫어집니다. '하나님이 과연 계신가?'라며 근본적인 질문부터 하면서 낙심됩니다. 지금까지 한 것이 다 헛된 일 같아요. 내가 이기기 위해서 싸움을 한 것이 아니라, 이미 이기신 주님이 구원의 투구를 씌워주셨습니다. 낙심하지 말라는 것입니다. 잘못된 것처럼 보이지만 잘못되지 않았다는 것입니다. 속지 말라는 것입니다. 신앙생활할 때 정말 조심해야 할 것은 낙심입니다. 낙심은 사람을 피곤하게 합니다. 피곤하면 판단력이 흐려집니다. 그러면 또 절망할 일들을 만들게 됩니다. 낙심은 우리의 영혼을 병들게 하고 시들게 합니다. 전신갑주가 제자리에 다 갖추어질 때 우리는 영적 싸움에서 당당하게 싸울 수 있습니다.

6. 성령의 검

하나님 말씀은 성도들의 유일한 공격 무기입니다. 지금까지는 모두 방어

무기였습니다. 유일한 공격 무기는 성경, 하나님의 말씀입니다. 우리는 하나님의 말씀으로 하나님과 그분의 백성들을 대적하는 악의 권세들을 물리쳐야 합니다. 하나님의 말씀을 사용해서 사탄을 가장 훌륭하게 무찌르신 분이 광야에서 예수님이셨습니다(눅 4:1~31). 유혹이 찾아올 때, 낙심될 때, 의심이 올 때, 두려움이 올 때 말씀으로 이기셨습니다. 그렇게 하기 위해서는 말씀을 읽고 연구하고 암송해야 합니다. 아무리 비싼 휴대전화일지라도 배터리가 없으면 사용할 수가 없습니다. 말씀으로 영혼을 충전하십시오. 낙심이 찾아오고, 두려움이 찾아오고, 연약함이 찾아오고, 내 안의 초라함이 찾아오고, 내 안의 우울증과 조울증이 찾아올 때 말씀으로 물리치십시오. 이런 것들은 실체가 아니고 그림자입니다.

특별히 인생이 어려울 때 믿음이 드러납니다. 중국의 고전을 보면, 여름에는 소나무의 진가가 안 드러나고, 겨울이 되어야 그 진가가 드러난다고 합니다. 평상시에는 다 믿음이 있는 것 같아요. 그러나 정말 어려울 때 진정한 믿음이 드러납니다. 내가 받은 말씀, 내가 받은 은혜가 있어야 합니다. 설교를 듣기만하고 남의 간증 듣는 데만 익숙해져서 그분의 은혜가 내 은혜인 줄 알고 살다가 결정적으로 은혜와 믿음이 안 보일 때가 있습니다. 내 믿음을 가져야 합니다. 말씀을 연구하고, 말씀을 고민하고, 말씀을 묵상할 때 그 말씀의 샘에서 터져 나오는 물이 내 영혼을 강하게 합니다. 듣는 것만 즐기지 말고 스스로 읽고 연구합시다.

빌립보서

내가 다시 말하노니 기뻐하라

🌿 뿌리내리기 _성경의 전체를 알아봅니다

빌립보는 B.C. 350년 마케도니아 대왕 빌립 2세에 의하여 세워진 도시로, 원래 이름은 '작은 우물'이란 뜻을 가진 '크레니데스'였으나 빌립 왕이 도시를 확장, 증축하고 자신의 이름을 따라 '빌립보'라고 칭하였습니다. 그 후 이곳은 로마에 정복당해 바울 당시에는 마케도니아라는 로마 속주의 한 식민지 성읍이었습니다. 본래 금과 은이 많이 나는 곳이었으며, 스트리몬 강의 지류인 강기츠 강이 흐르는 비옥한 평지였습니다. 또한 유럽과 아시아를 연결하는 교통의 요지로서 로마의 군사적 전초기지였으며 전략상 마케도니아 지방에서 제일로 꼽히는 성이었습니다.

바울은 2차 전도여행 중에 드로아에서 마케도니아인의 환상을 보고 성령의 인도하심을 깨달아 마케도니아로 건너와 실라와 디모데, 누가와 함께 빌립보에 도착합니다. 자주색 옷감 장수인 루디아와 점치는 소녀, 빌립보 옥의 간수와 그 가족들이 회개한 후 루디아의 집에서 모이기 시작한 것이 유럽 최초의 교회의 시작이었습니다. 비록 적은 수로 시작하였으나 열심히 주를 섬기며 성도들 간에 서로 봉사하고, 자신들이 궁핍하였음에도 바울의 사역을 돕기 위해 수차례 헌물을 보내기까지 하였습니다.

〈빌립보서〉는 옥중에서 쓴 바울의 가장 개인적인 편지 중의 하나로 빌립보의 성도들을 향한 자신의 사랑을 자유롭게 표현하며, 그들의 행동과 생각의 중심을 그리스도의 인격과 능력을 추구하는 데 두도록 사랑으로 권면하고 있습니다. 〈빌립보서〉는 옥중서신이지만 감사와 기쁨이 넘치는 서신입니다. 헬라어로 '카라'라는 말이 기쁨이라는 말인데 다섯 번 등장합니다. 그리고 '기뻐하라'는 동사는 열한 번 등장합니다. 그래서 기쁨의 서신이라고 불리기도 합니다. 바울의 개인적이고 내세적인 사후관(死後觀)이 기록되어 있습니다(빌 1:20~24).

지극히 개인적인 서신으로 에바브로디도 편에 자신의 헌금을 보내준 것에 대해서 감사의 마음을 전합니다(빌 4:18). 헌금을 전달하고 그곳에 머물며 바울을 돕던 에바브로디도의 건강이 악화되었다가 다시 회복되었으며, 그를 다시 빌립보로 돌려보내면서 자신의 투옥으로 근심하는 저들을 안심시키고 격려하고자 이 서신을 쓰게 되었습니다.

그 외에 에바브로디도를 통해 빌립보 교회의 몇 가지 문제점을 알게 되었는데 교인들 간에 분열의 양상이 나타나고, 유대주의적 율법주의자와 반도덕주의자들이 교회를 위협하고 있다는 것입니다. 이에 바울은 교회의 일치를 촉구하며 반복음주의적인 사상과 올바른 생활 자세 등에 대하여 교훈합니다.

🍃 숲 길잡이_성경의 전체를 표로 알아봅니다

구분	장	내용
서두(1:1~2)	1장	1)인사(1~2)
복음 (1:3~1:26)	1장	2)바울의 기도(3~11)
		3)살든지 죽든지 주의 영광을 위하여(12~30)
권면	2장	1) 그리스도의 겸손을 본 받아(2:1~11)
		2) 빛으로 나타내라(2:12~18)
		3) 디모데와 에바브로디도(19~30)
성도의 삶 사도의 본(本) (3:1~4:9)	3장	1) 참된 의(3:1~11)
		2) 목표를 향한 달음질(3:12~4:1)
감사 맺는 말	4장	1) 권면(4:2~9)
		2) 선물에 대한 감사(10~20)
		3) 끝인사(21~23)

🍃 신약 숲으로_성경의 중심내용을 알아봅니다

그리스도의 마음인 겸손을 가지라

"아무 일에든지 다툼이나 허영으로 하지 말고 오직 겸손한 마음으로 각각 자기보다 남을 낫게 여기고, 각각 자기 일을 돌볼 뿐더러 또한 각각 다른 사람들의 일을 돌보아 나의 기쁨을 충만하게 하라"(빌 2:3~4). 자신을 비워 종의 형상으로 내려오신 것이 예수님의 겸손과 영성입니다. 바울도 예수님 닮은 순교적 영성으로 자신의 신분을 배설물과 같이 버리고 이방인들을 존중히 여기면서 복음을 전했잖아요. 그래서 바울은 "내가 주님을 닮은 것처럼 너희도 나를 닮으라"고 말합니다.

> 🍃 **열매 맺기**
>
> **겸손**
>
> 유진 피터슨의 《메시지》에서는 "자신의 방식을 앞세우지 말고 그럴듯한 말로 자신의 방식을 내세우지 않는 것을 겸손"으로 보고 있다.

1 　토마스 A. 넬슨의 《손에
잡히는 넬슨 성경개관》, 조이
선교회, 2003. 참조

그리스도를 좇음[1]

〈빌립보서〉는 그리스도인의 삶이 그리스도를 좇고 하나님과 친밀함을
추구하는 데 초점을 맞추어야 한다고 가르칩니다. 이는 예수 그리스도를 아
는 일에 전념하는 것이며, 이러한 추구로 우리 자신의 관심과 집중되는 정
도에 따라 영적인 성숙을 측정할 수 있습니다.

바울은 빌립보에서 성도들에게 평생을 살면서 추구해야 할 것 네 가지를
말합니다.

추구하라

- 무엇보다 그리스도를 높이고(1:21, 3:7~8), 그리스도 안에서 의와 부활의
  능력을 구하라(3:9~11).
- 그리스도와 같은 겸손(2:5~7)과 성도 안에서 활동하는 하나님의 뜻을 구
  하라(2:12~13).
- 하늘로부터의 부르심(3:14)과 영원한 구원의 상급을 구하라(3:14).
- 무엇에든지 참되며 무엇에든지 경건하며 무엇에든지 옳으며 무엇에든지
  정결하며 무엇에든지 사랑할 만하며 무엇에든지 칭찬할 만하며(4:8), 하나
  님의 평강의 임재를 구하라(4:9).

골로새서

위의 것을 찾아라

🌿 뿌리내리기 _성경의 전체를 알아봅니다

성경에는 골로새 교회가 언제 누구에 의해서 세워졌는지는 구체적으로 언급하고 있지 않습니다. 그러나 〈골로새서〉와 〈빌레몬서〉의 내용을 볼 때 골로새 교회는 바울에게서 복음을 들은 에바브라가 세웠을 것으로 추정됩니다. 즉, 에바브라는 바울이 에베소의 두란노 서원에서 3년 동안 사역할 때 그곳에서 빌레몬, 아킵보와 함께 바울의 복음을 들었는데, 그 후에 고향으로 돌아가 빌레몬과 함께 교회를 세웠던 것으로 보입니다. 골로새 교회는 주로 개종한 이방인들로 구성되어 있어 여러 사상들로 인한 많은 문제를 야기할 위험이 있었습니다. 바울은 자신이 세우지도 않고 가본 적도 없는 교회에 서신을 썼는데 그것이 〈로마서〉와 〈골로새서〉입니다. 그러나 로마는 이후에 가게 됩니다. 빌레몬은 장로로서 자신의 집을 오픈하여 교회로 제공하였습니다. 그리고 에바브라는 골로새 교회의 교사이고 아킵보는 골로새 교회의 목회자입니다. 그리고 오네시모는 빌레몬의 종이었는데 탈출해서 바울과 로마 감옥에서 만났던 자입니다. 〈빌레몬서〉는 오네시모를 빌레몬에게 다시 돌려보내면서 그를 용서해달라고 기록한 서신입니다. 아마도 성경 중 가장 그리스도 중심적인 책으로, 그리스도 신성의 탁월성과 그분이 베푸신 구원의 완전성을 강조했습니다. 바울은 〈에베소서〉, 〈빌립보서〉, 〈빌레몬서〉처럼 이 편지를 로마 감옥에서 썼으며 기록 연대는 A.D. 60년 혹은 61년으로 보고 있습니다. 골로새 교회의 위치는 요한계시록 1~3장까지 기록된 아시아의 일곱 교회가 위치한 에베소에서 동쪽으로 약 160km 떨어진 곳으로, 바울이 3차 전도여행 때 에베소에서 사역하던 무렵에 세워졌을 것입니다. 그 후에는 에바브라가 이 교회에서 전도와 교육을 담당했습니다.

바울은 에바브라에게서 골로새 교회를 위협하고 있는 거짓 교사에 대한 소식을 듣습니다. 이단들의 거짓 가르침에 빠질 위험에 처해 있는 골로새 교회로 하여금 그리스도만이 유일한 절대적인 구주시요, 그분만이 하나님과 사람 사이의 중보자이심을 확실하게 믿도록 하며 이단들의 가르침을 물리치고 견고한 신앙을 가지며 성결한 생활을 하게 하였습니다. 에베소와 마찬가지로 골로새도 순수한 기독교가 유대주의 또는 헬라 철학과 혼합할 위험이 있었습니다. 당시에 골로새 교회를 흔들었던 가장 큰 이단은 혼합주의 이단 사상이었습니다. 이것은 원시 영지주의의 초창기 모습으로 보입니다. 기독교를 헬라 철학과 혼합시키며 그리스도만으로 충분하지 않다고 가르쳤습니다. 〈골로새서〉의 주제는 한마디로 표현하면 '모든 것의 모든 것이 되시는 그리스도의 탁월하심'입니다. 그리스도의 우월성과 탁월성을 통해 그리스도 한 분만으로 충분한 존재라는 것을 기록한 책이 〈골로새서〉입니다.

초점	예수 그리스도의 우월성			예수 그리스도께 복종		
구절	1:1———1:15———2:4		———3:1———3:5———4:7———4:18			
구분	성도를 향한 인사와 감사	그리스도의 탁월성	그리스도 안에 있는 자유	성도의 새 생활	신자의 실천	교제와 인사
주제	창조와 화해의 중재자이신 그리스도		거짓 가르침에 대한 경고	그리스도인의 생활 원칙		성도의 기도생활 맺는 말
	교리적			실천적		

🍃 신약 숲으로_성경의 중심내용을 알아봅니다

만물의 으뜸이신 그리스도와 거짓 가르침에 대한 경고

그리스도는 모든 만물의 창조주로서 모든 만물이 그리스도로 말미암고 그리스도로 통하여 그리스도를 위해 창조되었으며(골 1:16~17), 또한 그리스도는 교회의 머리로서(골 1:18) 그리스도 안에는 하나님의 모든 충만함이 거하고(골 1:19), 그리스도를 통하여 하나님과 화목해질 수 있으며(골 1:20~22), 그리스도는 영광의 소망으로서 성도 안에 거하심을 강조하고 있습니다. 또한 바울은 강력하게 당시 이단 사상인 '철학'(골 2:1~10), '율법주의'(골 2:11~17), '신비주의'(골 2:18, 19), '금욕주의'(골 2:20~23)에 대하여 배격하고 있습니다.

그리스도인의 생활 원칙

바울은 항상 교리를 설명하고 마지막에 구원받은 자의 마땅한 행실, 즉 성도의 생활 원칙을 강조했습니다. 첫째, 위의 것을 생각하고 땅의 것을 생각지 않는 자가 성도입니다(골 3:1~4). 둘째, 옛사람 옛 구습을 벗어버리고 새사람을 입는 것입니다(골 3:5~17). 과거의 악습, 온전치 못한 습관들을 끊어버리고 주의 의의 옷을 입으라는 겁니다. 이제는 신분이 달라졌어요. 우리는 땅에 속한 사람이 아니라 하늘에 속한 하늘의 자녀입니다. 그렇기 때문에 구별된 삶을 살아야 합니다. 셋째, 그리스도인의 가정 안에서도 위계질서가 있어요(골 3:18~21). 아내에게, 남편에게, 자녀에게 서로서로 가정 안에서 질서와 관계를 가르칩니다. 넷째, 종과 주인의 관계가 어때야 하는지를 가르칩니다(골 3:22~4:1). 다섯째, 성도는 계속해서 기도하며 세월을 아끼라(골 4:2~6)고 가르칩니다. 하루하루, 한 시간, 일분일초를 그리스도의 피처럼 생각하고 하나님 앞에서 세월을 아껴야 합니다.

서로 용납하라

🍃 뿌리내리기 _성경의 전체를 알아봅니다

〈빌레몬서〉는 바울이 골로새 교회의 성도인 빌레몬에게 보낸 개인서신입니다. 빌레몬은 바울이 에베소의 두란노 서원에서 전도할 때 에바브라, 아킵보와 함께 회심한 것으로 추정됩니다. 그는 성도들에게 친절했으며, 그의 집을 예배 장소로 제공할 정도로 부유한 사람이었습니다. 대부분의 학자는 압비아가 빌레몬의 아내였으며, 아킵보는 그의 아들이라고 보고 있습니다. 아킵보가 교회에서 봉사 직분을 맡을 성숙한 나이였으므로, 빌레몬의 나이가 적지 않았을 것입니다. 바울이 자신을 '나이 많은 나 바울'이라고 표현한 것은 빌레몬의 나이를 의식했기 때문이었던 것 같습니다. 〈빌레몬서〉에서 바울이 중재하고 있는 오네시모는 빌레몬의 노예로서, 빌레몬의 재산을 훔쳐 도망을 쳤습니다. 그러나 오네시모는 로마에서 바울을 만나 회심하고 그를 돕는 자로서 바울에게 없어서는 안 될 중요한 동역자가 됩니다.

바울의 서신들 중 가장 짧지만(25절), 개인적인 내용을 담고 있어 바울의 개인적인 성품을 잘 보여줍니다. 바울은 먼저 빌레몬의 믿음과 선행을 칭찬

🍃 열매 맺기

빌레몬

그는 부유한 사람이었던 것 같다. 아마도 그는 골로새에 있는 자신의 집에서 교회를 시작했던 것 같다. 그는 바울이 에베소에서 말씀을 전했을 때 개종한 유대인이었을 것이다. 초대교회의 전승에 의하면, 빌레몬은 골로새 교회의 감독으로 있다가 네로 황제의 대박해 당시 순교하였다고 한다.

하면서 이제 그리스도 안에서 같은 믿음의 형제가 된 오네시모에 대한 용서를 공손하게 요청하였습니다. 여기에서 가혹한 결말이 예고됐던 한 사람(오네시모)을 위해 대신 용서를 구하는 바울의 모습은, 그리스도의 희생적 사랑을 받은 우리 역시 이웃에게 용서와 사랑을 실천해야 한다는 것을 보여주고 있습니다.

본서의 기록 연대를 A.D. 60년 혹은 61년으로 보며, 〈골로새서〉와 같은 시기인 바울의 로마 1차 투옥 기간에 빌레몬에게 급히 발송된 것으로 알려져 있습니다.

🍃 숲 길잡이 _성경의 전체를 표로 알아봅니다

초점	빌레몬의 믿음과 사랑	오네시모를 위한 간청	바울의 확신
구절	1 —————— 8	—————————— 15	—————— 25
구분	빌레몬에게 감사	오네시모를 위한 중재	끝 인사
주제	빌레몬의 성품을 칭찬함	오네시모를 위한 바울의 간청	바울의 약속과 확신

🍃 신약 숲으로 _성경의 중심내용을 알아봅니다

그리스도의 사랑이 담긴 바울의 간증

당시 로마법에 의하면 주인에게서 달아난 종은 사형에 처하도록 되어 있었습니다. 바울은 오네시모를 곁에 두고 싶었으나 주인의 허락 없이는 그럴 수 없었습니다. 오네시모도 언제 주인 빌레몬에게 잡힐지 모르는 도망자 신세로는 바울 곁에서 마음 놓고 하나님의 일을 할 수 없었습니다.

뿐만 아니라 주인의 허락 없이는 남의 노예를 데리고 있어서도 안 되며,

로마 당국의 허락 없이는 노예를 짐승 이상으로 인격적 대우하는 것도 금하고 있었기에 자칫 바울이 해를 당할 수도 있었습니다.

이에 바울은 모든 일을 원만히 해결하고자 이 서신을 기록하여 주며 두기고와 함께 오네시모를 그의 주인 빌레몬이 있는 골로새로 돌려보냈습니다. 빌레몬에게 보내는 바울의 편지는, 예수 그리스도 안에 있는 은혜의 능력과 신자들을 묶는 그리스도인의 사랑에 대한 하나의 간증이었습니다.

교회를 어떻게 섬길 것인가?

🌿 뿌리내리기 _성경의 전체를 알아봅니다

  디모데는 루스드라 출신으로 어머니는 유대인이지만 아버지는 헬라인이었습니다. 바울의 1차 전도여행 때 회심했고, 2차 전도여행 때부터 합류하여 바울의 동역자요, 믿음의 아들로 불렸습니다. 바울은 선교지에 세운 개척교회들에 자주 디모데를 파송했습니다(데살로니가, 고린도, 빌립보) 그리고 디모데는 다수의 바울서신에서 공동 발신인으로 언급되었습니다. 4차 전도여행 중 바울은 에베소를 떠나면서 디모데를 그곳에 남겨 교회를 재조직하게 했습니다. 분명히 바울은 디모데를 다시 만날 계획을 가지고 있었으나 만나지 못하여 후에 서신으로 에베소 교회가 직면하고 있던 여러 현안들에 대한 목회 지침을 주고자 써보낸 것이 바로 〈디모데전서〉입니다.

  에베소 교회는 2차 전도여행 때 바울이 세웠고, 고린도에서 만났던 로마에서 온 브리스길라와 아굴라 부부를 에베소에 남겨놓았지요. 그리고 3차 전도여행 때 이곳에서 3년을 지내며 교회를 든든히 하였습니다. 기억나시죠? 이후 에베소 교회의 브리스길라와 아굴라 부부는 자신들의 본래 삶

🌿 열매 맺기

에베소

에베소는 이집트의 알렉산드리아와 시리아의 안디옥과 더불어 지중해 연안의 항구 도시로서 중요한 전략적 도시였다. 에베소는 소아시아(오늘날의 터키)의 서북단에 위치하며 에게 해에서 가장 중요한 항구로서 로마에서 동양을 잇는 주요 통로였다.

의 터전이었던 로마로 돌아간 것으로 보입니다. 그때는 새로운 황제가 등극하여 글라우디오 황제의 추방령이 효력을 상실했기 때문입니다. 브리스길라와 아굴라 부부는 에베소에서와 마찬가지로 로마에서도 자신들의 집을 교회로 제공한 것을 알 수 있습니다. 로마서 16장 3절에 보면, 바울은 〈로마서〉에서 그 교회에도 문안을 보내고 있습니다. 바울은 디모데에게 두 개의 서신을 쓰며 어리고 유약한 그가 강력한 교회의 지도자가 되기를 바랐습니다. 그래서 바울은 디모데에게 나이가 어리다고 위축되지 말고 하나님께서 주신 권위로 사역하며 당당하게 이단 사상들, 거짓 교리들과 맞서 싸우라고 격려합니다.

> 아무도, 그대가 젊다고 해서, 그대를 업신여기지 못하게 하십시오. 도리어 그대는, 말과 행실과 사랑과 믿음과 순결에 있어서, 믿는 이들의 본이 되십시오(딤전 4:12, 새번역).

〈디모데전서〉는 한 개인에게 보낸 편지만 내용은 분명히 사사로운 개인에게 보낸 것이 아니라 목회자, 곧 교회의 책임자에게 보낸 것이기에 〈디모데전후서〉는 〈디도서〉와 함께 목회서신으로 불립니다. 디모데는 도미니티안 황제 박해 때 순교했습니다.

바울이 로마에서 2년간 연금 상태에 있은 후, A.D. 62년에 잠시 풀려나서 아마도 곧바로 서바나(스페인)를 포함하여 마케도니아와 소아시아 지역에서 4년을 사역하고 다시 체포되어 투옥된 것 같습니다(A.D. 67년). 바울은 마케도니아와 소아시아 지역의 교회들을 돌아보며 교회를 굳게 하던 중 그레데에 디도를 목회자로 세웠고(딛 1:5) 에베소에서 자신은 마케도니아로 떠나며 디모데를 에베소 교회의 목회자로 세워 교회를 재조직하게 했습니다(딤전 1:3).

📎 열매 맺기

유대인 로마 추방령

A.D. 49년경 글라우디오 황제 집권 당시 로마에 거주한 유대인들은 약 5만 명에 달했다. 로마의 유대인 사회 내에서 전통 유대교인들과 기독교로 개종한 유대인들이 두 파로 갈라져 계속해서 폭동을 일으킬 정도로 이들의 소요가 공공질서를 위태롭게 했다. 로마령이었던 애굽에서는 심했고 로마에서도 빈번했다. 처음에는 로마가 자체적으로 규제하려고 애썼으나 결국 글라우디오 황제는 나사렛 칙령을 발표하고 두 부류 유대인 모두 로마에서 떠나라고 명령했다. 1878년 나사렛에서 발견된 돌판에 글라우디오 황제의 칙령이 실려 있는데, "가이사 황제의 칙령이라, 예수를 믿다가 죽은 사람들의 시체가 들어 있는 무덤은 절대로 파손하거나 훼파하지 못할지니라. 무덤을 고의적으로 훼파한 자는 사형에 처한다." A.D. 49년의 폭동으로 예수의 부활 사건을 황제로 듣고, 부활한 예수의 재림이 두려워 이런 나사렛 포고령을 내렸다고 한다. 유대인인 아굴라와 로마인이었지만 남편을 따라나선 것으로 보이는 브리스길라가 이때 로마에서 추방되어 고린도로 가게 됐다.

📎 열매 맺기

목회서신

목회서신의 기록을 정확하게 아는 것은 쉽지 않다. 그러나 일반적으로 학자들은 A.D. 약 64년경 마케도니아(아마도 빌립보) 혹은 로마로 보고 있다.

분명히 바울은 후에 디모데를 만날 계획을 세웠으나 만나지 못하고 마케
도니아 지역(빌립보)에서 디모데에게 애틋한 서신(디모데전서)을 쓴 것으로
보고 있습니다.

바울의 마음이 이렇게 드러납니다. "내가 너를 떨어뜨려 놓고 마음이 많
이 불안하다. 너는 어리고 거짓 교사들은 강력하기에…."

열매 맺기

〈디모데전서〉의 주제

바울이 디모데에게 준 목회
지침이며 교회 지도자들의
신앙 자세에 대해서 쓴 편지
이다.

숲 길잡이 _성경의 전체를 표로 알아봅니다

초점	교회 안의 바른 질서(목회적 지침)				
구절	1:1———2:1——————4:1—————5:1————6:1———6:21				
구분	거짓 교리의 문제	공적예배와 지도력	참된 교리를 지킬 것	과부와 장로를 대하는 법	목회 동기
주제	경고	예배	지혜	과부들	부
	거짓 교리의 위험	예배에 대한 교훈	감독, 집사의 자격	이웃에 대한 의무	만족할 줄 아는 경건

〈디모데전서〉는 신학 문제보다 윤리적이고 도덕적인 문제를 많이 다루
고 있습니다. 당시 영지주의가 교회에 들어와 사상적인 동요를 일으키고 있
었으므로 이단의 거짓된 교리를 배격하고 참된 신앙을 보호하기 위해서는
거짓 선생들에 대해 경고하고 자질 있는 교회 직분자(장로, 집사)를 선택하
는 기준을 설명하고, 예배의 지침을 제시하며 마지막으로 경건하게 신앙생
활을 하는 성도의 자세를 알려주고 있습니다(딤전 3:1~13, 4:6~16).

에베소 교회 내의 거짓 가르침과 교사들

디모데와 에베소 교회에 주어진 첫 번째 도전은, 교회에 침투한 거짓 교리나 거짓 선생들과 싸우라는 것입니다. 당시 영지주의와 거짓 교사들이 교회에 들어와 사상적인 동요를 일으키고 잘못된 것들을 가르치고 있었으므로 바울은 강력하게 디모데에게 그 이단의 거짓 교사와 교리를 배격하라고 권면합니다. 이단과 맞서기 위한 가장 강력한 무기는 건전한 교리입니다 (딤전 1:10, 4:16, 6:3). 그래서 바울은 진리를 고수하고 교회 내에 바른 예배가 드려지며 참된 교리를 지킬 수 있는 교회의 직분자들을 바로 세우라고 강력하게 말합니다.

거짓 교사가 교회에 들어오면 교회는 한순간에 깨집니다. 우리가 말씀에 기초해서 바로 서지 않으면 온갖 거짓 교리에 흔들리기 쉽습니다. 가슴만 뜨겁고 머리가 비어 있으면 금방 넘어갑니다. 내가 믿는 대상이 누구인지, 무엇을 구체적으로 믿어야 하는지, 또 그분이 날 위해서 무엇을 어떤 일을 행하셨는지, 그리고 내가 왜 그분을 예배해야 하는지, 나는 그분을 위해서 어떻게 살아야 하는지에 대해 말씀에 기초해서 자신의 정체성(identity)을 발견해야 합니다. 이런 고민 없이 감정 위에 내 신앙이 있으면 흔들립니다. 한순간에 넘어집니다.

그렇기 때문에 바른 말씀 위에 서는 것이 너무나 중요합니다. 말씀을 자신의 사역과 목적을 위해 왜곡하는 거짓 지도자들을 분별해서 피해야 합니다. 우리 안에 가만히 들어와서 자신의 목적과 사리사욕을 위해 말씀을 사용해서 우리의 마음을 뺏는 사람이 있습니다. 그런 사람을 분별할 수 있어야 합니다.

🍃 **열매 맺기**

이단의 성격

본문에는 정확히 드러나지는 않지만 바울은 족보에 대한 집착(1:4), 율법주의(4:3), 논쟁에 대한 불건전한 관심(6:4) 그리고 사리사욕과 금전적 이득을 얻기 위한 가르침(6:5)이라고 언급하고 있다.

이는 우리가 이제부터 어린 아이가 되지 아니하여 사람의 속임수와 간사한 유혹에 빠져 온갖 교훈의 풍조에 밀려 요동하지 않게 하려 함이라(엡 4:14).

말씀을 모르고 신앙생활하다 보면 속임수에 빠질 수 있고, 간사한 유혹에 빠질 수 있고, 온갖 풍조에 밀려 요동할 수 있다는 것입니다. 신앙생활을 오래했고 나이는 어른이지만 영적으로 어린아이인 사람이 있습니다. 아무리 권사, 집사, 순장일지라도 말씀에 바로 서지 못하고, 말씀을 분별하지 못하면 위험하고 심각한 일입니다.

여러분, 혹시 거짓된 교리와 거짓된 가르침이 오면 분별력 있게 대처합니까? 하나님의 말씀을 얼마나 잘 알고 계십니까? 성경을 읽고, 연구하고, 적용하고, 배우는 학생으로 사십시오. 계속해서 적용하십시오. 그래야지만 가정과 공동체와 교회를 거짓된 교사로부터 지킬 수 있습니다. 말씀의 분별력을 갖는 것은 나뿐만 아니라 내 공동체와 우리 교회를 지키는 힘입니다.

신앙생활을 하면서 건강한 교회를 만나고 좋은 목회자를 만나는 것은 참으로 축복입니다. 말씀 안에서 내가 지킴을 받고 내 가정이 건강하게 유지된다는 것은 복입니다. 사도 바울이 그렇게 목숨 바쳐서 싸웠던 대상이 거짓 교사입니다. 그가 돌아서면 거짓 교사들이 벌 떼처럼 모여들기 시작합니다. 그는 거짓 교사들이 들개처럼 모여들기 시작해서 한 영혼 한 영혼을 파먹는 그 현실이 참으로 안타까웠습니다.

디도서

바른 교훈에 합당한 것을 말하라

🍃 뿌리내리기 _성경의 전체를 알아봅니다

그레데는 지중해 상에서 네 번째로 큰 섬으로, 소아시아와 유럽을 연결하는 요충지였습니다. 그레데는 로마에 정복당하기 전에는 자치 정부를 가진 독립국가였기에 그레데인들은 로마인들에 대한 강한 적대감을 가지고 있었을 뿐만 아니라 로마의 지배에 대항하여 자주 폭동을 일으켰습니다. 이곳은 유대주의의 영향을 받아 할례와 같은 형식적인 구약 율법 준수를 구원의 필수 조건으로 내세우는 유대주의적 이단으로 인해 그리스도의 복음이 상당히 왜곡되어 있었습니다. 뿐만 아니라 도덕적으로 타락한 헬라 문화의 영향으로 불신자인 그레데인들은 물론이고 심지어 그레데 교회 성도들 중에도 나태와 방종에 빠진 사람들이 상당수였습니다.

바울은 4차 전도여행 중 그레데에 들렀다가 그레데 교회의 심각한 문제점들을 인지하고 디도를 그곳에 남겨두어(딛 1:5) 교회 조직과 질서를 바로잡도록 조치하였습니다. 그런 뒤 바울은 열악한 마케도니아 지역에서 목회하는 디도를 격려하며 거짓 교사들을 척결하고 교회 질서를 바로 세우기

🍃 열매 맺기

그레데 섬

구약에서는 갑돌(Caphtor)로 불렸는데 호전적이고 거친 블레셋 사람들의 본거지였다(렘 47:4; 암 9:7). 신약에는 블레셋인이 등장하지 않지만, 그 섬에는 블레셋인의 기질이 상당 부분 남아 있어 매우 거칠었던 것 같다. 또 그들이 상대하는 사람들은 해적들과 뱃사람들이었다. "그레데인 중의 어떤 선지자가 말하되 그레데인들은 항상 거짓말쟁이며 악한 짐승이며 배만 위하는 게으름뱅이라"(딛 1:12)고 기록했고, 헬라인들은 거짓말하는 것을 '그레데식으로 한다'고 표현했다.

위한 목회 지침을 주고자 본서를 기록하였습니다. 그 외에 성도들에게 바른 교회생활 지침을 제시해야 하는 교회 지도자의 책임과 역할을 고취토록 하기 위한 목적도 가지고 있었습니다.

〈디도서〉의 기록 연대는 A.D. 66년경 바울이 마케도니아(딛 3:12, 니고볼리 추정)에서 〈디모데전서〉와 비슷한 시기에 〈디도서〉를 기록한 것으로 추정합니다. 일반적으로 디모데에게 쓴 〈디모데전서〉와 내용이 비슷하여 〈디모데전서〉의 축소판이라고 말하나 〈디도서〉에는 디도를 향한 바울의 사적인 글이 담겨 있습니다. 또한 목회서신 중에서 가장 신학적입니다. 그래서 신학적이고 교리적인 용어들이 많이 등장합니다(영생, 구원, 속죄, 중생, 칭의 등). 거짓 교사에 대한 경고가 있고 교회 직분에 대한 언급이 있습니다.

🍃 숲 길잡이 _성경의 전체를 표로 알아봅니다

초점	장로 임명		질서 세우기	
구절	1:1———————1:10———	———2:1————	———3:1———	———3:15
구분	자격 있는 장로를 임명할 것	거짓 교사들을 책망함	건전한 교리를 설명함	선한 일을 계속할 것
주제	건전한 교리 방어		건전한 교리 실천	
	조직	방해꾼들	가르침	순종

짧은 서신임에도 불구하고 초두의 문안 인사가 매우 깁니다(딛 1:1~4). 진지한 인사 가운데는 교리적 교훈들이 있습니다. 이어 장로를 세우는 데 있어서 도덕적 표준을 세우라고 권합니다(딛 1:5~9). 장로의 기능 중의 하나가 거짓 교사의 횡포를 막는 일인데(딛 1:10~16), 지도자의 경건한 생활이 곧 권위가 되기 때문입니다. 또한 교회의 여러 그룹들, 늙은 남자(딛 2:1~2), 늙은 여자(딛 2:3~5), 젊은 남자(딛 2:6~8) 및 종(딛 2:9~10)들에게도 각각 바

른 생활을 해야 한다고 강조합니다. 그리스도인은 구속의 은혜를 생각하면서 도덕적으로 고상한 생활에 힘쓰는 사람이 되어야 하기 때문입니다(딛 2:11~15). 사회에 대해서 집권자들을 존경할 것과 선한 일을 행함으로써 선한 국민이 되라는(딛 3:1~11) 권고를 하고 무익한 말씨름을 피하라 경고한 다음 몇 가지 사사로운 말을 하고 서신을 마칩니다.

🍃 신약 숲으로 _성경의 중심내용을 알아봅니다

화통한 조율사, 디도

바울에게는 왼손과 오른손 같은 동역자 디도와 디모데가 있었습니다. 이 두 사람은 모두 이방인으로서, 그리스도인이 되었지만 성격과 일을 처리하는 방법이 너무도 달랐습니다. 디도는 아주 활달한 성격이어서 꽤 어려운 지역에 보내고 어려운 일을 맡겨도 시원시원하게 일처리를 하는 사람이었습니다. 그는 두 번씩이나 시끄러운 고린도 교회에 파송되어 분쟁해결사 역할을 감당했습니다. 디모데는 유순하고 온유하여 섬세하게 살피면서 눈물과 애정을 가지고 보살피며 사역했다면, 반면에 디도는 과감하게 자를 것은 자르고 처리할 것은 처리하며 사역했습니다.

그레데 섬은 매우 거친 뱃사람들이 사는 섬으로 교회의 성도들도 품행이 바르지 못했기에 질서 확립을 위해 바울은 디도가 적임자라고 생각했던 것 같습니다. 만약 디모데에게 그레데 교회를 맡겼다면 거친 그들에게 시달려 그의 위장병은 더욱 심해졌을 것입니다. 10년이 넘게 바울은 충성스러운 동역자인 디도에게 많이 의지했습니다. 교회에는 디모데와 같은 사역자도 필요하고 디도와 같은 사역자도 필요합니다. 디도는 그레데 교회에서 건전한 교리의 보호를 가르치고(딛 1:1~16), 올바른 교리를 전파하며(딛 2:1~15),

올바른 교리의 실천을 권면(딛 3:1~15)해야 했습니다.

지도자의 인격

바울은 젊은 디도에게 권면합니다.

> 너는 이것을 말하고 권면하며 모든 권위로 책망하여 누구에게서든지 업
> 신여김을 받지 말라(딛 2:15).

지도자의 덕목 중 하나는 '권면과 책망'의 균형입니다. 침묵해야 할 때 경솔하게 말하지 말고, 분명히 말해야 할 때 비굴하게 침묵하지 말라는 것입니다. 격려만 한다면 비겁한 삶입니다. 갈등의 냄비 속에 떠오르는 진실을 피하고, 힘든 일은 하지 않으려는 비겁함이 있습니다. 그러나 반대로 책망만 한다면 무책임한 삶입니다. 책망만으로 사람이 변화되지 않기에 격려 없는 책망은 무책임한 파괴에 불과합니다. 그러므로 진정한 권위자는 격려와 책망의 황금 비율을 찾아 행하는 사람입니다.

잘하고 있는 사람일수록 격려가 필요합니다. 그를 격려하지 않으면 도태되고 무너질 가능성이 있습니다. 그리고 격려는 잘못한 일이 있을 때 더욱 필요합니다. 사고 치고 문제가 생겼을 때, 그때가 가장 격려가 필요할 때입니다. 격려는 큰 잘못에 필요하다면, 책망은 작아 보이고 사소해 보이는 습관적인 거짓말과 지속적인 중독에 필요한 것입니다. 죄에 안주하고 게을러지기 시작할 때 필요한 것이 책망입니다. 문제는 격려해야 할 자리에 책망하고 책망해야 할 자리에 격려하는 것입니다. 교회의 직분자가 아름다운 자리매김을 하기 위해서는 이런 참된 권위를 소유해야 합니다.

디모데후서

경건치 않은 세상 속에서 제자로 살기

🌿 뿌리내리기_성경의 전체를 알아봅니다

바울은 2차로 투옥된 후 자신이 곧 처형될 것임을 알고 있었습니다. 그것을 알고 어둠 속에서 디모데에게 쓴 편지가 〈디모데후서〉입니다. 바울이 로마에서 2차 수감될 때는 1차 수감 때와 달랐습니다. 1차 수감 때는 로마 시민권자로서 재판을 기다리고 있었기 때문에 나름 자유로웠습니다. 그러나 2차 수감 때는 밤인지 낮인지 모르는 칠흑 같은 마메르틴 지하 감옥 독방에 있었습니다. 아주 습하고 추웠습니다(지금도 성지순례를 가면 둘러볼 수 있다고 합니다). 어둠 속에 '철컹' 하고 쇠문이 열리면 그는 처형당하는 것이었습니다. 〈디모데후서〉는 바울의 마지막 서신으로, 비망록과 같고 죽음을 예견하고 쓴 바울의 유서로 보기도 합니다.

〈디모데전서〉를 기록할 때는 염려했던 상황이 매우 현실적으로 다가와 있어 위기감마저 느끼게 했습니다. A.D. 64년 로마의 대화재로 인해 시작된 기독교 박해가 처음에는 로마를 중심으로만 시행되다가 점차 로마 제국 전역에서 산발적으로 시행되기 시작했기 때문입니다. 로마 제국의 핍박은 교

🍂 열매 맺기

로마 제국의 핍박

당대를 살았던 고대 로마의 역사가 타키투스(P.C Tacitus, 56~117년)는 그 당시를 이렇게 기록하고 있다. "그들을 죽이는 일은 오락이 되었다. 그들에게 짐승의 가죽을 덮어씌워 개들이 찢어죽이게 했고, 햇불처럼 밤을 밝히기 위해 그들을 십자가 위에 태우기도 했다. 네로는 자신의 정원을 개방하여 이러한 광경을 연출했고, 전차경주의 복장을 하고 군중과 어울리면서 서커스를 열고 마차에 올라타 다니기도 했다. 이 때문에 기독교인에 대한 연민의 정이 일어나기 시작했다. 이들은 공공의 선을 위해서가 아니라 한 인간의 잔인성을 만족시키기 위해 희생되고 있었다."

회 내부의 많은 이탈자를 발생시켰습니다.

바울은 순교를 앞두고 인생의 마지막 고독한 순간에 에베소에 있던 아들과 같은 디모데에게 A.D. 66년 가을에 편지(디모데후서)를 보내면서 자기에게 오라고 합니다(딤후 4:9). 〈디모데후서〉를 쓸 때는 모두 바울 곁을 떠나고 누가만 함께 있었습니다(딤후 4:9~11). 그는 마지막까지 디모데에게 영적 아비로서의 모범을 보이며, 사명자로서의 자세를 잃지 않았습니다. 당시 역경 중에 처해 있던 에베소 교회의 목회자 디모데를 격려하면서, 밖으로는 핍박에 굴하지 말며 안으로는 이단을 경계함으로 복음의 진리와 교회를 수호하라고 교훈하기 위해 본 서신을 기록했습니다. 이 서신서의 기록 연대가 명확히 나타나 있지는 않지만 약 A.D. 66~67년이 대부분의 학자에게 받아들여지고 있고, 전설에 따르면 바울은 로마 서부의 오스티안웨이에서 A.D. 68년쯤에 참수된 것으로 보기도 하며 또한 그가 마지막으로 투옥되었던 마메르틴 감옥 앞 대로변에서 목이 잘려 참수되었다는 설도 있습니다.

🍃 숲 길잡이 _성경의 전체를 표로 알아봅니다

초점	현재의 시험을 인내하라		미래의 시험을 견뎌라		
구절	1:1————————2:1	————————3:1	————————4:1	————4:6	————4:22
구분	디모데의 믿음에 대한 칭찬	예수 그리스도에게 인정받는 일꾼	말세의 징조	복음 전파 당부	바울의 죽음이 다가옴. 바울의 개인적 부탁
주제	복음의 소명	복음의 인내	복음을 사수	복음의 선포	
장소	로마 감옥(바울의 2차 수감)				

〈디모데전서〉나 〈디도서〉와 비슷한 구조를 가지고 있습니다. 하나님 말씀의 토대 위에 복음의 능력과 사역자의 인내, 또 복음의 수호와 선포에 초

점을 맞추었습니다. 주제에 따라 크게 네 부분으로 나눌 수 있는데 첫째, 복음의 능력 가운데 굳게 서서 반대 세력을 극복하라고 권면합니다. 복음의 능력 가운데 굳게 선 자로 오네시보로의 용기와 열심을 예로 듭니다. 둘째, 자신의 경험을 본받아 사역자로서 인내하며 군사, 운동선수, 농부처럼 자신을 훈련하라고 권면합니다. 셋째, 하나님의 말씀인 성경을 힘입어 악성종양처럼 퍼지는 부도덕과 거짓 교훈을 대적하라고 가르칩니다. 넷째, 바울은 박해가 더욱 심해질 것을 예견하였습니다. 그러므로 자신의 경험을 상기시키며 어떠한 대적의 위협에도 굳게 서서 복음을 선포할 것을 강조합니다. 이후 자신의 신변을 위한 몇 가지 요청을 하는 것으로 서신을 마칩니다.

🍃 신약 숲으로 _성경의 중심내용을 알아봅니다

바울의 비망록

〈디모데후서〉는 바울의 개인적인 목회서신으로 바울의 비망록(備忘錄)이 소개되어 있습니다.

> 너는 어서 속히 내게로 오라 데마는 이 세상을 사랑하여 나를 버리고 데살로니가로 갔고 그레스게는 갈라디아로, 디도는 달마디아로 갔고 누가만 나와 함께 있느니라 네가 올 때에 마가를 데리고 오라 그가 나의 일에 유익하니라(딤후 4:9~11).

> 아시아에 있는 모든 사람이 나를 버린 이 일을 네가 아나니 그 중에는 부겔로와 허모게네도 있느니라(딤후 1:15).

그는 "모든 사람"이라는 말을 사용하며 아시아의 모든 교회가 다 자신을 버렸다고 생각한 것 같습니다. '내가 지금까지 뭐하고 살았나?' 하며 허탈해했습니다. 바울은 평생을 살면서 복음 붙들고 전하면서 살아왔는데 이런 것들이 뒤집어지고 변한 것이 너무나도 괴로웠습니다. 그러나 그는 절망하지 않았습니다. 자신의 부르심에 대한 사역을 디모데가 계속해서 수용해주기를 원합니다. 그러면서 복음의 바통을 디모데에게 전해줍니다. 그리고 "나는 이렇게 살아서 실패했으니까, 넌 적어도 이렇게 살지 마라. 난 속았다"라고 말하지 않고, "모든 사람이 복음을 버리고, 교회를 버리고, 나를 버렸다 할지라도, 너는 복음을 가지고 부르심에 대한 소명을 감당하라"고 디모데를 격려합니다. 그래서 서신에는 승리의 어조와 비장한 각오가 실려 있습니다.

전제와 같이 내가 벌써 부어지고 나의 떠날 시각이 가까웠도다 나는 선한 싸움을 싸우고 나의 달려갈 길을 마치고 믿음을 지켰으니 이제 후로는 나를 위하여 의의 면류관이 예비되었으므로 주 곧 의로우신 재판장이 그날에 내게 주실 것이며 내게만 아니라 주의 나타나심을 사모하는 모든 자에게도니라(딤후 4:6~8).

믿음의 삶에서 흘러나오는, 주님에 대한 깊은 헌신과 사명이 배어 있는 고백입니다. 우리의 죽음 앞에 내 자녀들과 나를 아는 사람들이 나를 어떻게 평가하기를 바랍니까? 제가 아는 어느 가정은 고인께서 유언을 남기지 않고 돌아가셔서 자녀들이 재산 싸움 하느라 법정에 불려다니는 것을 보았습니다. 저희 아버지는 50세에 목회를 시작하셔서 70세에 은퇴하시고 74세에 돌아가셨습니다. 이미 목회자가 된 우리 4명의 아들들은 입관식 때 마지막으로 뵙는 아버지의 얼굴을 물수건으로 닦으면서 "아버지는 승리자셨습니다. 평생 아버지의 교훈이셨던 '하나님 앞에서 성실하고 사람 앞에 진실하라'는 그 말씀을 잊지 않겠습니다"라고 고백했던 때가 기억납니다. 여러분, 마지막 날 우리 자녀들로부터 "아버지, 어머니는 믿음의 승리자이십니다"라는 고백을 듣기를 바랍니다.

베드로전서

예수 그리스도 안에서 나는 누구인가?

🌿 뿌리내리기 _성경의 전체를 알아봅니다

〈베드로전서〉는 믿음으로 인해 박해당하는 그리스도인들에게 보낸 것입니다. 베드로는 천국의 상속권을 상기시키며 그들을 위로하고 하나님의 뜻에 순종하는 삶을 살도록 권면했습니다. 편지의 내용을 볼 때 이미 로마 제국 내에서 그리스도인들에 대한 적개심과 의혹은 고조되어 있었으며, 그리스도인들은 그들과 다른 생활방식 때문에 비난과 모욕을 당했습니다. 아직까지는 기독교가 금지령을 받지 않았으나 가까운 시기에 곧 혹독한 박해의 순교가 일어날 분위기가 느껴지고 있었습니다. 박해가 곧 오게 될 텐데 끝까지 견뎌 승리하라, 경계하고 권면하고 이기라고 부탁한 서신이 〈베드로전서〉입니다.

저자로는 사도 베드로(베드로의 말을 받아 실라가 썼다, 벧전 5:12)이며 예수님의 공생애 초기부터 로마 황제 네로 통치 시기인 A.D. 27~68년까지 40년간 활약했습니다. 베드로의 생애는 예수님의 부활 이후 극적으로 변화되었으며, 초대교회와 사마리아와 이방인들에게 복음을 전하는 일에(행 2~10

장) 중심적인 역할을 감당했습니다. 사도행전 12장 7절에 보면, 베드로가 '다른 곳으로' 갔다고 기록하고 있는데 이후 〈사도행전〉에서는 기록이 남아 있지 않고 초대교회의 다양한 전승에 의해 베드로의 행적을 확인할 수 있습니다. 전승에 의하면 그는 분명히 그의 아내와 함께 넓은 지역을 여행하고(고전 9:5), 로마 제국 내의 다양한 지역에서 사역한 것으로 보입니다.

〈베드로전서〉의 기록 연대로는 A.D. 54~68년(네로 시절)경이었으며 바벨론에서 기록(벧전 5:13)된 것으로 보고 있습니다. 그렇다면 바벨론이 어디냐에 대한 두 가지 입장이 있습니다. 첫째, 바벨론이 구약 시대의 지명인 티그리스와 유프라테스에 있는 메소포타미아 지방을 말한다고 합니다. 동방 교회들의 전승은 그가 확실히 바벨론으로 갔다고 합니다. 당시 바벨론은 유대 이주민들의 커다란 중심지였기에, 그곳에 가서 복음을 전했으며 로마에서 체포되기 직전까지는 영국에서 복음을 전했다고 전해집니다. 둘째, 당시 로마를 상징적으로 '바벨론'이라 부른 것으로 볼 때, 바로 로마 교회를 말하는 것이라고 봅니다. 바울의 말년에 베드로도 로마에 함께 있었으므로(골 4:10; 몬 24) 로마에서 〈베드로전서〉를 기록했다고 보는 것이 자연스럽습니다. 아울러 계시문학 등에서는 상징적인 이름을 쓰는 것이 흔한 일이었으므로, 바벨론을 로마의 비유적인 칭호로 썼다고 보는 것이 옳습니다. 네로 황제의 박해로 인해 베드로가 순교했기에 저작 연대는 순교하기 직전인 약 A.D. 66년 즈음이라고 볼 수 있습니다.

〈베드로전서〉의 수신자와 기록 목적

"본도, 갈라디아, 갑바도기아, 아시아와 비두니아에 흩어진 나그네"(벧전 1:1) 곧 하나님의 택하신 자들에게 보낸 것입니다. "복음을 전하는 자들로 이제 너희에게 알린 것이요"(벧전 1:12)라는 언급을 볼 때 베드로가 직접 방문하지 않았을 것으로 보이며, 오늘날의 터키 북쪽 지역에 흩어져 있던 사람들, 이방인은 물론 이곳으로 이주해온 유대인들까지를 수신자로 볼 수 있습니다(벧전 1:14, 2:9~10, 4:3~4). '흩어진 나그네'란 표현은 옛 이스라엘처럼 전 세계에 흩어진 그리스도인들을 암시하는 것이지만, 일차적으로는 소아시아 다섯 지방에 흩어진 여러 교회들이었습니다.

베드로는 곧 대대적인 박해가 있을 것을 예언합니다. 성도들을 볼 때 성도들은 준비가 되어 있지 않았습니다. 아직 감지하지 못했어요. "사랑하는 자들아 너희를 연단하려고 오는 불 시험을 이상한 일 당하는 것같이 이상히 여기지 말고(벧전 4:12) 이제 곧 시련이 올 것인데 이 고난은 결국 너희들에게 영광을 안겨다주는 축복의 기회이기에 하나님의 참된 은혜 안에서 굳건히 서라"라고 격려합니다.

로마는 원래 종교에 대해 관대한 정책을 취했으나 네로 황제 때 로마 대화재 이후부터는 조직적으로 박해를 시작했고, 대박해는 밀라노 칙령(A.D. 313년)에 의해 박해가 중지될 때까지 지속되었습니다. 따라서 당시 생명이 위급한 처지에 있으며(벧전 3:14; 4:19), 악평을 받고 있던(벧전 2:12, 15) 신자들에게 베드로는 그리스도의 재림과 말세론(벧전 1:5, 4:7)을 전하며 더욱 믿음으로 설 것과 성도들의 내적 생활에서의 정결을 강조하며(벧전 1:15), 가정(벧전 3:1~7), 교회(벧전 5:1~6), 위정자(벧전 2:13)에 대한 태도 등을 지시하였습니다. 그래서 〈베드로전서〉를 박해 속에 사는 성도들의 고난과 윤리문제를 다루며, 소망의 서신이라 불리기도 합니다.

🍃 숲 길잡이 _성경의 전체를 표로 알아봅니다

서두(1:2~2)	소아시아에 흩어져 있는 성도
신자의 구원 (1:3~12)	1) 미래의 소망(1:3~4)
	2) 현재의 고난(1:5~9)
	3) 과거의 예언(1:10~12)

신자의 성화 (1:13~2:12)	1) 거룩해라(1:13~21).	
	2) 서로 사랑하라(1:22~25).	
	3) 말씀의 순전한 젖을 사모하라(2:1~3).	
	4) 영적 제사를 올려 드리라(2:4~10).	
	5) 육체의 정욕을 제어하라(2:11~12).	
신자의 순종 (2:13~3:12)	1) 정부에 순종하라(2:13~17).	
	2) 사업에서 순종하라(2:18~25).	
	3) 결혼에서 순종하라(3:1~8). −아내는 남편에게 순종하고 −남편은 아내를 귀히 여기라	
	4) 삶의 영역에서 순종하라(3:9~12).	
신자의 고난 (3:13~4:19)	1) 고난 중에 해야 할 행동(3:13~17).	
	2) 고난의 본을 보이신 그리스도(3:18~4:6).	
	3) 고난 중에 지켜야 할 명령(4:7~19).	
고난 가운데 있는 사역자(5:1~9)	1) 장로들은 양 떼들을 보살펴라(5:1~4).	
	2) 성도들은 스스로 겸비하라(5:5~9).	
축도	5:10~14	

베드로전서 1장 3~12절까지는 흩어진 성도들에게 미래의 소망과 현재의 고난을 이야기합니다. 신자로서의 마땅한 삶을 이야기합니다. '거룩해라(벧전 1:13~21), 서로 사랑하라(벧전 1:22~25), 말씀의 순전한 젖을 사모하라(벧전 2:1~3), 영적 제사를 올려드려라(벧전 2:4~10), 육체의 정욕을 제어하라(벧전 2:11~12)'가 박해 시대를 살아가는 성도들의 본질이라는 것입니다.

"갓난아기들같이 순전하고 신령한 젖을 사모하라. 이는 그로 말미암아 너희로 구원에 이르도록 자라게 하려 함이라"(벧전 2:2). 성도를 믿음 안에서 성숙케 하면서 자라게 하는 것은 말씀입니다. 믿음의 씨앗이 뿌려져 자라는 유일한 비결은 말씀을 사모하고, 말씀 듣기를 사모할 때 내 믿음이 성장합니다.

믿음이 성장한 사람은 다락방에서 성실합니다. 한 마디도 놓치지 않으려고 눈이 동그랗습니다. 신앙이 성장하기 위해서는 인내하면서, 예수님을 바라보면서, 말씀을 사모하면서 나아가야 합니다. 교회생활 오래했다고 믿음이 성장하지 않습니다. 직분이 높다고 믿음이 성장하지 않습니다. 믿음이 연약한 상태에서 소위 높은 직분은 오히려 방해가 됩니다. 진정한 믿음 성장은 말씀으로 커져갑니다. 그래서 '거룩하라, 서로 사랑하라, 말씀의 순전한 젖을 사모하라, 영적 제사를 드리라, 육체의 정욕을 제어하라' 이 다섯 가지가 우리 삶의 기준이 되어야 합니다.

또 신자들은 삶의 관계 속에서 네 가지를 이야기합니다. '정부에 순종하라, 사업에서 순종하라, 직장 내에서 불신자일지라도 억울할지라도 순종하라'는 것입니다. 결혼에서 순종하라(아내는 남편에게 순종하고, 남편은 아내를 귀히 여기라), 삶의 영역에서 순종을 배우라, 교회의 지도자들에게 순종하라, 불평불만하지 말고 겸손하게 순종하라는 것입니다. 그렇게 하나님의 능하신 손 안에서 겸손하면, 때가 되면 하나님께서 우리를 높이실 것입니다. 겸손은 성도의 미덕입니다. 성도의 성장의 가늠자가 겸손입니다. 누군가가 성장했는지 아직 어린아이인지는 겸손한지 아닌지를 보면 압니다.

🍃 신약 숲으로 _성경의 중심내용을 알아봅니다

산 소망

〈베드로전서〉의 핵심 단어는 소망입니다. 박해와 고통 중에 있는 성도들에게 그들의 안전과 평화에 대한 아무런 보장도, 환경을 개선시킬 수 있는 소식도 없지만 베드로는 소망을 말합니다. 예수님께서 우리를 위한 속죄물이 되셔서 고난과 죽음을 당하셨으나, 부활하심으로 '살아 있는 희망'을 주셨기 때문입니다. 또 지금도 살아계셔서 우리 영혼의 목자장으로 영원한 영광의 길로 인도하시고 계시기 때문입니다. 오늘날 많은 사람이 주식시장에 소망을 두고, 건강, 자식, 지인, 학위, 연금, 땅이나 아파트에 소망을 두기도 합니다. 그러나 우리의 산 소망은 지금도 살아계시고 만물을 통치하시고 운행하시는 하나님의 말씀에 근거한 보장이어야 합니다. 하나님께서 예수 그리스도를 통해 행하셨고 또 행하신다고 약속하신 것에 대한 소망입니다.

그리스도인은 어떤 환경 가운데서도 소망이 있음을 믿어야 합니다. 그 이유는 부활하신 주님이 우리와 함께하시며(벧전 1:3), 하늘 기업이 우리에게 주어졌기 때문이고(벧전 1:4), 하나님의 능력이 우리를 보호하고 있기 때문입니다(벧전 1:5). 그러므로 이 산 소망을 가지고 애매한 고난도 참아 이기며(벧전 2:19), 사는 힘의 뿌리를 성령님께 두어야 합니다(벧전 1:12). 과거를 정리하고 "지나간 때가 족하도다" 하고 선언하며 하나님의 뜻에 따라 살아야 합니다(벧전 4:2). 세상을 바라보지 말고 오직 그리스도 안에서 산 소망을 가지고 구원받은 기쁨과 영원히 누릴 영생으로 항상 기뻐하며 살아가는 것이 그리스도인의 삶입니다.

하나님의 관점으로 본 고통

인간의 고통	하나님의 관점
여러 가지 시련(1:6)	기뻐하라. 그것들은 일시적이다(1:6).
부당한 권위(2:18)	선한 행위로 악한 자를 말 못하게 만들어라. 그리스도의 본을 따르라(2:21).
정의를 위해 받는 고난(3:14)	너의 믿음을 증거할 준비를 하라(3:15).
육체를 거스르기로 결정하였기에 겪는 고난(4:1)	육적인 추구를 포기하라(4:2).
종교적인 박해(4:12~14)	그리스도의 고난에 동참하라(4:13, 14).
영적인 성장을 위해 하나님이 단련하시는 불로 인한 고난(4:19)	너의 삶을 그분께 맡겨라. 그분은 신실하시다(4:19).
사단의 공격으로 인한 고난(5:8)	사단을 대적하라. 믿음을 굳게 하라(5:9).

그리스도인의 제사장직

그리스도인을 거룩한 제사장이라고 말하는 데는 두 가지 이유가 있습니다. 아무 제한 없이 하나님께 나아갈 수 있는 특권이 있기 때문입니다. 그리고 제사장은 누군가를 위해서 봉사할 의무가 있듯이 모든 성도는 하나님을 위해 또 하나님의 백성을 위해 봉사할 책임과 특권이 있다는 것입니다. 그러므로 우리는 두 가지 자격이 있습니다. 어느 때라도 하나님 앞에 수시로 나아갈 수 있는 특권이 있고, 또 제사장이 누군가를 위해서 봉사해야 하듯 우리도 남을 위해서 그리스도의 복음을 전하고 누군가를 도울 책임과 의무가 있습니다.

그리스도의 지옥강하

"그가 또한 영으로 가서 옥에 있는 영들에게 선포하시니라"(벧전 3:19). 그리스도의 지옥강하(地獄降下)를 담고 있는 이 구절은, 성경 난해 구절 중의 하나입니다. 난해하다는 것은 그 해석이 어려우며, 다양한 해석이 존재할 수 있다는 것을 의미합니다. 이러한 난해한 구절을 인용하여 어떤 특정 교리를 정당화하는 곳이 있다면 일단 이단으로 의심해도 좋습니다.

로마 가톨릭에서는 예수님께서 죽으신 후 부활하시기까지 3일간 죽은 자들이 있는 지옥에 내려가서 구약 시대의 저주받은 자들에게 복음을 전하셨다고 보면서 3장 19절을 연옥설과 이중구원설 등의 성경적 근거로 사용하고 있습니다. 그러나 성경은 죽은 후의 구원의 가능성을 배제합니다. 구원은 오로지 믿음을 통해서만(sola fide) 가능하며, 믿음은 아직 내세를 보지 않은 살아 있는 상태에서만 가능합니다(눅 16:26~31).

예수님께서 한편의 강도에게 "내가 진실로 네게 이르노니 오늘 네가 나와 함께 낙원에 있으리라"(눅 23:43)고 말씀하셨습니다. 예수님은 죽음을 당하신 그 즉시 지옥이 아닌 강도에게 말씀하신 낙원으로 가셨습니다. 낙원은 천국, 하나님의 나라, 천당과 동의적인 개념인 하늘에 계신 아버지께서 계신 곳입니다.

칼뱅은 지옥강하를 문자적 지옥(공간이나 장소적인 지옥)이 아닌 고통의 영적 체험으로 이해하였습니다. 그는 십자가를 육적 고통으로, 지옥강하의 체험을 영적 고통으로 이해하고, 이 둘이 합하여 그리스도께서 우리를 위한 대속적 형벌을 완성시켰다고 보았습니다. 예수님께서 죽음의 극치로 땅에 묻히는 가장 낮고 깊은 비하에 들어가셨다는 상징으로 이해한 것입니다(기독교강요 제2권 16장 8~12항). 옥에 있는 영에 대해서는 어거스틴의 견해를 따라 그리스도가 성육신 전에 성령으로 노아를 통해 당시의 패역한 사람들을 전도하신 과거의 일을 이야기하는 것으로 해석합니다. 평행 구절인 베드로전서 4장 6절에서도 "죽은 자들에게도 [과거에] 복음이 전파되었음"을 재확인하고 있습니다.

최근 학자들은 십자가에서 돌아가신 예수님의 영혼은 온 세상에 편재하실 수 있으시기에 한편으로는 실제로 노아 시대에 불순종했던 자들이 갇혀 있는 지옥에 가서서, 사탄의 세력들과 그들을 향해 영원한 심판과 자신의 영원한 승리를 선포하셨다고 보기도 합니다. 그리스도의 구속 사건은 전 우주적 사건이므로 지옥까지 복음이 선포되었음을 말한다는 것입니다. 현재 한국교회의 사도신경(使徒信經, Symbolum Apostolicum)에는 "지옥에 내려가시고"라는 구절이 빠져 있습니다. 그러나 원문에는 "십자가에 못 박혀 죽으시고 장사되어, 지옥에 내려가셨다가, 사흘 만에 죽은 자 가운데서 살아나시며"로 되어 있습니다. 이에 최근에는 일부 학자를 중심으로 원문의 "지옥에 내려가시고"를 회복해야 한다는 주장이 일고 있습니다. 그러나 지옥강하가 성경에 분명한 언급이 없고, 주요 교리가 아닐 뿐 아니라, 가톨릭이나 이단에서 그들의 주장을 합리화하기 위해 사용하고 있기에 혼란을 막기 위해 사도신경에서 삭제된 것도 마땅합니다.

🍃 열매 맺기

사도신경 속 지옥강하

'He descended into hell'(그는 지옥에 내려가셨다). 영어로 된 사도신경에 또는 다른 신경에는 들어 있는데 왜 우리말 사도신경에는 빼놓았는가? 한국 초기의 장로교회가 사용한 1894년의 우리말 찬송가를 보면 "'디옥에 리샤"(지옥에 내리사)라고 지옥강하의 내용이 분명히 들어가 있다. 1894년 언더우드 교사의 사도신경 번역판이나 1905년 장로교선교사협의회에서 번역한 사도신경에는 이 구절이 들어 있는 반면, 1897년과 1902년 그리고 1905년에 번역된 감리교회의 사도신경에는 한결같이 이 구절이 삭제되어 있다. 예수님의 지옥강하를 문자적인 장소적 개념으로 보거나 가톨릭의 연옥 사상 등 많은 해석상의 어려움과 혼란스러움이 있을 수 있다기에 빠지지 않았는가 생각된다.

주의 날이 도둑같이 오리라

🌿 뿌리내리기_성경의 전체를 알아봅니다

〈베드로전서〉와 〈베드로후서〉는 마치 공관복음과 〈요한복음〉의 차이를 보는 것 같습니다. 공관복음은 역사 속에 계신 예수님을 보여주고 〈요한복음〉은 예수님 속에 있는 것을 보여줍니다. 〈베드로전서〉는 교회가 세상 속에서 어떤 모습을 가지고 세상을 헤쳐 나가는가에 대한 역사적이고 현실적인 묘사를 한다면, 〈베드로후서〉는 그러한 교회의 내적인 삶, 영적인 삶의 본질에 대해 묘사합니다. 〈베드로전서〉에는 세상과 부딪치는 교회를 밖에서 넓은 시각으로 바라본다면 〈베드로후서〉는 교회 안으로 밀려들어오는 세상을 바라보며 진리와 경건을 훼손시키는 모습을 보여줍니다. 〈베드로전서〉의 주제가 고난이라면 〈베드로후서〉의 주제는 지식입니다. 〈베드로전서〉는 외부로부터의 고난에 대한 자세로 하나님께 순복할 것을 다루지만, 〈베드로후서〉는 내부로부터의 오류에 대한 자세로 진리의 지식에 초점을 맞추고 있습니다. 〈베드로전서〉가 살아 있는 말씀을 통한 거듭남을 말하고 있다면, 〈베드로후서〉는 그리스도의 은혜와 지식 안에서 성장하는 것이 필요하다고 강조합니다. 잘못된 것에 대한 가장 좋은 해결은 진리에 대한 성숙한 이해이기 때문입니다. 〈베드로후서〉는 성도들을 잘못된 것과 부도덕으로 유혹할 수 있는 "멸망케 할 이단"(벧후 2:1)인 거짓 교사들에 의해 야기된 내적인 대립에 초점을 맞추고 있습니다. 전체적으로 서신의 형태를 유지하고 있으나, 내용적으로는 유언이라고 볼 수도 있습니다. 베드로가 순교를 직감하고 그 직전에 유언 형식으로 기록하고 있습니다(벧후 1:13~15).

〈베드로후서〉의 저자는 〈베드로전서〉와 마찬가지로 예수 그리스도의 종과 사도인 시몬 베드로입니다(벧후 1:1). 그는 자신이 변화되신 예수님을 목격한 사람이었고(벧후 1:16~18), 바울을 '사랑하는 형제'라고 부름으로써 자신의 권위를 바울과 동일한 수준에 두었습니다(벧후 3:15~16). 또한 그는 자신의 죽음이 임박했음을 암시했으며(벧후 1:13~15), 〈베드로후서〉가 〈베드로전서〉에 이어서 기록된 두 번째 편지임을 밝히고 있습니다.

〈베드로후서〉의 수신자는 보배로운 믿음을 우리와 함께 받은 자들(벧후 1:1)입니다. 본서를 〈베드로전서〉의 후속 서신으로 본다면 수신자는 소아시아의 신자들이라고 할 수 있습니다. 〈베드로후서〉는 네로 집권 말기에 로마에서 소아시아의 그리스도인들에게 보내진 것입니다. 정확한 날짜는 알 수 없지만, 〈베드로전서〉를 기록한 직후인 A.D. 66년경이라는 데 학자들의 의견이 거의 일치합니다.

〈베드로후서〉의 특징

베드로는 혼탁한 시대에 믿음과 하나님의 말씀에서 발견한 진리에 관한 지식 안에서 자라라고 강조합니다. 특별히 성경에 대한 베드로의 관점(觀點)이 소개되고 있습니다(벧후 1:20~21). 첫째, 베드로의 성경관에 연관된 또 하나의 사실은 "사랑하는 형제 바울의 편지"를 언급하면서 그 편지들을 구약성경의 위치에 올려놓았다는 것을 알 수 있습니다(벧후 3:15, 16). 둘째,

거짓 교사에 대해 베드로는 그들의 부도덕한 생활, 무익하고 파괴적인 가르침을 책망하며 하나님의 심판과 그들의 멸망을 묘사하고 있습니다. 셋째, 주님의 재림에 대해 부정하는 거짓 교사들을 책망하기 위해 쓴 〈베드로후서〉를 통해 베드로는 주님의 재림에 비추어서, 자신의 서신을 읽는 독자들에게 거룩하고 흔들림 없으며 성장하는 삶을 살도록 권유합니다.

🍃 숲 길잡이 _성경의 전체를 표로 알아봅니다

구분	내용
서두	인사(1:1~2)
믿음과 삶 (1:3~21)	1) 그리스도인의 부름과 선택(1:3~14)
	2) 믿음의 근거(1:15~21)
거짓 교사에 대한 경고 (2:1~22)	1) 거짓 교사의 위험성(2:1~3)
	2) 거짓 교사의 멸망(2:4~9)
	3) 거짓 교사들에 대한 묘사(2:10~22)
그리스도의 재림에 관하여 (3:1~18)	1) 말세에 있을 조롱(3:1~7)
	2) 주의 날에 대한 명시(3:8~10)
	3) 주의 날을 바라보며 성숙할 것(3:11~18)

서두 인사말(벧후 1:1~2)에 저자의 이름과 수신자의 성격이 밝혀져 있는데, 이것은 일반서신의 공통된 성격으로 공식 포고문으로도 볼 수 있습니다(유, 약, 벧전). 하나님의 거룩한 부름을 받아 신의 성품에 동참하기로 약속받은 신자들은 신앙의 훈련을 쌓아 부름에 합당한 열매를 맺고 장차 그리스도의 영광의 나라에 들어가도록 힘쓸 것을 권합니다(벧후 1:3~11).

베드로는 자신도 얼마 안 있어서 육체의 장막을 벗어나 그리스도의 나라로 갈 것을 미리 알고 있다고 말합니다(벧후 1:12~15). 2장에서 베드로는 이단(영지주의자)들, 그리스도의 근본 진리에 어긋나는 교리를 가르치는 거짓 예언자들을 경계하라고 합니다. 그들은 그리스도의 구속 진리를 부인하며 장차 올 심판을 무시하고 음탕한 생활을 하다가 스스로 멸망할 것이기 때문입니다(벧후 2:1~22).

3장이 서신의 핵심입니다. 그리스도의 재림이 지연되었기에 재림 사상을 무시하고 조롱하는 이단들이 생기게 되었습니다. 그들은 재림을 부인할 뿐만 아니라 방탕주의로 빠져 있기에 베드로는 종말론적인 경고를 하며, 과거에 물의 심판이 있었던 것같이 장차 불의 심판이 있을 것을 예언합니다(벧후 3:1~7). 심판의 날이 지연되는 이유는 하나님께서 모든 사람의 회개를 기다리시며 그날을 연장시키기 때문이지만 그날은 반드시 올 것이며 생각지 않을 때 돌연히 올 것이라고 경고합니다. 그때 이 세상은 완전히 파멸되고 새 하늘과 새 땅이 재창조될 것이기에(벧후 3:8~13) 주의 재림을 기다리며 신앙을 굳게 지켜나갈 것을 권하며 서신을 마칩니다.[1]

1 김철민, 박창환, 안병무 공저, 《신약성서개론》, 기독교서회, 1972, pp. 241~242.

🍃 신약 숲으로 _성경의 중심내용을 알아봅니다

이단 사상(거짓 교사)에 대한 경고와 권면

믿는 자들 속에 가만히 들어온 거짓 교리의 위기에 처한 성도들을 위로하고 거짓 교사를 경계하기 위해서 〈베드로후서〉는 쓰였습니다. 즉 내부적인 향락주의(벧후 2장), 재림을 부인하는 이단 사설(벧후 3장), 거짓 교사(벧후 2:1~3) 등을 경계하고 신앙을 지키라고 권면합니다. 베드로 사도는 거짓 가르침의 성격을 "거만하고(10~12절), 음탕하며(13절), 부도덕하고(14절), 탐욕스럽다(14~16절)"라고 묘사함으로써 이들의 위험스러운 영향력을 강조합니다. 그러고 나서 그는 세 가지 점에 대해서 책망합니다.

첫째, 그들의 제안은 매혹적으로 들릴지 모르지만 실체가 없습니다.

　이 사람들은 물 없는 샘이요(17절).

둘째, 그들은 새로운 그리스도인들이 이 세상의 길로 되돌아가도록 미혹하기 위해 감각적인 쾌락을 사용하여 접근한다는 것입니다.

　그들이 허탄한 자랑의 말을 토하며 그릇되게 행하는 사람들에게서 겨우
　피한 자들을 음란으로써 육체의 정욕 중에서 유혹하는도다(18절).

셋째, 그들은 철저한 속임수를 쓴다는 것입니다. 그들이 제안하는 '자유'는 죄의 속박으로부터 인도할 뿐이기 때문입니다.

　그들에게 자유를 준다 하여도 자신들은 멸망의 종들이니 누구든지 진 자
　는 이긴 자의 종이 됨이라(19절).

베드로 사도는 이 본문에서 그들 행위의 극악무도(極惡無道)함을 극대화하기 위해 단어들을 겹쳐 사용해서, 여기 나오는 어휘들은 복잡하면서 희귀하기도 합니다. 현대 세계에서 이런 종류의 가르침은 오늘날 '뉴에이지'의 그늘 아래서 만날 수 있습니다.

그리스도의 재림이 지연되는 이유

〈베드로전서〉와 〈베드로후서〉의 편지를 받은 사람들은 초대교회 당시 사방에 흩어져 있던 그리스도인들이었습니다. 로마 정권이 기독교를 박해하자 성도들은 박해를 피해 여기저기로 흩어졌습니다. 터키 갑바도기아 지방

에 가면 그 당시 기독교인들이 박해를 피해 지하 15층 땅굴을 파고 그 안에 교회를 만들고, 신학교를 만들고 산 흔적들이 남아 있습니다.

그들에게 베드로 사도는 인내하라, 시험을 참으라, 주님의 재림을 기다리라는 내용의 편지를 써 보냈던 것입니다. 당시 박해받는 성도들이 제기한 의문점은 '왜 주님은 악인을 심판하지 않으시는가? 왜 주님은 빨리 다시 오시지 않으시는가?'였습니다.

오늘 우리에게도 그런 의문이 있습니다. 왜 악과 선이 공존하는가? 왜 하나님은 의와 불의가 공존하도록 방치하시는가? 왜 주님은 빨리 오시지 않는가? 그 해답을 본문에서 찾을 수 있습니다. 8절을 보면 "사랑하는 자들아 주께는 하루가 천년 같고 천년이 하루 같은 이 한 가지를 잊지 말라"고 했습니다. 주님께는 "하루가 천년 같고 천년이 하루 같다"라고 말씀합니다. 이 말씀 속에는 천년을 하루처럼 참고 기다리시는 하나님의 사랑과 인내가 들어 있습니다. 다시 말하면 사람의 기다림이나 인내와는 차원이 다른 것입니다. 베드로는 이 기간이 우리에게는 매우 긴 시간인 듯하지만 하나님께서는 매우 짧은 시간에 지나지 않았음을 상기시킵니다. 기다림이 길게 느껴지는 것은 오히려 하나님이 우리에게 인내하시기 때문이라고 가르칩니다. 주님께서 마지막 날을 미루신 또 다른 이유는 9절에서 이렇게 말씀하십니다.

> 주의 약속은 어떤 이의 더디다고 생각하는 것 같이 더딘 것이 아니라 오직 너희를 대하여 오래 참으사 아무도 멸망치 않고 다 회개하기에 이르기를 원하시느니라(벧후 3:9).

하나님은 한 사람의 영혼이라도 멸망치 않고 회개하기를 기다리시기 때문입니다. 베드로의 기록을 통해 사람을 구원함에 있어서 하나님은 절대 서두르지 않으심을 알 수 있습니다. 하나님은 우리의 약점과 한계를 너무 잘 아십니다. 영적인 삶은 100m 단거리 경주가 아니라 42,195km 마라톤에 가깝습니다. 인생의 긴 경주를 하나님은 우리와 함께 달리시며 우리가 지쳐 쓰러지면 일으켜 세워주시며 기꺼이 함께 뛰기도 하며 걷기도 하며 동행하십니다. 중요한 것은 우리가 도달할 목표는 반드시 이룬다는 것입니다.

그러나 우리가 생각했던 것보다 훨씬 오래 걸릴지도 모른다는 것입니다. 예수님의 재림을 기다리면서 그 과정에서 배우는 '인내'는 넓은 의미로 보자면 내 자신의 영성 개발의 한 방법이기도 합니다.

담아가기

성령님은 사람을 통하여 일하십니다. 성령님은 선교를 위해 바나바와 사울(바울)을 파송하라고 구체적인 지시를 하셨습니다(행 13:2). 바나바는 예수님의 70인 제자 중 하나로 일찍이 예수님을 믿었지만, 바울은 그리스도인들을 잔멸하려던 자였으나 다메섹 도상에서 예수님을 만나 180도 회심을 한 사람입니다. 바울은 아마도 기독교 역사상 가장 철저하게 회개했던 사람 중 하나일 것입니다. 성령님은 회개하는 자를 만나주시고 새롭게 변화시켜, 하나님 나라의 군사로 세우십니다. 온전하고도 철저한 회개를 한 바울을 통해 이방 선교의 문을 여셨습니다.

당신은 바울과 같이 하나님 앞에 완전하고 철저하게 회개하셨습니까? 매일 자신을 쳐서 복종시키며, 날마다 죽는 삶을 살고 있다고 담대히 고백할 수 있습니까? 그렇다면 오늘도 성령님께서는 당신을 통해 일하시기를 원하십니다. 성령님께서 지금 당신의 삶에 역동적으로 역사하고 계시고, 바나바처럼 점진적으로 당신의 삶을 다듬어가고 계시며, 당신을 통해 또 하나의 선교의 문이 열리시기를 기대하십니다.

사도 후반기

교회 확장기

교회 형성기

예수님 생애기

400년 중간기

05

성도의 정체성 유지

● 　　　　　　　　　초대교회 시대는 예수님 부활 이후부터 A.D. 325년 니케아 종교회의까지입니다. 이 시기는 사도 시대와 사도 이후 시대로 구분하기도 합니다. 또한 유대 기독교인과 이방인 기독교인이 분명히 구분되지 않았던 시기였습니다. 일반적으로 사도 시기는 A.D. 27년 예수님의 공생애 시기부터 사도 요한의 생애까지로 보고 있습니다. 요한이 요한서신을 기록할 당시(A.D. 95년경)는 로마 제국의 박해가 극심해지면서 위대한 사도들이 순교하였습니다. 살아남은 사도들은 외적으로는 로마 제국으로부터의 박해와 내적으로는 이단의 난립에 대항해야 했습니다. 그러므로 이 시기에 쓰인 서신들은 대부분 교회의 당면 문제에 대하여 기록하였습니다.

요한일서

행함과 진실함으로 사랑하자

🌿 뿌리내리기 _성경의 전체를 알아봅니다

🌿 열매 맺기
〈요한일서〉개관
• 저자: 사도 요한(〈요한복음〉과 동일한 저자)
• 수신자: 소아시아에 있는 교회와 모든 그리스도인
• 기록 연대: A.D. 90년경(도미티안 황제 말년)

〈요한일서〉는 일명 '사랑의 편지' 또는 '진리의 편지'라고도 불립니다. 사랑에 관한 말과 사상이 풍부하게 담겨 있습니다(요일 2:7~11, 3:13~24, 4:7~21). 하나님께서는 성도를 대하는 사랑을 강조하고 그 사랑을 받아 형제를 사랑할 것을 권하고 있습니다(요일 3:1~24). 요한은 성도들이 그리스도 안에서 영생을 가졌음을 알고(요일 5:13), 그리스도의 명령대로 사는 것을 돕기 위해 이 편지를 썼습니다(요일 3:23~24).

〈요한일서〉의 주제와 기록 목적은 크게 세 가지로, 첫째는 하나님과의 사귐입니다. 요한은 수신자들이 하나님과 지속적인 관계를 통해서 내주하시는 하나님에 대한 확신을 가지길 원했습니다. 둘째는 그리스도의 성육신을 부인하는 거짓 교사들에 대해서 엄중히 경고하며 "너희들이 복음의 확신에 거하기를 원한다. 거짓 교사에게 미혹되지 말고, 성육신의 온전성과 복음의 확신에 거하라"라고 격려합니다. 셋째는 다른 사람과의 관계나 성도의 삶에 있어서 사랑의 실천적 관계를 가르치십니다. 구원을 얻은 사람이라면 어떻게 살아야 하는가? 사랑의 실천적 관계로서 하나님은 사랑이시라는 것을 강조합니다.

요한의 생애

세베대와 살로메의 아들인 요한은 하인을 거느릴 정도로(막 1:20) 부유한 집안에서 성장했습니다. 그의 어머니는 예수를 재정적으로 지원했고(막 15:40, 41), 요한은 상류층 출신의 대제사장을 알고 있었습니다(요 18:15). 그의 형은 야고보였으며, 요한은 비록 정규 랍비학교에 다니지는 않았지만(행 4:13), 가정에서 충분한 교육을 받았을 것입니다.

요한이 오순절 후에 얼마 동안 예루살렘에 머물러 있었는지는 정확히 알 수는 없지만 그가 생애 후반을 소아시아, 특히 에베소에서 보냈다는 사실만은 확실합니다. 요한은 사랑의 사도로 가장 잘 알려져 있으나 노년임에도 불구하고 교회의 이단들을 통렬히 공박할 정도로 강직한 일면도 갖고 있었습니다. 그의 따뜻한 사랑과 강직한 성격의 양면성이 요한서신에 잘 나타나 있습니다. 아마도 정열이라는 말이 그의 인간성을 가장 잘 나타내는 말일 것입니다. 요한은 형제를 향한 사랑이나 이단자들을 향한 저주에 있어서 정열적인 사도였으며 의로웠던 사람이었습니다.

🍃 숲 길잡이 _성경의 전체를 표로 알아봅니다

서론(1:1~4)	내용
하나님과 함께하는 삶 (1:5~2:17)	1) 생명의 말씀(1:1) 2) 하나님은 빛이시다(1:5~9). 3) 예수 그리스도는 우리의 대언자이다(2:1). 4) 새 계명(빛 된 삶)을 받은 자의 태도(2:7~17) – 형제를 사랑하며(9~11절) – 세상을 사랑하지 아니한 자들이다(15~17절).

하나님 자녀로서의 새로운 삶 (2:18~3:24)	1) 적그리스도(2:18~27) 2) 하나님의 자녀 됨(2:28~3:11) 3) 서로 사랑하라(3:13~24).
거짓 영의 경계와 하나님의 사랑 (4:1~4:21)	1) 하나님의 영과 적그리스도의 영(4:1~6) 2) 하나님은 사랑이시라(4:7~21).
결론 (5:1~21)	1) 세상을 이기는 믿음(5:1~4) 2) 믿는 자의 기도응답의 확신(5:13~15) 3) 맺는 말 – 죄로부터의 자유 (5:18~21) 하나님께로부터 난 자 – 예수가 우리를 지키시니 악한 자가 만지지도 못하리라.

🌿 신약 숲으로_성경의 중심내용을 알아봅니다

하나님과 사귀는 삶에 나타나는 세 가지 증거

〈요한일서〉에서는 하나님을 사랑으로 정의하고 있습니다.

> 하나님이 우리를 사랑하시는 사랑을 우리가 알고 믿었노니 하나님은 사
> 랑이시라 사랑 안에 거하는 자는 하나님 안에 거하고 하나님도 그의 안에
> 거하시느니라(요일 4:16).

저자 요한은 하나님과의 지속적인 사귐이 있는 참된 신자들의 삶에는 세 가지 증거가 있어야 한다고 말합니다. 첫째, 예수님의 성육신과 십자가의 대속적 죽음에 대한 바른 신앙고백(요일 1:1~4, 2:18~27)이 있어야 합니다. 마음으로 믿어 의에 이르고 입으로 시인하여 구원에 이르러야 합니다. 따라서 믿음은 신념이 아니고, 머릿속에 간직하고 있는 것이 아닙니다. 이 땅에 오신 하나님이 예수님이심과 그분의 십자가의 죽으심으로 내가 구원받을 수 있다는 믿음과 확신, 또 이 사실을 내가 온전히 고백할 수 있어야지만 참 신자의 삶이라는 것입니다. 둘째, 하나님과 예수님이 우리를 사랑하듯이 형제를 그 사랑으로 사랑하라는 것입니다(요일 2:3~11, 3:11~24). 셋째, 상습

적으로 죄를 짓지 않으며 말씀에 순종하는 의로운 삶을 살아야 한다는 것입니다(요일 1:5~2:2, 5:13~21). 우리가 죄를 안 짓고 살 수 있을까요? 우리가 죄를 아무리 안 짓는다고 굳은 결단을 해도 죄를 지을 수밖에 없는 속성을 가지고 있습니다. 그러나 자신을 무장하고 돌아본다면 죄를 덜 지을 수가 있어요.

반대로 나 자신을 무장해제하고 풀어버리면 죄를 더 많이 지을 수가 있습니다. 요한은 영적으로 무장하고, 말씀대로 살려고 노력하며, 그 말씀에 순종하는 삶이야말로 참된 신자의 삶이라고 말합니다. 말씀을 묵상하고 그 말씀을 붙들고 죄를 안 지으려고 노력하고 발버둥치면, 열 가지 지을 죄를 두 가지로 줄일 수 있습니다. 하나님 앞에서 영적으로 긴장하고 무장하면서 살아야 합니다. 우리들은 그리스도의 순결한 신부이기 때문에 그렇습니다. 이 세상이 얼마나 타락했는지 모릅니다. 말씀을 읽는 것이 습관 되고, 영적인 온도계가 되어야 합니다. 하나님과 지속적인 사귐이 있는 자가 참된 신자의 삶을 사는 것입니다.

거짓 교사들(영지주의자)에 대한 경고

당시 거짓 교사는 영지주의자(Gnosticism)가 대표적이었습니다. 이들은 예수 그리스도의 성육신을 부인하였습니다. 요한은 성도들에게 "거짓 교사들의 말에 귀를 기울이지 마라. 예수님은 성육신하셨다. 내가 그 사실의 목격자다"라고 강조했습니다. 영지주의자가 기독교 공동체에 끼친 해악은 '도덕 폐기론'과 '극단적인 금욕주의' 두 가지로 나타났습니다. 한쪽에서는 어차피 육체는 악한 것이니 맘껏 육신대로 즐기며 살아갑니다. 또 다른 한쪽에서는 육체를 자해하며 영혼만을 귀하게 여깁니다. 영지주의는 사회, 문화적으로 너무나 많은 병폐를 끼쳤지만 3세기를 넘지 못하고 사라집니다.

영지주의자

2세기에 로마를 중심으로 일어난 초기 기독교 이단 사상으로, 기독교와 심한 갈등을 일으키다가 3세기경 쇠퇴하였다. 그노시스란 인간은 물질적이지 않으며 '영적인 지식'으로 이해하며 따라서 인간은 육체를 초월하여 구원을 얻을 수 있다고 믿는다. 그들은 육체를 악한 것으로 보며 인간은 본디 선한 영혼을 갖고 태어났으나 죄악으로 물든 육체에 갇혀 있다고 본다. 따라서 그들은 기독교의 성육신을 일컬어 "선한 신이 어찌 악한 육체에 머무를 수 있느냐?" 하면서 그리스도의 성육신을 인정하지 않았다. 이렇듯 영적인 것에 큰 가치를 두고 육체를 부정적으로 바라본 그노시스파의 입장에서는 정통 기독교가 내세운 예수님의 성육신 교리를 전면적으로 거부한다. 육체의 부활 같은 것은 없다. 많은 영지주의자의 윤리 기준은 저급했다. 그래서 요한은 성육신이 실제로 일어난 일이며 그리스도의 이 세상에서의 삶이 얼마나 윤리적으로 고상한가 하는 점을 강조했다.

사랑과 믿음은 세상을 이기는 무기

하나님 자녀로서의 새로운 삶(요일 2:18~3:24)은 '서로 사랑하라'(요일 3:18~19)는 것입니다. 사랑을 할 때 말과 혀로만 하지 말고 행함과 진실함으로 하라는 것입니다. 이로써 우리가 빛에 속하고 생명에 속하였다는 것을 내가 알고 남이 안다는 것입니다. 입으로만 사랑한다고 떠벌이지 말라는 것입니다. 열 번 사랑한다고 말하지 말고 한 번이라도 진실하게 사랑을 보여주라는 것입니다. 그때 비로소 생명이신 예수 그리스도를 드러낼 수 있다는 것입니다. 표현하는 것도 은사인 것 아십니까? '나는 너를 사랑해'라는 마음만 간직하고 있으면 아무 의미도 없고 '남이 나의 마음을 몰라줘요' 하고 있으면 또 상대방이 내 마음을 모른다고 섭섭해 합니다. 내가 사랑을 보여주고 입으로 표현해야 합니다. "엄마, 사랑해요"라고 표현하십시오. 적극적으로 보여주십시오. 사랑도 은사거든요. 표현할 때 비로소 그 안에 계신 생명과 빛에 속한 사람임을 알 수 있다는 것입니다. 관계 속에서 사랑을 하되 표현하는 사랑, 적극적인 사랑, 주는 사랑을 해보십시오. 그때 주님이 우리 삶 가운데 드러나 보이신다는 것입니다.

요한은 서신서의 결론으로 예수 그리스도께서 그리스도이심을 믿는 자마다 하나님께로 난 자이고, 무릇 하나님께로 난 자마다 세상을 이기는 믿음을 가졌다고 이야기합니다(요일 5:1~4). 골리앗과 같은 세상 앞에서 준비되지 않은 우리에게 쓰나미 같은 고난 앞에서도 기죽지 않고 담대히 일어설 수 있는 세상을 이기는 믿음은 예수가 그리스도임을 믿는 자, 그가 바로 하나님께로 난 자이고 하나님께로 난 자마다 세상을 이기는 믿음을 가졌다는 것입니다. 예배시간마다 예수가 그리스도라고 찬양하는 것이 신앙고백하는 시간이고, 하나님을 향하여 내 마음을 드러내는 시간입니다. 세상 속에서 절대 기죽지 마세요. 하나님은 우리를 사랑하십니다. 우리는 하나님의 자녀입니다. 내 새끼가 밖에서 맞고 들어오면 속상하듯이 하나님도 그러하실 것입니다.

19개월인 제 아이들은 한 달에 한 번 어린이집에서 두 시간 놀다오는데 어느 날 꼬집혀서 왔어요. 11년 만에 생긴 아이들인데 마음이 너무 아팠어요. 육신의 자녀도 밖에서 맞고 들어오면 마음이 아픈데 하나님의 자녀, 그리스도의 피 흘리심으로 산 자녀가 밖에 나가서 불신자들 가운데 맞고 들어오면 하나님의 마음이 좋겠어요? 세상을 이기는 믿음을 소유하시기를 바랍니다. 능히 이기시기를 바랍니다. 2만 2천 볼트의 하나님 전력이 내 안에 있습니다. 하나님 은혜 앞에서 조그마한 촛불 키면서 기죽지 마시고 2만 2천 볼트를 사용하시기를 바랍니다. 능력이 일어납니다. "하나님께로부터 난 자는 다 범죄하지 아니하는 줄을 우리가 아노라 하나님께로부터 나신 자가 그를 지키시매 악한 자가 그를 만지지도 못하느니라"(요일 5:18). 이 본문으로 위로와 은혜를 받으시기를 바랍니다.

요한이서

미혹케 하는 자를 경계하라

🍃 뿌리내리기 _성경의 전체를 알아봅니다

　예수님이 승천하신 후 시간이 흐르면서 직접 예수님의 말씀을 들었던 사람들이 대부분 죽고, 남아 있는 교사들은 많은 교회를 돌봐야 할 입장이 되었습니다. 새로 생긴 교회는 교사가 없는 곳도 많았습니다. 설상가상으로 거짓 교사들이 교회에 들어와서 잘못된 교리를 가르쳤습니다(요이 7장). 이제 믿기 시작한 신자들은 참 교사와 거짓 교사를 구분하지 못했기에 요한은 성도로 하여금 진리를 바로 알게 하기 위해 이 편지를 썼습니다.

　〈요한이서〉와 〈요한삼서〉는 비슷한 환경을 반영하고 있으며 내용도 유사합니다. 각 권에서 저자는 거짓 교사 혹은 이기적인 교사가 불의를 일으키는 것에 대해 경고하고, 순전한 신자들을 격려합니다. 〈요한이서〉가 교회와 집에 이단을 들이는 것에 대해 성도들에게 경고하는 편지라면, 〈요한삼서〉는 그리스도인 형제들과의 교제를 격려하고 있습니다.

초점	하나님의 말씀 안에서 거함		거짓 교사를 경계할 것		
구절	1————4———5————7———10———12————13				
구분	인사	진리와 사랑 안에서 행함	거짓 교사들의 교리	거짓 교사들의 경고	축도
주제	진리를 실천하라		가짜를 경계하고 진리를 사수하라		
기간	A.D. 90년경				

🌿 신약 숲으로 _성경의 중심내용을 알아봅니다

가짜를 경계하라

거짓 성도나 거짓 교사를 잘 분별해서 그들과 단호하게 교제를 끊으라고 합니다. 거짓인 줄 알고 이상한 냄새가 나고 이상한 맛이 나면 사귀지 말라는 것입니다. 아니다 싶으면 강력하게 교제를 끊으라는 것입니다. 성도들에게 말씀과 진리 가운데 계속해서 자라나라고 권면합니다(요이 1:3, 6~10). 진리와 사랑 안에서 계속 자라는 것입니다. 사회가 혼란스러울수록 이단이 기승을 부립니다. 이상하다 싶으면 버리는 게 최고입니다. 이상한지 뻔히 알면서 교제하다가는 망하는 것입니다.

만약 이단들이 다가온다면 어떻게 해야 합니까? 집에도 들이지 말라고 합니다. 말도 섞지 말라는 것입니다. 싸우거나 핍박하라는 것이 아닙니다. 그들과 교제를 갖지 말라는 것입니다.

누구든지 이 교훈을 가지지 않고 너희에게 나아가거든 그를 집에 들이지도 말고 인사도 하지 말라 그에게 인사하는 자는 그 악한 일에 참여하는 자임이라(요이 1:10~11).

성도의 진정한 교제를 위해서는 예수님 안에서 진리와 사랑으로 교제하라는 것입니다. 말씀과 믿음 공동체 안에서 아름답게 교제하라는 것입니다. 말세에 정말 중요한 것은 영혼의 순수성을 지키는 것입니다. 성도의 교제는 진리의 범위 내에서 이루어질 때 복이 되는 것입니다. 여러분의 가정에 벨을 누르고 대화하기를 원하는 이단자들이 있다면 상대하지 마세요. 설득시키거나 싸우지 마세요. 이단은 독과 같습니다. 교제하지 마시기 바랍니다.

요한삼서

선을 행하는 자는 하나님께 속한 자

🍃 뿌리내리기 _성경의 전체를 알아봅니다

요한이 나이가 들어 기력이 약해지자 교회들을 다니면서 진리를 가르치기 힘들어졌습니다. 그래서 동역자들을 세워서 교회들을 돌아보고 가르치게 했습니다. 가이오는 이전에 순회 전도단이었던 요한 일행을 자기 집에서 영접하고 머물게 했을 뿐 아니라 필요한 것들을 공급해준 친절한 사람이었습니다(요삼 1:5). 요한이 서신에서 순회 설교자였을 데메드리오를 잘 대접해주라고 가이오에게 특별히 부탁하는 이유는 가이오가 속한 교회가 순회하는 형제들을 환대하는 일을 하지 않았기 때문일 것입니다(요삼 1:8~9). 요한은 그곳에 가서 바로잡기를 원했습니다(요삼 1:10).

〈요한삼서〉는 수신인 가이오가 속한 교회 내의 갈등을 언급하고 있습니다. 저자는 사랑하는 장로 가이오에게 자신이 파송한 동역자들(순회 교사들 – 각지로 여행하면서 성도들을 가르치던 사람들)을 영접하고 후원할 것을 권면하기도 하고 칭찬하기도 했습니다. 가이오와 데메드리오는 보냄받은 교사들을 잘 접대하고 후원하였으나, 으뜸이 되기를 좋아하고 자만심이 강한

🍃 **열매 맺기**

〈요한삼서〉 개관

• 저자: 사도 요한
• 기록 연대: A.D. 90년경
• 수신인: 가이오 장로

지도자 디오드레베는 그들을 배척했습니다. 그러나 요한은 디오드레베를 책망하면서 자신의 사도적 권위를 나타냅니다.

〈요한삼서〉는 신약에서 가장 간략한 서신으로 분류됩니다. 〈요한일서〉와 같이 진리를 강조하고, 사랑을 권면하며, 이단을 경계하는 내용으로 이루어져 있습니다.

🍃 숲 길잡이 _성경의 전체를 표로 알아봅니다

서두 인사	1:1~2	참으로 사랑하는 자, 가이오
가이오에 대한 칭찬	1:3~8	1) 진리 안에서 행함 2) 나그네 된 자들(순회 전도자)을 영접함
디오드레베에 대한 책망	1:9~11	디오드레베가 비방하고 악한 짓을 함
하나님의 표준을 맺는 인사	1:12~15	데메드리오 추천/ 마지막 인사

🍃 신약 숲으로 _성경의 중심내용을 알아봅니다

헌신의 가이오와 으뜸이 되기를 좋아한 디오드레베

가이오란 이름은 신약성경에서 흔한 이름으로 등장합니다(행 19:29; 롬 16:23; 고전 1:14). 그러나 이 사람들 중에 오늘 본문의 가이오와 동일한 인물인지는 분명하지 않습니다. 요한은 가이오를 사랑하는 자로 여겼습니다. 아마도 가이오가 요한이 여행하는 동안 자신뿐만 아니라 순회 전도자들을 자기의 집에 모시고 환대했기 때문인 것 같습니다. 뿐만 아니라 순회 전도자들의 말을 언급하면서 가이오의 신실함과 그가 진리 안에서 행하고 있음을 요한은 또한 칭찬하고 있습니다.

반면에 으뜸(leader)이 되기를 좋아하는 디오드레베는 요한의 편지를 무시했으며 사도의 권위를 인정하지 않고 순회 전도자들을 영접하지도 않았습니다. 그는 교회에서 중요한 위치에 있었지만 교만과 자만으로 눈이 멀었던 것입니다. 지도자가 되고자 하는 디오드레베의 욕망은 다음 세기들에 교회를 지배한 욕망의 전조였습니다. 이러한 욕망의 지배 계급이 세대를 이어 주교와 추기경, 교황이라는 총체적인 제도를 낳았습니다.[1] 바울은 〈디모데후서〉에서 교회의 지도자들을 세울 때 하나님께 인정받는 일꾼을 세우라고 목회자 디모데에게 권면합니다.

1 그랜트 오스본의 《LAB 주석》, 성서유니온 출판부

> 너는 진리의 말씀을 옳게 분별하며 부끄러울 것이 없는 일꾼으로 인정된 자로 자신을 하나님 앞에 드리기를 힘쓰라(딤후 2:15).

교회의 리더십은 명예와 주장을 행사하는 특권의 자리가 아닌 겸손과 헌신이 따른 책임의 자리입니다. 따라서 성경적 리더십은 섬기기 위해 낮아짐을 의미합니다.

유다서

예수 그리스도의 긍휼을 기다리라

🌿 뿌리내리기_성경의 전체를 알아봅니다

🌿 열매 맺기

오리게네스

알렉산드리아 학파의 대표적 신학자이다. 성서, 체계적 신학, 그리스도의 변증적 저술 등의 내용의 저서를 많이 남겼다. 그리스도교 최초의 체계적 사색가로서 이후의 신학 사상 발전에 공헌하였다. 3세기 전반기에 기독교계에서 가장 훌륭했던 학자이자 수도가이며 순교자였다.

🌿 열매 맺기

제임스 모펏

글래스고대학에서 공부한 뒤 옥스퍼드와 뉴욕의 유니언신학교 교수를 역임하였다. 교회사(敎會史)와 성서해석에서의 업적과 함께 성서의 개인 번역으로도 유명하다.

〈유다서〉는 당대의 사조를 밑바탕으로 여러 상징과 인용구를 사용해서, 당시의 상황과 역사 배경을 이해하지 못하면 생소하고 난해하게 느껴질 것입니다. 그럼에도 오리게네스(Origenes)는 "유다는 불과 몇 개의 문장으로 된 편지를 썼는데 거기에는 거룩한 은혜의 생생한 말씀으로 가득 차 있다"라고 고백했고 모펏(Moffatt)은 "교회를 일깨우는 불의 십자가"로 불렀습니다. 〈유다서〉를 '배교자들의 행전'이라고도 부르는데 예수 그리스도의 진리를 벗어난 이단들의 모습이 나오기 때문입니다.

〈유다서〉는 교회의 부흥기에 있어 매우 중요한 서신이었습니다. 바울서신과 일반서신 등 많은 서신서의 중심 내용 중 하나가 거짓 교사의 문제이며 그들의 가르침으로 인한 교회 내의 혼란들이 거의 모든 서신서에 기록되어 있습니다. 하지만 〈유다서〉의 문체는 대단히 격동적이어서 〈유다서〉에 나타난, 교회에 들어온 변절한 교사들에 대한 가혹하고 격렬한 정죄는 다른 모든 신약성경에서보다 훨씬 강력합니다.

저자로는 예수님의 친동생이자 야고보의 형제 유다이며(1절) 수신자로는 "부르심을 입은 자"(유 1:1)들인데 일차적으로 팔레스타인의 유대인 그리스도 교회이지만 나아가 소아시아 여러 교회들, 즉 세계에 흩어져 있던 유대 그리스도인들을 상대로 쓴 공동서신입니다. 기록 연대는 학자들마다 이견이 있지만 〈유다서〉어디를 봐도 예루살렘 멸망을 가리키고 있지 않으므로 A.D. 70년 이전에 기록된 것으로 보입니다. 기록 목적은 공동체를 위협하는 이단자들을 경계하고, 믿음의 반석 위에 굳게 서야 함을 말하고 있습니다. 예수 그리스도의 주 되심을 거부하며 타인의 믿음을 위태롭고 미혹케 하는 거짓 교사에 대한 강력한 경고와 믿음 안에서 굳건히 머물러 있기를 권면하기 위해 〈유다서〉를 기록하였습니다(유 1:3~4).

🌿 숲 길잡이 _성경의 전체를 표로 알아봅니다

서두 인사 및 유다서 기록 목적	1:1~4	믿음의 도를 위하여 힘써 싸워라(3절). 예수 그리스도를 부인하는 자(거짓 교사)를 경계하라(4절).
거짓 교사에 대한 심판	1:5~16	출애굽 후 불신앙으로 죽은 자(5절) 음행하다가 형벌받은 자(7절) 본능을 따라 살다 멸망을 받은 자(10, 11절) 경건치 않은 자들의 심판(15절)
경고와 권면	1:17~23	거룩한 믿음 위에 자신을 세우며(20절) 성령으로 기도하라(20절) 그리스도의 긍휼을 기다리며 불신자들을 불쌍히 여기며 구원하라(21, 23절)
맺는 인사	1:24~25	

내용은 이단자들의 특징과 그들이 종말에는 하나님의 심판을 반드시 받을 것이기에 이들에 대한 성도들의 바른 자세를 말하고 있습니다. 따라서 주제를 한마디로 요약한다면 이단자들의 가르침에 미혹되지 말고 사도들의 가르침과 '예수 그리스도의 복음'을 위하여 싸울 것을 말하고 있습니다. 이러한 면에서 믿음의 실천을 통한 신앙의 성숙을 말하고 있습니다.

🍃 신약 숲으로 _성경의 중심내용을 알아봅니다

〈유다서〉의 독특성

　의도적으로 하나님의 주 되심을 거부하고 대신 권세와 돈을 얻기 위해 자신들의 신학을 고안해냈던 진리의 왜곡자들인 거짓 교사들과, 특히 이런 분위기를 편승해 기독교 진리를 버린 변절 교사에 대한 경고가 강력하게 드러나 있습니다. 〈유다서〉의 특징 중의 하나는 유대적 성향이 강하다는 것입니다(구약과 외경 인용이 많다). 예를 들면 출애굽 후 광야에서 죽은 불순종의 사람들(5절), 흑암에 갇힌 타락한 천사들(6절), 음행을 행하다 멸망받은 소돔과 고모라(7절) 등은 구약에서 인용하였습니다. 또한 외경과 유대 전설도 사용한 것으로 보입니다. 예를 들면 모세의 시체에 대한 싸움(9절)을 인용하였고, 14~15절에서는 에녹이 거짓 교사에 대한 심판을 이미 했음을 외경인 〈에티오피아 에녹서〉에서 인용하였습니다. 이렇듯 저자는 유대 전승(구약, 외경, 유대 전설)의 인용을 통해 거짓 교사에 대한 하나님의 심판을 예고했으며, 천사장 미가엘과 마귀의 싸움을 언급하면서 사단의 기원도 소개하고 있습니다.

> 천사장 미가엘이 모세의 시체에 관하여 마귀와 다투어 변론할 때에 감히 비방하는 판결을 내리지 못하고 다만 말하되 주께서 너를 꾸짖으시기를 원하노라 하였거늘(유 1:9).

> 또 자기 지위를 지키지 아니하고 자기 처소를 떠난 천사들을 큰 날의 심판까지 영원한 결박으로 흑암에 가두셨으며(유 1:6).

히브리서

믿음이란 무엇인가?

뿌리내리기_성경의 전체를 알아봅니다

〈히브리서〉는 구약과 신약의 연결고리라고 말할 수 있습니다. 예수 그리스도의 성육신과 대속의 죽음을 그의 제사장직과 연결하며, 새 약속과 옛 약속과의 관계성에 관한 구약의 해석을 제공합니다. 그러므로 〈로마서〉와 〈히브리서〉를 잘 정리하는 것이 기독교의 핵심 진리가 됩니다. 〈히브리서〉는 두 가지 질문과 한 가지 선언을 합니다.

첫째는 구약의 옛 언약과 신약의 언약이 어떤 관계가 있는지, 둘째는 왜 신약 시대는 구약의 피의 제사를 드리지 않는지에 대한 질문을 하고 답변을 합니다. 그리고 한 가지 "예수 그리스도는 모든 면에서 뛰어나다"라고 선언합니다. 기독교를 잠식하려고 했던 이단 철학과 여러 주의와 사상들에게 예수 그리스도는 모든 면에서 뛰어나다 못해 비교가 안 될 정도로 탁월하다고 점층적인 구조로 제시하고 있습니다. 신약 중에서 가장 구약다운 책으로 '신약의 레위기'라 불리기도 합니다.

아시아와 로마에 있는 유대 기독교인들은 뿔뿔이 흩어질 위기에 있었습

🍃 열매 맺기

〈히브리서〉 개관

• 저자: 미지의 기독교인으로서, 아마 헬라어를 사용하는 유대인일 것이다. 왜냐하면 구약을 많이 인용하고 구약을 해석할 정도면 구약과 구약 사상을 너무나 잘 아는 헬라어를 쓰는 유대인 중의 한 명일 것이라 짐작하기 때문이다.
• 기록 장소 및 연대: 약 AD 80~90년(확실치 않음)
• 수신인: 유대계 기독교인

니다. 성경적 진리에 대한 이해가 부족해서 다시 유대교로 돌아가려고 했던 사람들이 있었습니다. 그래서 누군가가 '그렇지 않다. 그리스도는 누구보다 우월하신 존재다'라는 사실을 구약을 배경으로 논증한 것입니다. 1세기 기독교 공동체는 기독교 신앙을 부인하도록 정통 유대교와 로마로부터 압박을 받았습니다. 그래서 유대계 기독교인 중에 "뭐 이렇게 힘들게 기독교를 붙들고 있어야 되느냐 기독교가 별것도 아닌 것 같은데" 하면서 자신의 익숙한 의식과 옛 사고방식으로 돌아가려고 했습니다.

당시 유대교에서 볼 때 기독교는 파괴적인 이단 집단들이었습니다. 모세의 율법도 유대교 전통도 모두 파괴했습니다. 성도들은 공동체 안에서 이단이라고 낙인찍히고 문중에서 버림받았습니다. 또 유대교에 비해서 기독교는 예루살렘 성전이나 회당 하나 없이 가정집에서 모입니다. 거룩한 제사법도 없고, 변변한 선생도 없이 비밀리에 모이는 것에 대해 염증을 느끼고 불안해하기 시작했습니다. 따라서 〈히브리서〉 저자는 이런 현실 가운데 독자들에게 그리스도의 충분성과 우월성을 가르치며, 그리스도의 진리를 떠나 방황하는 것이 얼마나 그릇되고 잘못된 것인가, 유혹 가운데 흔들리면 안된다는 사실을 알려주기 위해서 기록하였습니다.

그러므로 〈히브리서〉는 당시 이단 사상을 배격하면서 "너희가 존경하는 모세보다, 너희가 따르는 율법보다 그리스도는 훨씬 더 탁월하다. 그러므로 거짓된 혼합주의에 마음 뺏기지 말고 성경적 진리를 붙들고 기다려라. 그리스도의 때가 곧 온다"라고 격려합니다.

〈히브리서〉의 독특성

〈히브리서〉는 설교처럼 시작하여 서신처럼 끝납니다. 신약성경의 서신 중에서 〈로마서〉와 〈고린도전서〉 다음으로 긴데, 히브리스 13장 22~25절과 종결 인사를 제외하면 서신이라고 보기는 힘들고 설교에 더 가깝습니

🔖 열매 맺기

〈히브리서〉의 기록 목적

핍박을 피하고 편안하게 인생을 살기 위해 유대교로 돌아가려는 유대인 신자들에게 믿음의 확신과 장래의 소망을 알려주며, 그리스도의 우월성과 그분의 대제사장직의 영원성을 일깨워줌으로써 기독교 신앙의 확실성과 위대성을 확신시켜주기 위해 기록하였다.

다. 〈히브리서〉에는 글이 아니라 연설 혹은 설교임을 암시하는 수사학적 요소들이 풍부하게 나타납니다. 〈히브리서〉는 이것을 받아서 크게 낭송되는 것을 듣게 될 수신자들을 위하여 준비된 설교, 즉 서신서의 말미가 덧붙여진 설교문이었을 것으로 보입니다. 특히, 〈히브리서〉는 구약의 인용이 많고 유대교적 사상과 성향이 강합니다. 예수 그리스도를 종말론적 대제사장으로 이해합니다. 진정한 믿음이 무엇인가에 대한 정의를 내리며(히 11:1) 성도의 바른 믿음생활을 위해 권면하고 있습니다.

🍃 숲 길잡이 _성경의 전체를 표로 알아봅니다

서두(1:1~1:4)	
그리스도의 우월성 (1:5~4:13)	1) 천사보다(1:7) 모세보다(3:5~6) 우월하신 그리스도 2) 그리스도의 고난과 낮아짐(2:7) 3) 모세보다 우월하신 그리스도(3:5~6)
예수 그리스도의 대제사장직(4:14~10:18)	1) 대제사장이신 예수 그리스도(4:14~15)
신앙의 길(권면과 훈계) (10:19~13:19)	1) 믿음의 확신 　- 믿음 안에서 굳건히 서라(10:23~25). 　- 신앙의 경고 "인내하라"(10:36~39). 　- 신앙생활에 있어서 필요한 것과 피할 것 2) 믿음의 정의(11:1) 3) 믿음의 승리자들 소개(11:4~40) 　- 성경에서 명예의 전당은 11장이다. 　- 하나님 말씀을 붙잡기 힘들 때에도 기꺼이 하나님 말씀을 선택한 사람들의 명단이다. 4) 사랑에 대한 권고(13:1, 16) 　- 인색하지 말고 베푸는 삶을 살라. 5) 영적 지도자에 대한 자세(13:7, 17)
인사와 기원(13장)	

　〈히브리서〉는 세 개의 주제로 나뉘어져 있습니다. 1~4장까지는 예수 그리스도의 우월성에 대해서, 4~10장은 예수 그리스도는 우리의 대제사장이시라는 것에 대해서, 10~13장은 성도의 삶은 어떠해야 하는가에 대해 기록하고 있습니다.

예수 그리스도는 우월하시다

"너희가 그렇게 존경하는 모세보다 우월하신 그리스도께서 우리를 구원하기 위해서 잠시 인간의 형체로 낮아지셨으나 예수 그리스도는 하나님이시다"(히 3:5~6). 유대인들에게 있어서 모세는 율법의 제정자요, 자신들의 조상을 노예로부터 해방한 위대한 지도자였습니다. 그러기에 많은 정통 유대인은 예수님을 선지자 중의 한 명인 모세보다 훨씬 낮은 존재로 생각했습니다. 이에 대해 저자는, 모세는 하나님의 집에서 종으로 충성하였고, 예수 그리스도는 하나님의 집에서 상속자를 얻게 될 아들로 비교했습니다. 모세는 섬기는 신분이지만 그리스도는 통치하는 분이라는 것입니다.

저자는 〈히브리서〉를 통해서 강조하기를, 예수 그리스도야말로 구약의 하나님께서 율법과 선지자로 계시한 모든 것의 완성이심을 입증하고 있습니다. 〈히브리서〉에서는 다섯 가지의 예를 들면서 예수 그리스도의 우월성을 강조합니다. 첫째, 그리스도 자신이 직접 드린 십자가 상의 희생제물이야말로 유대인의 제사 제도에서 드릴 수 있는 어떤 희생제물과도 비교할 수 없을 만큼 탁월함을 강조합니다. 둘째, 그리스도는 천사들에 의해서 경배를 받으실 분이시기에 천사보다 더 우월하십니다. 셋째, 그리스도는 모세나 여호수아를 창조하신 분이기에 그들보다 더 우월하신 분입니다. 넷째, 그리스도가 드린 희생 제사는 영원하기 때문에 반복되는 아론의 제사장직보다 그리스도가 더 우월하십니다. 다섯째, 그리스도는 언약의 중보자이기 때문에 율법보다 더 우월하십니다.

이는 하나님의 영광의 광채시요 그 본체의 형상이시라 그의 능력의 말씀으로 만물을 붙드시며 죄를 정결하게 하는 일을 하시고 높은 곳에 계신 지극히 크신 이의 우편에 앉으셨느니라(히 1:3).

만물을 그 발 아래에 복종하게 하셨느니라 하였으니 만물로 그에게 복종하게 하셨은즉 복종하지 않은 것이 하나도 없어야 하겠으나 지금 우리가 만물이 아직 그에게 복종하고 있는 것을 보지 못하고(히 2:8).

예수 그리스도는 우리의 대제사장

우리가 하나님께 나아가는 방법으로는 구약적 제사인 동물의 피로는 온전해질 수가 없습니다. 구약 시대의 피의 제사는 예수 그리스도의 속죄 사역의 모형과 그림자일 뿐입니다. 예수 그리스도께서 친히 죽으심으로 제물 되셨기에 구약의 제사법은 영구히 성취되었고, 더 이상 구약의 모형과 그림자는 필요 없게 되었습니다.

예수님이 제사장 직분으로 구약에서 약속된 새 언약을 이루셨습니다. 예수 그리스도의 죽으심과 부활하심이 새 언약의 시작입니다. 구약의 이스라엘 백성과 맺은 언약은 그들의 악함 때문에 파괴되어 예수 그리스도로 말미암아 새 언약 백성을 이루십니다. 그러므로 우리는 오직 대제사장이신 예수 그리스도만을 통해 하나님 은혜의 보좌 앞으로 담대히 나아갈 수 있습니다.

그러므로 우리에게 큰 대제사장이 계시니 승천하신 이 곧 하나님의 아들 예수시라 우리가 믿는 도리를 굳게 잡을지어다 우리에게 있는 대제사장은 우리의 연약함을 동정하지 못하실 이가 아니요 모든 일에 우리와 똑같이 시험을 받으신 이로되 죄는 없으시니라 그러므로 우리는 긍휼하심을 받고 때를 따라 돕는 은혜를 얻기 위하여 은혜의 보좌 앞에 담대히 나아갈 것이니라(히 4:14~16).

참된 성도는 어떻게 살아야 하나?

사람에게 참고 환경에 대해서 견디십시오. 성도는 믿음 안에서 굳건히 서야 하며 인내해야 합니다.

> 너희에게 인내가 필요함은 너희가 하나님의 뜻을 행한 후에 약속하신 것을 받기 위함이라 잠시 잠깐 후면 오실 이가 오시리니 지체하지 아니하시리라 나의 의인은 믿음으로 말미암아 살리라 또한 뒤로 물러가면 내 마음이 그를 기뻐하지 아니하리라 하셨느니라 우리는 뒤로 물러가 멸망할 자가 아니요 오직 영혼을 구원함에 이르는 믿음을 가진 자니라(히 10:36~39).

우리에게 필요한 것은 인내이고 우리가 피해야 할 것은 뒤로 물러가는 것입니다. 신앙생활은 어제보다 오늘이 진일보되어야 합니다. 물러나면 안 됩니다. 나아가야 합니다. 나아가기 위해서는 인내가 필요하고 사람에 대해서 참고 환경에 견뎌야 합니다. 참지 못하고 견뎌내지 못하는 사람은 신앙생활을 잘할 수 없어요. 신앙생활을 잘하기 위해서는 참고 견디고 소망 중에 하나님의 뜻을 구하는 인내가 필요하다는 것입니다. 신앙이 생활화되기 위해 제일 필요한 성품은 인내라고 생각합니다.

그렇다면 피할 것은 무엇일까요? 뒤로 물러나는 것입니다. 뒤로 물러나면 끝장이에요. 신앙은 전진이 있어야 합니다. 멈추면 멈춰 있는 것이 아니라 그만큼 뒤로 퇴보합니다. 성경은 우리를 경기장의 경주자로 표현합니다. 경주자는 장애물을 만나서 넘어졌을지라도 포기하면 안 됩니다. 다시 일어나야 합니다. 툴툴 털고 다시 일어나서 결승점을 향해 달려가야 합니다. 이것이 신앙생활하는 우리들의 자세입니다. 때론 사역에 지쳐 쉬고 싶습니다. 힘들어서 봉사도 그만두고, 다락방도 그만두고, 헌금 봉사도 그만두고, 예배 봉사도 그만두고 딱 1년만 쉬고 싶어 합니다. 충분히 그럴 수 있습니다. 그렇다고 쉬면 안 돼요. 그것은 쉬는 것이 아니고 지는 것입니다. 정말 쉬고 싶으면 사역하면서 쉬십시오. 성도의 참된 안식은 육신의 안식과 평안함에서 오는 것이 아니라, 사역으로부터 오는 보람과 열매로 오는 것이기 때문입니다. 우리의 육신은 비록 피곤하고 불편하지만 그 영적 전쟁터에서 오는 보람과 열매들을 가지고 살아가는 존재입니다.

사명자는 생명보다 사명을 더 귀하게 여깁니다. 사명자는 목회자만이 아닙니다. 육신이나 세상을 통해 위로받으려고 하지 마시고, 위로부터 내리는 사역의 보람 가운데 천국에서의 참된 안식을 소망하며 인내해야 합니다. 참아야 합니다. 마음에 상처가 날지라도 참아야 합니다. 인내를 잘하는 사람이 신앙생활을 잘하는 것입니다. 모두에게 각자의 어려움과 문제들이 있지만 하나님 앞에서 인내하면서 소망 가운데 기다리는 사람과 기다리지 못하고 괴로워하는 사람이 있을 뿐입니다. 신앙생활 잘하고 싶으시면 인내를 배우세요.

〈히브리서〉에서는 "믿음은 바라는 것들의 실상이요 보이지 않는 것들의 증거니"(히 11:1)라고 말합니다. 그러면서 11장부터 믿음의 명예의 전당에 올라가 있는 사람들을 소개합니다. 그 사람들의 특징은 소망 중에 인내한 사람들입니다. 바라기는 11장 마지막에 우리의 이름이 있기를 소원합니다. 믿음의 사람 되어서 승리하는 사람 되기를 원한다면 인내하며 소망 중에 예수님을 바라보십시오. 하나님은 공평하십니다. 사람은 몰라주지만 하나님은 다 아십니다. '하나님이 아시겠지'라고 생각하며 인내하고 소망 중에 주님을 향한 내 눈빛이 흐려지지 않는다면 하나님께서는 언젠가 갚아주십니다. 그 때와 시기는 하나님이 정하시는 가장 적절한 때입니다. 이것이 믿음의 길이라면, 주님이 내게 인내를 원하신다면 주님을 위로 삼고 입을 악물고 참으십시오. 견디기 힘든 상황에서도 계속 주님께만 소망을 두십시오. 처참하게 망가진 예수 그리스도의 십자가를 묵상하면서 이 악물고 참으라는 것입니다. 아무리 힘들어도 십자가에 달리신 예수님만큼 힘들겠습니까? 아무리 힘들어도 십자가에 달리신 예수님 바라보면서 우리 눈의 시선이 흐려지지 않는다면 하나님께서는 언제일지는 모르지만 우리들의 삶을 역전시켜주실 것입니다. 이것이 소망이고 새 언약입니다.

신앙생활하면서 일평생 예수님만 바라보십시오. 예수님만이 우리의 유일한 소망이십니다. 주님께만 소망을 두고 살아간다면 우리는 믿음의 챔피언이 될 것입니다. 우리가 언제 사람 믿고 살았습니까? 우리가 언제 돈, 통장, 땅, 집을 믿고 살았습니까? 예수 그리스도 한 분만 위로 삼고 살며 사랑에 대해서 권고를 합시다.

〈히브리서〉에 나타난 기독론 – "예수님은 누구이신가?"

예수 그리스도는 아들이시기에(히 1:2) 천사나 모세보다 구약의 제사장(히 7:27)보다 뛰어나십니다. 그리고 예수 그리스도는 대제사장이십니다(히 2:17, 5:10). 이 제사장직은 레위기적인 제사장직을 능가하는, 멜기세덱의 서열을 따른 "영원한 제사장직"입니다(히 6:20, 7:1~28). 예수님의 대제사장 족보는 왜 멜기세덱의 족보일까요? 창세기 14장을 보면 아브라함이 조카 롯을 구하기 위해 전쟁터에서 승리하고 돌아오는 길에 제사장인 멜기세덱을 만납니다. 멜기세덱을 만나자 말에서 내려 그에게 인사를 하고 자신이 벌어온 물질의 10분의 1을 그에게 드립니다. 멜기세덱은 예수님의 예표입니다. 영원한 제사장입니다. 사람의 계보가 아니라 하나님의 족보라는 것입니다. 예수 그리스도는 아론의 후손이 아니라 하나님의 계열에 따른 후손이라는 것입니다.

구약의 대속죄일에 대제사장은 먼저 자신을 위해서 피의 제사를 드려야 합니다. 그리고 두 번째로 백성의 죄를 위해서 피를 뿌려야 합니다. 자신이 온전하지 않기 때문에 자신을 위해서 제사를 드리는 겁니다. 백성을 위해서 황소의 피를 잡는다고 그 황소의 피가 백성의 죄를 없애는 것이 아니라 가릴 뿐입니다. 완전한 제사가 아니라 오실 예수 그리스도의 속죄 제사의 그림자요, 예표입니다. 동물의 제사, 동물의 피가 사람의 죄를 없게 하는 것이 아니라 하나님이신 예수 그리스도의 피를 힘입어 나갈 때 우리의 죄는 완전히 사라집니다. 완전한 제사라는 것입니다. 그래서 구약의 피의 제사를 다시 드릴 필요가 없습니다. 오직 대제사장 되신 예수 그리스도를 통해서 하나님의 은혜의 보좌에 담대히 나아갈 수 있습니다. 그래서 우리는 예수 그리스도의 이름으로 나아갑니다. 기도할 때도 예수님의 이름으로 기도하는 것입니다. 마지막으로 예수 그리스도는 하나님의 영광의 광채시요, 그 본체의 형상이십니다(히 1:3).

> 이는 하나님의 영광의 광채시요 그 본체의 형상이시라 그의 능력의 말씀으로 만물을 붙드시며 죄를 정결하게 하는 일을 하시고 높은 곳에 계신 지극히 크신 이의 우편에 앉으셨느니라(히 1:3).

믿음은 어떻게 일하는가?[1]

우리 안에 믿음이 있기 때문에 어떤 일이 일어나는지 11장에서 구체적으로 이야기합니다. 믿음이 있기 때문에 우리는 하나님의 약속을 확신합니다. 우리는 믿음이 있기 때문에 하나님의 능력도 확신합니다. 우리는 믿음이 있기 때문에 하나님의 약속 위에서 행합니다. 우리는 믿음이 있기 때문에 큰 어려움을 극복할 수 있습니다. 우리는 믿음이 있기 때문에 모든 것 위에 계신 그리스도를 존경하고 경배합니다. 우리에게 믿음이 있기 때문에 하나님의 뜻을 이해할 수 있는 능력도 있습니다. 믿음은 우리 안에서 이런 일들을 행합니다. 믿음이 없으면 이런 일들을 행할 수가 없습니다.

[1] 토마스 넬슨의 《손에 잡히는 넬슨 성경개관》, 조이선교회 출판부, p.466.

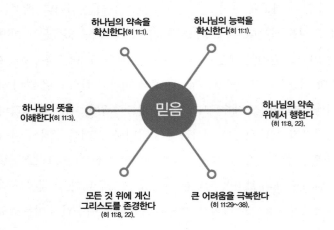

하나님의 약속을
확신한다(히 11:1).

하나님의 능력을
확신한다(히 11:1).

하나님의 뜻을
이해한다(히 11:3).

믿음

하나님의 약속
위에서 행한다
(히 11:8, 22).

모든 것 위에 계신
그리스도를 존경한다
(히 11:8, 22).

큰 어려움을 극복한다
(히 11:29~38).

성도의 죽음

통계청 발표에 의하면 2009년 한국의 사망자 수가 27만 5천 명 정도라 합니다. 사람들은 병에 죽고 노환으로 죽고 사고와 자살에 의해서 죽기도 합니다. 사람은 약하기에 누구나 죽음을 피해갈 수 없습니다. 사람들은 누구나 자신의 죽음에 대해서 인정하려 들지 않습니다. 어떤 사람은 죽음의 공포에 대해 부인함으로써 대응하는 반면, 어떤 사람들은 자신의 건강과 안전을 추구하기 위해 자신이 할 수 있는 모든 것으로 건강을 지키고 있습니다.

지혜로운 사람들은 위험에 미리 예방 조치를 취합니다. 그러나 사람들이 예방 조치를 더 많이 취하면 취할수록 흔히 죽음을 더 두려워하고 있음을 알 수 있습니다. 그것은 마치 정원에 앉아 나무에서 잎사귀들이 떨어질 것을 걱정하는 것과 같습니다. 분명한 것은 잎사귀는 때가 되면 떨어진다는 것입니다.

죽음의 두려움에서 벗어날 수 있는 유일한 방법이 있습니다. 그것은 두려움에 대해 공격적으로 대면하는 것입니다. 성도의 죽음은 만왕의 왕이시며 만주의 주이신 하나님을 일대일로 대면하는 순간입니다. 죽음 앞에서 커다란 문제는 '죽음을 어떻게 대면할까'도 아니고 '거룩하신 하나님의 임재 가운데 우리가 어떻게 설 수 있는가'입니다. 이 질문 앞에 두렵지 않다면 여러분은 죽음의 두려움에서 해방될 수 있습니다. 진실로 이것이 예수님께서 이 세상에 오신 이유입니다. 〈히브리서〉 기자는 이렇게 말합니다.

> 자녀들은 혈과 육에 속하였으매 그도 또한 같은 모양으로 혈과 육을 함께 지니심은 죽음을 통하여 죽음의 세력을 잡은 자 곧 마귀를 멸하시며 또 죽기를 무서워하므로 한평생 매여 종 노릇 하는 모든 자들을 놓아주려하심이니(히 2:14~15).

예수님께서 죽으셨을 때, 그분은 하나님의 모든 백성을 위해 죽음의 본질을 바꾸셨습니다. 성도에게 죽음은 더 이상 하나님의 심판 속으로 들어가는 입구가 아니라, 하나님의 임재 안으로 들어가는 통로입니다. 장 칼뱅은 이렇게 말했습니다. "이처럼 마귀의 권세, 죽음의 공포, 지옥의 고통들과 싸움을 벌여 승리를 쟁취하셨기 때문에 이제 우리가 죽음 가운데 우리의 왕이 멸해버리신 것들을 두려워하지 않게 되었다."

성도의 죽음은 하나님께 "당신이 어찌하여 나를 버리셨나이까?"라고 묻는 것이 아니라 오히려 "나의 하나님, 주님은 얼마나 놀라운 분이신지요?"라고 말하는 것입니다. 성도가 사명을 다하고 생을 마감하는 순간에 우리 주님께서 천국에 마중을 나오시며, 우리를 본향으로 인도해주실 것을 우리는 믿습니다.

요한계시록

볼지어다! 구름 타고 오시리라

🍃 뿌리내리기 _성경의 전체를 알아봅니다

🍃 열매 맺기

〈요한계시록〉 개관

• 저자: 사도 요한
• 기록 연대 및 장소: 도미티안(Domitian, A.D 81~96) 황제의 통치 말기인 A.D. 95~96년경 유배지 밧모 섬에서 일련의 환상을 보고 기록했다. A.D. 96년 도미티안 황제가 죽자 밧모 섬에서 석방된 사도 요한은 에베소 교회에서 그의 말년을 보냈다.

〈요한계시록〉은 신비로 가득 찬 은어와 상징으로 쓰인 예언책입니다. 신약성경이 그리스도의 초림을 기록한 복음서로 시작됐듯이, 〈요한계시록〉은 그리스도의 재림이라는 주제로 신약성경을 마감합니다. 〈요한계시록〉은 신구약을 통해 흐르고 있는, 아직 성취되어야 할 많은 예언의 계시에 대한 결론을 제공해줍니다. 〈창세기〉가 성경의 서론적인 책이라면 〈요한계시록〉은 마지막 결론에 해당되는 책입니다. 〈요한계시록〉은 우리가 꼭 알아야 할 중요한 주제들을 다루고 있습니다.

첫째, 예수님은 그가 약속하신 대로 오시는 것일까? 둘째, 예수님은 어디로 가셨고 무엇을 하기 위해 가셨는가? 셋째, 예수님은 왜 즉시 오시지 않는가? 넷째, 교회의 끝은 어떻게 될까? 다섯째, 우리가 살고 있는 이 세상의 끝은 어떻게 될까? 여섯째, 이 세상이 끝나면 어떤 세상이 열릴까? 과연 그 세상은 어떤 세상일까? 일곱째, 그렇다면 역사의 종말과 영원한 세상을 믿는 사람들은 어떻게 살아가야 할까? 이러한 여러 질문에 대한 답이 〈요한계시록〉에 계시되어 있습니다.

약 A.D. 64~68년까지 극심했던 네로의 박해로 바울과 베드로가 순교를 했습니다. 그때 로마 성의 대화재 때문에 주위에 있는 기독교인만을 국부적(局部的)으로 박해했습니다. 그런데 본서가 쓰인 시대는 A.D. 81~96년으로 제국 내 전반적인 박해가 가해진 도미티안 시대였습니다. 그렇기 때문에 당시 로마 박해 때문에 배교의 위험에 처해 있는 성도들에게 용기를 주기 위해서, 또 하나님께서 주의 몸 된 교회와 성도들을 보호하고 있음을 확신시켜주며, 그리스도의 재림이 곧 임박했음을 알리기 위해 〈요한계시록〉을 썼습니다.

〈요한계시록〉은 계시(계 1:1), 예언(계 1:3), 편지(계 1:4) 세 장르가 복합적으로 구성된 책입니다. 구약의 〈다니엘서〉나 〈에스겔서〉와 같이 〈요한계시록〉도 상징적이고 묵시론적 계시 형태를 사용하고 있습니다. 상징들은 해석되어야 한다는 점에서 다양한 학설들을 초래하였습니다. 하지만 대부분의 경우에 상징적 계시의 의미는 구약성경에 이미 존재했던 예언적 묵시론적 계시와 비교하여 해석가들은 〈요한계시록〉을 미래에 대한 실재적 예견들을 제시해주는 책으로 받아들입니다.

〈다니엘서〉는 다니엘 시대부터 그리스도의 초림까지의 기간에 대해 자세하게 묘사해주고, 또한 환난과 그리스도의 지상 통치에 대해서도 간략하게 언급하고 있습니다(단 7:2~28). 그러나 〈요한계시록〉은 마지막 때 있을 중대한 사건들과 더불어 세부적인 사건들까지도 묘사하고 있으며(계 4:1~20:15), 이러한 모든 사건은 새 하늘과 새 땅에서 절정을 이룹니다(계 21:1~8).

🍃 숲 길잡이 _성경의 전체를 표로 알아봅니다

서론(1:1~8)	비교 기준	결론(22:6~21)
하나님이…그 종들에게 보이시려고…그 천사를 보내어(1:1)	책의 기원	하나님이 그의 종들에게 보이시려고 그의 천사를 보내셨도다(22:6).
반드시 속히 일어날 일(1:1)	책의 내용	반드시 속히 되어질 일(22:6)
이 예언의 말씀(1:3)	책의 성격	이 예언의 말씀(22:10, 18, 19)
때가 가까움이라(1:3)	때의 임박성	때가 가까우니라(22:10).
요한은 자기가 본 것을 다 증언하였느니(1:2)	저자 요한	이것들을 보고 들은 자는 나 요한이니(22:8)
이 예언의 말씀을 읽는 자와 듣는 자와 그 가운데에 기록한 것을 지키는 자는 복이 있나니(1:3)	독자의 태도	이 두루마리의 예언의 말씀을 지키는 자는 복이 있느니라.
보라 구름을 타고 오시리라(1:7)	재림	보라 내가 속히 오리니(22:7, 12, 20)

🍃 열매 맺기

귀환 여정

유프라테스 강을 서쪽으로 거슬러 올라가 대상로를 따라가다 유대로 향하는 도로를 따라 남하했을 것이다. 1,500km 이상이 되는 긴 거리로 4개월 이상이 걸렸다. 22톤의 은과 3,400kg의 금을 가지고 호위군도 없이 하나님의 돌보심만을 의지하며 귀환했다.

〈요한계시록〉은 크게 서론(계 1:1~8)과 본론(계 1:9~22:5), 결론(계 22:6~21)으로 되어 있고, 서론과 결론은 동일한 내용이 병행되어 통일성을 이루고 있는 독특한 구조입니다.

🍃 신약 숲으로 _성경의 중심내용을 알아봅니다

4개의 큰 환상

〈요한계시록〉의 본론은 가장 긴 몸통 부분인데 4개의 큰 환상으로 이루어져 있습니다. 그리고 반복되는 환상 앞에는 "내가 성령에 감동하였더니"(계 1:10, 4:2, 17:3, 21:10)라는 어구가 〈요한계시록〉의 구조를 파악하는 데 있어서 열쇠가 됩니다. 4개의 환상을 분석해보면 다음과 같습니다.

	본문	내용	주제
첫 번째 환상	1:10~4:1	일곱 교회에 대한 환상	교회
두 번째 환상	4:2~17:2	일곱인/ 일곱 나팔/ 일곱 대접 환상	세상에 대한 심판 (교회의 승리)
세 번째 환상	17:3~21:9	큰 성 바벨론의 멸망에 대한 환상	
네 번째 환상	21:10~22:5	거룩한 성 새 예루살렘에 대한 환상	교회

1. 첫 번째 환상

첫 번째 환상은 로마 제국의 아시아 지역 안에 일곱 개의 특별한 도시들 속에 있는 교회들에게 전달된 메시지를 담고 있습니다. 일곱 교회는 사도 요한 당시 실재했을 뿐 아니라, 모든 세대의 교회에 대한 전형으로 볼 수 있습니다. 일곱 교회에 보내는 편지는 다음과 같은 형식을 따릅니다. 예수님의 모습 소개 – 칭찬과 책망 – 권면 – 약속(계 2:1~7).

• 〈요한계시록〉의 일곱 교회의 비교

교회	칭찬	책망	권면	약속
에베소 (2:1~7)	악을 미워하고 인내함 거짓 교리를 배척함	첫사랑을 버림 회개 촉구	처음 행위를 가져라	생명나무의 과실
서머나 (2:8~11)	환난과 궁핍을 견딤	없음	죽도록 충성하라	생명의 면류관
버가모 (2:12~17)	믿음을 저버리지 않았음	부도덕, 우상숭배, 음행을 허용	회개	감추었던 만나와 새 이름을 새긴 돌
두아디라 (2:18~29)	사랑, 섬김, 믿음, 인내 가 처음보다 더 함	우상숭배의 제단과 부도덕을 허용	심판이 다가온다/ 믿음을 지켜라	만국을 다스리는 권 세와 새벽 별
사데 (3:1~6)	믿음을 지킨 사람들이 있었음	죽은 교회	회개하라/ 남은 것 을 굳게 하라	명예를 얻고, 흰 옷 을 입을 것이라
빌라델비아 (3:7~13)	믿음 안에서 견뎌냄	없음	믿음을 지켜라	하나님이 임재하시 는 장소, 새 이름, 새 예루살렘
라오디게아 (3:14~22)	없음	무관심함	열심을 내라/ 회개하라	예수의 보좌에 함께 앉음

요한계시록 2장 1~7절까지가 에베소 교회의 이야기인데 예수님의 모습이 소개되고 칭찬과 책망이 곧바로 나오고 권면이 있고 7절에 하나님이 이기는 자에게 주시는 약속이 소개되고 있습니다.

일곱 교회는 우리 각 개인을 의미하기도 합니다. "너희는 너희가 하나님의 성전인 것과 하나님의 성령이 너희 안에 계시는 것을 알지 못하느냐"(고전 3:16). 내 심령은 일곱 교회 중 어디에 속하는가? 스스로 돌아봐야 합니다. 칭찬은 없고 책망만 있는 교회는 라오디게아 교회입니다. 반대로 책망은 없고 칭찬만 있는 교회는 서머나 교회입니다. 교회의 앞글자만 따서 "에서버두사빌라"라고 외울 수도 있어요. 일곱 교회는 세상에서 영적 전투를 벌이고 있는 교회이고 영적 시대를 살아가는 우리의 모습이기도 합니다. 이 시대를 살아가며 영적 전투를 하고 있는 교회를 향해서 나를 향해 주님께서 책망, 칭찬, 권면을 하시며 이기는 자에게 주시는 약속입니다.

2. 두 번째 환상

예수 그리스도 곧 '죽임을 당한 것 같은 어린양'(계 5:6)이 두루마리를 펴고 인봉을 떼면서 심판은 시작됩니다. 두 번째와 세 번째 환상은 세상을 향한 심판입니다. 두 번째 환상은 일곱 인, 일곱 나팔, 일곱 대접 심판, 3개의 환상으로 이루어져 있고 이것은 세상에 대한 3가지 심판을 보여줍니다.

• 일곱 인의 재앙

순서	관련 성구	등장하는 대상	상징하는 의미
첫째 인	6:1, 2	흰 말	정복
둘째 인	6:3, 4	붉은 말	피 흘림과 전쟁
셋째 인	6:5, 6	검은 말	기근
넷째 인	6:7, 8	청황색 말	죽음
다섯째 인	6:9~11	성도들의 영혼	성도들의 박해와 순교

| 여섯째 인 | 6:12~17 | 지진과 하늘의 징조들 | 지구와 천체의 대격변 |
| 일곱째 인 | 8:1, 2 | 반 시 동안의 고요 | 나팔 심판의 서곡 |

세상을 향한 심판이 얼마나 무서운지 보세요. 어린양이 일곱 인 중에 인을 하나 뗄 때마다 등장하는 대상이 다릅니다. 흰 말은 세상을 정복하는 전쟁이 있을 것이고, 기근이 있을 것이고 죽음이 있게 될 것입니다. 성도들의 박해와 순교가 일어나기 시작하고 지구 전체의 격변이 일어나지만 이것은 나팔 심판의 서곡일 뿐입니다. "그들의 진노의 큰 날이 이르렀으니 누가 능히 서리요 하더라"(계 6:17). 하나님이 진노하시고 세상을 심판하시기로 작정하시면 그날에 설 수 있는 사람이 아무도 없다는 것입니다.

• 일곱 나팔의 재앙

순서	관련 성구	등장하는 대상	상징하는 의미
첫째 나팔	8:7	피 섞인 우박과 불	식물 1/3의 불살라짐
둘째 나팔	8:8, 9	불붙는 큰 산	바다 생물 1/3의 죽음
셋째 나팔	8:10, 11	'쓴 쑥'이라는 이름의 별	물의 1/3이 독으로 변함
넷째 나팔	8:12	해와 달과 별	천체의 1/3이 어두워짐
다섯째 나팔	9:1~10	별	무저갱에 있던 황충으로 인한 고난
여섯째 나팔	9:13~21	결박되었던 네 천사	인류의 1/3을 살육함
일곱째 나팔	11:15~18	24장로	주님이 승리를 선포하심

12장에 천사장 미가엘과 사단, 용과의 싸움이 7~10절에 소개되고 있고 짐승의 환상, 짐승의 수는 666이었더라고 말합니다. 666에 대한 해석을 짐승의 숫자다, 마귀의 숫자다 그러는데 가장 우세한 학설은, 네로 가이사라는 헬라어를 계산하면 666이 나온다는 것입니다. 그 당시의 네로라고 해석할 수 있습니다. 그리고 큰 성 바벨론(계 14:8)은 로마를 이야기한 것입니다.

그런데 이것을 너무 과대 해석하거나, 많은 의미를 부여하여 숫자를 조합하면 안 될 것 같습니다. 일차적으로 〈요한계시록〉은 당시 말씀을 받았던 성도들에게 이해될 수 있었던 서신입니다.

• 일곱 대접의 재앙

순서	관련 성구	등장하는 대상	상징하는 의미
첫째 대접	16:2	땅	악하고 독한 종기가 남
둘째 대접	16:3	바다	바다의 모든 생물이 죽음
셋째 대접	16:4~7	강과 물의 근원	모두 피로 변함
넷째 대접	16:8, 9	해	해가 불로 사람들을 태움
다섯째 대접	16:10, 11	짐승의 왕좌	어둠과 고통을 겪음
여섯째 대접	16:12~16	유프라테스 강	강이 마르고, 전쟁을 위해 왕들이 아마겟돈에 집결함
일곱째 대접	16:17~21	공기	번개, 음성, 우렛소리, 지진, 큰 우박

일곱 인, 일곱 나팔, 일곱 대접 심판의 마지막을 공통된 단어로 묘사하고 있습니다.

－ 일곱 인 심판의 끝: "우레와 음성과 번개와 지진이 나더라"(계 8:5).
－ 일곱 나팔 심판의 끝: "번개와 음성들과 우레와 지진과 큰 우박이 있더라"(계 11:19).
－ 일곱 대접 심판의 끝: "번개와 음성들과 우렛소리가 있고 또 지진이 있어"(계 16:17~18).

3. 세 번째 환상

• 큰 성 바벨론의 심판과 멸망　세 번째 환상은 큰 성 바벨론의 심판입니다. 결론은 결국 멸망한다는 것이지요. 큰 성 바벨론은 일차적으로 당시 로마를 상징하지만, 또 하나님을 대적하는 세상을 상징하기도 합니다. 세상은

장차 하나님의 심판을 받아 멸망한 도시입니다. 그리고 하나님 나라는 영원히 선다는 것입니다. 하나님 없는 문화, 하나님 없는 이 모든 정치와 상황이 다 무너지고 하나님이 왕이시고 하나님이 통치하시는 하나님 나라가 다시 세워진다는 것입니다. 그래서 그리스도의 재림을 이야기합니다.

• 그리스도의 재림　어린양의 혼인 잔치(계 19:7~10)를 통해 그리스도의 재림(계 19:11~21)을 이야기합니다.

• 천 년 왕국에 대한 예언　'사단이 천 년간 갇힘'(계 20:1~3), '성도들이 천 년간 다스림'(계 20:4~6), '사단이 풀려나고 반역을 주도함'(계 20:7~9), '백보좌(The Great White Throne) 심판'(계 20:11~15)에서의 '천'은 밀레니엄(The Millennium)이라는 용어로 그리스도가 통치하는 천 년을 말합니다. 어떤 이들은 천 년 왕국이 이 땅 위에 임할 축복의 시대일 것이라고 믿습니다. 다른 이들은 천 년 왕국을 정확한 기간이 정해지지 않은 현재의 교회 시대라고 믿기도 합니다. 또 천 년 왕국을 영원한 나라를 언급하는 하나의 방식이라고 믿기도 합니다. 성경 해석자들은 천 년 왕국과 그 왕국이 어떻게 도래할 것인가를 이해하는 데 매우 큰 차이를 보입니다(전천년설, 후천년설, 무천년설).

4. 네 번째 환상

〈요한계시록〉은 위대한 승리를 기록하며 끝이 납니다. 교회의 승리에 대한 환상입니다. 그러기에 성도에게 〈요한계시록〉은 희망의 책입니다. 모든 것이 해피엔딩으로 끝나기 때문입니다. 거룩한 성 예루살렘은 하나님이 완성시킬 교회의 영광스러운 모습입니다. 성도가 영원히 다스릴 나라, 성도가 영원히 생활할 하나님 나라를 상징합니다. 이 묘사는 네 부분으로 나뉘어져 있습니다.

• 새 하늘과 새 땅　하나님께서 이루실 회복될 하나님 나라가 바로 이렇

다는 것입니다. 눈물도 고함도 헤어짐도 없는, 처음 것은 다 지나간 후 온전한 회복과 하나님 나라가 서게 될 것입니다.

• 새 예루살렘의 외형   성의 크기는 가로, 세로, 높이가 동일한 정육면체의 모양으로 한 변의 길이가 만 2천 스다디온으로 되어 있습니다(약 2,400km). 새 예루살렘 성의 크기를 묘사하는 핵심은 12라는 숫자에 있습니다. 성곽은 144규빗으로 기초석은 12가지 보석으로 이뤄졌고, 12문으로 만들어졌습니다.

• 새 예루살렘의 재료   새 예루살렘의 건축 재료는 모두 값비싼 금과 보석이었습니다. 성곽은 12가지 보석으로 되어 있고, 12문은 진주로 되어 있으며, 성은 모두 정금으로 지어졌습니다. 새 예루살렘 성이 세상에서 가장 귀하고 영광스러운 재료로 지어졌다는 것은 교회의 가치와 영광이 얼마나 놀라운 것인가를 보여주는 것입니다.

• 새 예루살렘에서의 생활   "오직 어린양의 생명책에 기록된 자들만 들어가리라"(계 21:27). 예수님이 그리스도임을 믿는 그들은 하나님께로 난 자고, 하나님께로 난 자마다 세상을 이긴 자고, 세상을 이긴 자마다 주님께서 기억하십니다. 마지막 날 영광스러운 새 예루살렘 성에서 하나님의 영광 가운데서 영원히 살게 될 것입니다.

담아가기

예수 그리스도께서는 우리의 죄악들을 위해 희생제물로 자신을 드리는 일을 완수하셨습니다. 그리고 그분은 이제 하늘 보좌 우편에서 우리의 중보자로서 계속해서 그분의 일을 감당하고 계십니다. 이 사실은 그분이 성부 하나님 앞에서 우리 대신 말씀하신다는 뜻입니다. 예수 그리스도께서 우리를 위해 중보하십니다. 그리고 그리스도의 중보로 하나님은 응답을 하십니다. 그렇기 때문에 우리가 인생에서 직면하게 되는 어떠한 상황에서도 우리에게 필요한 모든 것을 받게 될 것이라고 확신할 수 있습니다. 예수 그리스도께서는 우리를 너무 잘 알고 계시며 결코 잊지 않으실 것입니다. 따라서 예수 그리스도께서 지속적으로 우리에게 초점을 맞추어 우리를 살펴주시는 일은 궁극적으로 우리에게는 얼마나 큰 위로와 격려가 되는지 알고 계시나요?